国家林业和草原局职业教育"十三五"规划教材

思想道德修养与法律基础学习指导
——走进林院(第3版)

谢福荣　郭先根　主编

中国林业出版社

图书在版编目(CIP)数据

思想道德修养与法律基础学习指导：走进林院 / 谢福荣，郭先根主编. —3 版. —北京：中国林业出版社，2021.7

国家林业和草原局职业教育"十三五"规划教材
ISBN 978-7-5219-1174-9

Ⅰ.①思… Ⅱ.①谢… ②郭… Ⅲ.①思想修养–高等职业教育–教材 ②法律–中国–高等教育–教材 Ⅳ.①G641.6 ②D920.4

中国版本图书馆 CIP 数据核字(2021)第 091808 号

中国林业出版社·教育分社

策划编辑：	田 苗
责任编辑：	田 苗 曹濚文
电　　话：	(010)83143557　83143627　　**传　　真：**(010)83143516
出版发行	中国林业出版社(100009　北京市西城区德内大街刘海胡同7号)
	E-mail：jiaocaipublic@163.com
	网站：http://www.forestry.gov.cn/lycb.html
印　刷	河北京平诚乾印刷有限公司
版　次	2017 年 8 月第 1 版(共印 3 次)
	2020 年 7 月第 2 版(共印 2 次)
	2021 年 7 月第 3 版
印　次	2021 年 7 月第 1 次印刷
开　本	787mm×1092mm　1/16
印　张	16
字　数	253 千字
定　价	45.00 元

未经许可，不得以任何方式复制或抄袭本书之部分或全部内容。

版权所有　侵权必究

第 3 版前言

本辅导教材以全国统编教材《思想道德与法律基础》(2018 版)内容为基础，结合福建林业职业技术学院实际情况和在校大学生的基本特点进行编写。自 2017 年 5 月编写出版以来，已使用多年，对培养大学生思想道德素质和法律素质，有效开展立德树人工作起到了重要作用。

第十三届全国人民代表大会第三次会议于 2020 年 5 月 28 日表决通过了《中华人民共和国民法典》(以下简称《民法典》)。这是新中国成立以来第一部以"法典"命名的法律，是新时代我国社会主义法治建设的重大成果。《民法典》共 7 编 1260 条、10 万多字，是我国法律体系中条文最多、体量最大、编章结构最复杂的一部法律。《民法典》自 2021 年 1 月 1 日起施行，原施行有效的《婚姻法》《继承法》《民法通则》《收养法》《担保法》《合同法》《物权法》《侵权责任法》《民法总则》九部法律同时废止。《民法典》颁布施行，与之相关联、相配套的法律法规、司法解释等制度建设也将不断修改完善。此外，2020 年以来，国家也两次颁布了《刑法修正案》。原教材中的部分内容及案例已不适应现行的法律规定，编者本着与时俱进、因势而新的原则对本辅导教材进行修订。

第 3 版教材由福建林业职业技术学院谢福荣、郭先根完成编写。鉴于编者水平有限，书中难免有疏漏之处，敬请读者在使用本教材时提出宝贵意见。

谢福荣
2021 年 6 月

第 2 版前言

根据中共中央办公厅、国务院办公厅印发的《关于深化新时代学校思想政治理论课改革创新的若干意见》要求，从当代大学生面临和关心的实际问题出发，帮助其牢固树立社会主义核心价值观，培养良好的思想道德素质和法律素质，进一步提高分辨是非、善恶、美丑和加强自我修养的能力，为逐渐成为德智体美劳全面发展的中国特色社会主义伟大事业的合格建设者和可靠接班人，打下扎实的思想道德和法律基础。为了配合教学，便于学生更加贴近实际、通俗易懂地学习，以全国统编教材《思想道德与法律基础》(2018 版)内容为基础，组织编写了学习指导。

本教材结合福建林业职业技术学院在校大学生的基本特点和新生入学教育的要求编写，具有可读性强、指导性强、可操作性强的特点，可以作为学生课外自学读物，也可作为学校进行新生入学教育、学生管理、职业生涯规划指导的教材，指导学生从入学到就业科学合理、健康充实地享受校园生活，圆满完成学业，成功走进职场。

本教材由福建林业职业技术学院郭先根组织编写完成。其中，第一章、第二章由朱丽云老师编写。在此，表示诚挚的谢意！

鉴于编者水平有限，书中难免有疏漏之处，敬请读者在使用本教材时提出宝贵意见。

郭先根

2020 年 6 月

第 1 版前言

告别了中学时代的青年学子进入福建林业职业技术学院就读后,对一切都感到陌生,毕竟职业教育与普通基础教育是两种不同类型的教育,前者是就业教育,后者是普通文化基础教育。为此,本教材立足新生入学后第一学期学习《思想道德修养与法律基础》,从理想、道德、法律等方面,通过介绍励志故事、名人传记、典型案例等形式,力图达到帮助学生成人、成才的目的。本教材可作为思想政治理论课课堂辅学材料,也适用于学生入学教育。

本教材由福建林业职业技术学院洪福兴、郭先根任主编,负责拟定全书的编写提纲,并完成全书的统稿工作。编写分工如下:绪论、第二章由洪福兴编写;第一章由王云彪编写;第三章由邹小燕编写;第四章、第五章由杜彩银编写;第六章、第七章、第八章由郭先根编写。

鉴于编者水平有限,书中难免有疏漏之处,敬请读者在使用本书时提出宝贵意见。

本书编写组
2017 年 5 月 31 日

目录

第 3 版前言
第 2 版前言
第 1 版前言

绪　论　时代新人要以民族复兴为己任 ⋯⋯⋯⋯⋯⋯⋯⋯⋯⋯ 001
　　一、目的要求 ⋯⋯⋯⋯⋯⋯⋯⋯⋯⋯⋯⋯⋯⋯⋯⋯⋯⋯⋯ 003
　　二、阅读文献 ⋯⋯⋯⋯⋯⋯⋯⋯⋯⋯⋯⋯⋯⋯⋯⋯⋯⋯⋯ 003
　　三、典型案例 ⋯⋯⋯⋯⋯⋯⋯⋯⋯⋯⋯⋯⋯⋯⋯⋯⋯⋯⋯ 047

第一章　人生的青春之问 ⋯⋯⋯⋯⋯⋯⋯⋯⋯⋯⋯⋯⋯⋯⋯ 055
　　一、目的要求 ⋯⋯⋯⋯⋯⋯⋯⋯⋯⋯⋯⋯⋯⋯⋯⋯⋯⋯⋯ 057
　　二、阅读文献 ⋯⋯⋯⋯⋯⋯⋯⋯⋯⋯⋯⋯⋯⋯⋯⋯⋯⋯⋯ 057
　　三、典型案例 ⋯⋯⋯⋯⋯⋯⋯⋯⋯⋯⋯⋯⋯⋯⋯⋯⋯⋯⋯ 059
　　四、单元小测 ⋯⋯⋯⋯⋯⋯⋯⋯⋯⋯⋯⋯⋯⋯⋯⋯⋯⋯⋯ 069

第二章　坚定理想信念 ⋯⋯⋯⋯⋯⋯⋯⋯⋯⋯⋯⋯⋯⋯⋯⋯ 075
　　一、目的要求 ⋯⋯⋯⋯⋯⋯⋯⋯⋯⋯⋯⋯⋯⋯⋯⋯⋯⋯⋯ 077
　　二、阅读文献 ⋯⋯⋯⋯⋯⋯⋯⋯⋯⋯⋯⋯⋯⋯⋯⋯⋯⋯⋯ 077
　　三、典型案例 ⋯⋯⋯⋯⋯⋯⋯⋯⋯⋯⋯⋯⋯⋯⋯⋯⋯⋯⋯ 081
　　四、单元小测 ⋯⋯⋯⋯⋯⋯⋯⋯⋯⋯⋯⋯⋯⋯⋯⋯⋯⋯⋯ 085

第三章　弘扬中国精神 ⋯⋯⋯⋯⋯⋯⋯⋯⋯⋯⋯⋯⋯⋯⋯⋯ 093
　　一、目的要求 ⋯⋯⋯⋯⋯⋯⋯⋯⋯⋯⋯⋯⋯⋯⋯⋯⋯⋯⋯ 095
　　二、阅读文献 ⋯⋯⋯⋯⋯⋯⋯⋯⋯⋯⋯⋯⋯⋯⋯⋯⋯⋯⋯ 095

三、典型案例 …………………………………………………… 107
　　四、单元小测 …………………………………………………… 113

第四章　践行社会主义核心价值观 ………………………………… 117
　　一、目的要求 …………………………………………………… 119
　　二、阅读文献 …………………………………………………… 119
　　三、典型案例 …………………………………………………… 127
　　四、单元小测 …………………………………………………… 136

第五章　明大德，守公德，严私德 ………………………………… 141
　　一、目的要求 …………………………………………………… 143
　　二、阅读文献 …………………………………………………… 143
　　三、典型案例 …………………………………………………… 148
　　四、单元小测 …………………………………………………… 163

第六章　遵法，学法，守法，用法 ………………………………… 169
　　一、目的要求 …………………………………………………… 171
　　二、阅读文献 …………………………………………………… 171
　　三、典型案例 …………………………………………………… 182
　　四、单元小测 …………………………………………………… 235

参考文献 ……………………………………………………………… 245

绪 论
时代新人要以民族复兴为己任

一、目的要求

通过学习,帮助同学们懂得如何珍惜大学美好时光,认识自己的历史使命,明确成长目标;了解高职生活的特点和福建林业职业技术学院的发展历程、森林文化及乡土文化;把握社会主义核心价值体系的科学内涵,正确认识"三个倡导"在社会主义核心价值体系建设中的地位和作用;确立和坚定理想信念,将远大理想与对祖国的高度责任感、使命感结合起来,进而激发努力学习的兴趣和热情。

二、阅读文献

阅读资料一:开启新征程

大学阶段,是人生发展的重要时期,是世界观、人生观、价值观形成的关键时期。怎样处理好理想与现实、个人与集体、竞争与合作、权利与义务、自由与纪律、友谊与爱情、学习与工作等方面的关系,做什么样的人,怎样做人,怎样的生活才有意义,怎样的人生追求才有价值等,这一系列的人生课题,都需要大学生去观察、思索、选择、实践。步入人生新阶段,确立新目标,开启新征程,需要对新时代有深入的了解和真切的感悟。

新时代是我们理解当前所处历史方位的关键词。中国特色社会主义进入新时代,意味着近代以来久经磨难的中华民族迎来了从站起来、富起来到强起来的伟大飞跃,我们迎来了实现中华民族伟大复兴的光明前景;意味着科学社会主义在21世纪的中国焕发出强大生机活力,我国在世界上高高举起了中国特色社会主义伟大旗帜;意味着中国特色社会主义道路、理论、制度、文化不断发展,拓展了发展中国家走向现代化的途径,给世界上那些既希望加快发展又希望保持自身独立性的国家和民族提供了全新选择,为解决人类问题贡献了中国智慧和中国方案。这个新时代,是承前启后、继往开来、在新的历史条件下继续夺取中国特色社会主义伟大胜利的时代;是决胜全面建成小康社会、进而全面建设社会主义现代化强国的时代;是全国各族人民团结奋斗、不断创造美好生活、逐步实现全体人民共同富裕的时代;是全体中华儿女勠力同心、奋力实现中华民族伟大复兴中国梦的时代；是我国日益走近世界舞台中央、不断为人类作出更大贡献的时代。身处新时代，勤劳勇敢的中国人民更加自信自尊自强，中国这个古老而又现代的东方大国朝气蓬勃、气象万千，中国特色社会主义道路、理论、制度、文化焕发出强大生机活力，奇迹正在中华大地上不断涌现。

中国梦是历史的、现实的，也是未来的。它凝结着无数仁人志士的不懈努力，承载着全体中华儿女的共同向往，昭示着国家富强、民族振兴、人民幸福的美好前景。今天，在习近平新时代中国特色社会主义思想的指引下，中华民族的追梦之路更清晰、筑梦之基更坚实、圆梦之策更精准。站在新时代的起点，我们比历史上任何时期都更接近中华民族伟大复兴的目标，比历史上任何时期都更有信心、有能力实现这个目标。

中国梦是国家的、民族的，也是每一个中国人的。只有每个人都为美好梦想而奋斗，才能汇聚起实现中国梦的磅礴力量。在实现民族复兴梦想的伟大征程中，青年不懈追求的梦想始终与振兴中华的责任担当紧密相连。在革命战争时期，青年一代满怀革命理想，为争取民族独立、人民解放冲锋陷阵、抛洒热血；在社会主义建设时期，青年一代响应党的号召，在新中国的广阔天地忘我劳动、艰苦创业；在改革开放时期，青年一代发出了团结起来、振兴中华的时代强音，为祖国的繁荣富强开拓奋进、锐意创新。现在20岁左右的大学生，到2035年社会主义现代化基本实现时，还不到40岁，到本世纪中叶全面建成社会主义现代化强国时，刚过50岁。当代大学生是民族复兴伟大进程的见证者和参与者，也是社会主义事业的生力军。新时代为大学生成长成才、勤学报国提供了广阔的舞台和无限的机遇。新时代属于每一个人，每一个人都是新时代的见证者、开创者、建设者。在新时代的中国，经济建设主战场、文化发展大舞台、社会建设新领域、科技创新最前沿、基层实践大熔炉，都是当代大学生贡献聪明才智、书写青春篇章的热土福地，中华民族伟大复兴终将在广大青年的接力奋斗中变为现实。

阅读资料二：走进南平

1. 南平概况

南平，福建省地级市，地处福建省北部，武夷山脉北段东南侧，位于闽、浙、赣三省交界处，俗称"闽北"，幅员面积2.63万平方千米，占福建省的五分之一，是福建省往北的咽喉要塞之一。革命战争年代，福建省委曾经几度驻在闽北，被誉为"红旗不倒"的红土地。2017 年 12 月 24 日，南平入选 2017 中国特色魅力城市 200 强。2019 年 11 月 15 日，南平被授予"国家森林城市"称号。2019 年 11 月 3 日，"中国城市绿色竞争力排名 TOP 100"发布，南平排名第 100。

南平是福建开发最早的地区之一，东汉时期，南平、建瓯、浦城等便建县。南平是闽越文化、朱子文化、武夷茶道文化、齐天大圣文化、太极文化的发源地，被誉为"闽邦邹鲁"和"道南理窟"；曾涌现出 2000 多位进士和 17 位宰相；拥有一级至三级旅游资源实体 180 多处，位于此的武夷山是全国仅有的 4 个"世界自然与文化双重遗产地"之一，其主峰黄岗山海拔 2158 米，不仅是全省最高峰，也是中国大陆东南部的最高峰。

南平辖 2 个市辖区、5 个县，代管 3 个县级市，常住人口 266 万。境内山峰耸峙，低山广布，河谷与山间小盆地错落其间，具有中国南方典型的"八山一水一分田"特征，形成以丘陵、山地为主的地貌；属中亚热带季风湿润气候，局部山区为中亚热带山地气候，素有"福建粮仓""南方林海""中国竹乡"之称；全市林业用地面积 3259 万亩*，占全市土地总面积的 83%；建瓯、武夷山、顺昌是"中国竹子之乡"，建瓯、建阳、政和是"中国锥栗之乡"，顺昌是全国唯一的"中国杉木之乡"；全市有各种高等动物兽类近百种，约占全国四分之一，鸟类近 400 种，占全国三分之一多，两栖类 33 种。武夷山自然保护区有"蛇的王国"之称，已知蛇类有 63 种，占全国 160 种的 39%。林业在全市经济中占有重要地位，是山区农民致富奔小康的主要途径。

南平交通四通八达，拥有合福高铁、鹰厦铁路、外福铁路、横南铁路，有福银高速、浦南高速、宁武高速、松建高速、龙浦高速，此外有 205 国道、316 国道等普通公路。

南平境内河流众多，都是外流河，河水来源于降水，主要河流有"一江八溪"，即闽江、建溪、富屯溪、崇阳溪、南浦溪、松溪、麻溪、沙溪和金溪。闽江是福建省第一大江，发源于海拔千米以上的武夷山，干支流水力资源都很丰富，其中建溪、富屯溪和闽江境内河段是闽北水源、水力、水运的大动脉。

---

* 1 亩＝666.67 平方米。

南平是福建的粮食主产区，每年提供商品粮 20 多万吨，在全省居第一位。全市拥有茶园面积 50.2 万亩，形成武夷岩茶、建瓯水仙、政和白茶三大优势品牌，武夷岩茶、政和白茶获得了原产地保护。以肉鸡、牛奶、生猪为主导的畜牧产业占农业总产值的三分之一，全市奶牛存栏 2.63 万头，已成为全省最大的良种奶牛和乳制品供应基地。

2. 南平历史名人

铸剑宗师——欧冶子（松溪）

春秋时期越国宁波人（生卒年不详）欧冶子是历史上著名的铸剑师。《越绝书·外传记宝剑》载："越王允常（勾践之父）命欧冶子铸剑。"欧冶子带家人到闽浙一带名山大川遍寻适宜铸剑之处。当他们看到湛卢山清幽树茂，薪炭易得，矿藏丰富，山泉清冽，适宜淬剑，便结舍于此铸剑。历三年艰辛，终于铸就了锋芒盖世的五柄剑：湛卢剑、纯钧剑、胜邪剑、鱼肠剑、巨阙剑。其中湛卢剑因其"可让头发及锋而逝，铁近刃如泥，举世无可匹者"，而被冠以五剑之首。

抗金名相——李纲（邵武）

李纲（1083—1140），字伯纪，邵武人，宋代大臣。科举进士，北宋末任太常少卿。靖康元年（1126）金兵初围开封时，阻止钦宗迁都，以尚书右丞任亲征行营使，团结军民，击退金兵。但不久却被耿南仲等所排斥。翌年南宋高宗即位，任其为宰相。他主张用两河义军收复失地，在职七十天，又被黄潜善、汪伯彦排斥。后历任湖广宣抚使等职。他曾多次上书，陈说抗金之策，高宗皆不纳。著有《梁溪集》《靖康传信录》等。

道南鼻祖——杨时（延平）

杨时（1053—1135），字行可，后改字中立，世居南剑将乐县北龟山，自号龟山。元丰四年（1081），杨时和游酢一起到河南颍昌，拜师程颢，成为其最得意的门生。杨离开时，程高兴地出门相送，并说："吾到南矣。"程颢谢世后，杨时与游酢又到洛阳拜程颐为师，留下"程门立雪"的千古佳话。

理学名师——罗从彦（延平）

罗从彦（1072—1136），字仲素，北宋人，"延平四贤"之一，世称豫章先生，生于南平罗源里（今南平水南罗源村）。拜杨时、程颢学四书五经。他继承发展程颢、程颐"穷理"学说和杨时"致知必先格物"的"理一分殊"说，创立"静中观理"说，在宋代理学发展史上，起到承前启后的作用。他的思想对他的门生李侗和三传弟子朱熹影响极大。明万历四十二年（1614）诏赐从祀于孔庙；清康熙四十五年（1706），御书"奥学清节"赐赠罗从彦祠堂。

一代名儒——李侗（延平）

李侗（1093—1174），字愿中，北宋人，"延平四贤"之一，学者称之为延平先生，南剑州樟林乡（今南平炉下镇樟岚村）人。1116年，慕名拜罗从彦为师，尽得所传，继承和发展程颢、程颐思想。李侗学问上造诣颇深，隐居山村40余年，不求功名利禄，潜心研究儒学真谛，教授门徒，门人中最得意者是朱熹。他的思想对朱熹哲学思想的成熟和发展起了重大作用。明万历四十三年（1615）从祀孔庙。清康熙四十五年（1706），御书赠额曰"静中气象。"

理学宗师——朱熹（武夷山）

朱熹（1130—1200），字元晦，是我国历史上继孔子之后的又一位伟大的思想家、哲学家、教育家。在崇安五夫里著书讲学达47年，逝于建阳考亭，归葬于建阳黄坑。朱熹上承二程，集理学之大成，形成了一个完整的客观唯心主义的理学体系，世称为"程朱学派"。朱熹为后世留下70余部460多卷著作，他著的书被元、明、清三朝代定为开科取士的必读之书，他的哲学观点影响封建社会末期长达600多年时间，迄今仍对中国传统优良文化的发展起到承前启后和无可替代的作用，在日、韩等国也颇为流行。

法医鼻祖——宋慈（建阳）

宋慈（1186—1249），南宋福建阳人。为官20余年间，凡决狱理刑，始终"以民命为重"，雪冤禁暴。1250年宋慈灵柩归葬在建阳崇雒。宋慈所撰写的《洗冤集录》，是世界历史上第一部法医学专著，比西方的同类书籍早350年。《洗冤集录》问世后，立即被颁行全国，成为历代刑狱官案头必备的参考书。后世的著作基本上是以此书为蓝本加以订正、注释和补充的。《洗冤集录》还被译成韩、日、法、英、荷、德等各种文字版本流传世界各地。宋慈因而被后世誉为法医鼻祖。

君王之师——真德秀（浦城）

真德秀（1178—1235），字景元，浦城长乐里（今仙阳镇）人。1199年登进士，官至户部尚书、参知政事，是南宋著名的朱子学者、政治家、理学家，被称为"小朱子"，深受敬重。为官清廉正直，爱国勤政，政绩颇为显著。大力提倡朱理学，著述十分丰富，主要有《四书集锦》《清源文集》《西山文集》

等,是正统的有代表性的福建朱子学者,对后世影响较大。其历经十载纂辑而成的《大学衍义》是历代君王必读之书。

"才满皇天"——邵知柔(政和)

邵知柔(1095—1167),字民望,政和县石屯镇洋后村人。自幼聪颖,十岁即登进士。一生掌教国学,是赵桓、赵构、赵慎、赵淳四代太子的老师,入东宫伴读近五十年,尽心辅佐,悉心传授治国方略。宋孝宗登位后念其恩,升他为龙图阁直学士提举洞霄宫,首开政和人登朝列入台阁之先河。告老回乡后,孝宗皇帝赐"枇杷门庭"金匾,书"才满皇天"四字,悬挂门庭。邵知柔一生掌教国学,四辅太子,却能清廉有节,为人们所赞叹。

"三诏先生"——陈朝老(政和)

陈朝老(1077—1147),字廷臣,政和县石屯镇石门村人。自幼聪慧,才思敏捷,二十岁左右便被贡入太学,为太学生。为人刚直,论事剀切,十分关心国家的命运和前途,在政治上有独特见解。宋绍兴年间,高宗慕其贤名,曾先后三降特诏,征召朝老入朝。陈朝老看到当时奸相秦桧把持朝中大权,坚辞不就,因此被后人称为"三诏先生"。1127年,陈朝老遇赦回乡,隐居故里著书立说,教化子弟,做了不少有益于国民的事,素为百姓所怀。

闽人贤相——章得象(浦城)

章得象(978—1048),闽人入相的第一人,字希言,浦城城关人。进士出身,翰林学士,累迁尚书刑部郎中、礼部侍郎。因深厚有容,为官清正,景祐五年三月,升任集贤殿大学士,登上相位,称为集贤相。在相位8年,宗党亲戚抑而不进,却推荐许多其他经国济世人才。皇帝称他:"清忠无所附,且未尝有所干请。"庆历八年卒,仁宗破例亲去祭奠,赠太尉、兼侍中,谥文宪,后改谥文简。《宋史》有传。

家传理学——李氏七贤(光泽)

光泽李氏家族盛于宋,相传十五代,越四百余年,其主要人物"李氏七贤":李深,北宋熙宁九年进士,平生清慎,刚直不阿。李郁,李深次子,为杨时学术的继承者之一,不与秦桧同流,辞官回乡讲学著述。李吕,李郁侄儿,一生专事理学研究,和朱熹一起讲学。李相祖,李吕次子,求学朱熹门下,专事理学研究。李闳祖,李吕三子,师从朱熹,进士出身。李方子,科举中探花,其对朱熹学术的研究被誉"独探其奥,尤精其粹"。李应龙,博学能文,节操高尚,堪为师表。

史地学家——何秋涛(光泽)

何秋涛(1824—1897),清朝福建光泽县人。一生淡泊名利,著述颇丰。《朔方备乘》是何秋涛研究西北史地学的代表作,也是中国近代第一部论述中俄关系的巨著,在中国近代史学上享有盛誉。本书共80卷,取材广泛,考订精确,经世致用,是一部不失学术水准的史地专著。近代史家把《朔方备乘》与魏源的《海国图志》相提并论。

阅读资料三：走进朱子文化

朱熹是我国古代著名的思想家、哲学家、教育家。他的学说作为元、明、清的官方思想体系,在漫长的历史中,显示了它对中后期中国封建社会具有的价值和意义,并曾广泛传及东亚地区,在近古东亚文明的发展上产生了巨大的作用和影响。文化思想的发展,是一个"推陈出新"的过程。今天,在建设社会主义和谐社会,倡导文化自信的大背景下,闽北开展朱子文化发展研究,是落实科学发展观,推动海峡西岸经济区绿色腹地建设的一项重大举措。

朱熹所生活的南宋前期,民族、阶级矛盾错综复杂,社会动荡不安。他一生关心政治,力主恢复大义,他的政治思想是以"格君心之非"来改善政治和变移风俗。朱熹也希望靠道德和文化理念来转化政治,建构一个礼乐教化的社会。在政事方面,他创立社仓,南康救旱,浙东荒政,漳州经界,充分表现了超乎俗儒的管理水平。朱熹既继承了传统儒家的哲学思想,又融合吸收了佛学、道学的思辩精髓。在广泛吸取古典文化的基础上,创立了著名的考亭学派(又称朱子学派),表现出当时民族哲学思维的最高水平,成为中国中世纪哲学的高峰。朱熹所构建的庞大精致的哲学思想体系,可谓"致广大,尽精微,综罗百代"。在仁学理论方面,他把仁与天理联系起来,以体用论仁爱,从本体论的角度发展了孔孟的仁爱思想。他强调发挥人的主观道德自觉,克己私,以廓然大公来实现仁。他特别重视仁与爱、仁与公的相互联系,强调通过爱和公来体现仁,反对"离爱而言仁"。这对于把孔孟的仁爱思想贯彻到道德践履中具有重要的意义,从而把中国古代的仁学推进到一个新的阶段。在人性论方面,朱熹提出"性即理"的命题,把人性纳入天理哲学体系。他通过"性"这一枢纽,使道德论与宇宙论合而为一,并使"天理"外化为纲常名教,以建立人伦哲学。在心性论方面,朱熹在吸取前人心性哲学思想(包括佛教心学)的基础上,提出系统的心性论思想体系,把儒家伦理与思辩哲学紧密结合，丰富了宋代理学心性论的思想内涵，发展了中国的心性哲学。使理性的、伦理的、人文的世俗思辩哲学逐步取代了隋唐时期盛行的宗教哲学。在认识论方面，朱熹借《大学》的"格物致知"来阐发其思想，提出"格物穷理"的观点。他的格致学说在重视人的道德修养的同时，强调外部事物的考察和知识的学习扩展，体现了理性主义精神。朱熹从教四十多年，不断探究教育的本质问题。他把教育与人性的关系上升为哲学范畴，把教育方法上升为方法论，并提出了著名的《白鹿洞书院教条》。这个教规具有鲜明的中国古代教育民族性特征，是南宋末、元、明、清时期的教育指导方针。朱熹开启中国封建社会后期七百余年教育之路径，成为中国教育史上继孔子之后第二个最有影响的杰出的教育实践家和思想家。朱熹一生七十一载，有六十多年在闽北度过。他与其门人开展文化学术创造活动，为闽北留下许多可视性的文化遗存，如政和的云根书院、星溪书院，建阳的寒泉精舍、云谷草堂、考亭书院，建瓯的艮泉井、朱子祠、博士府，武夷山的五夫社仓、武夷精舍、响声岩摩崖石刻等。这些都是闽北宝贵的朱子文化资源。闽北是朱子故里，又是朱子学的发源地。从这个意义上来说，朱子文化是闽北独具特色的人文、地域文化。朱子文化所包含的忧患意识、爱国思想、以人为本、自强不息、创新精神等，在中华民族性格的形成和发展上，产生过积极的作用，至今还有其存在的价值。

阅读资料四：走进职业教育

职业教育与普通教育是两种不同教育类型，具有同等重要地位。改革开放以来，职业教育为我国经济社会发展提供了有力的人才和智力支撑，服务经济社会发展能力和社会吸引力不断增强。随着我国进入新的发展阶段，产业升级和经济结构调整不断加快，各行各业对技术技能人才的需求越来越紧迫，职业教育重要地位和作用越来越凸显。

职业教育就是让受教育者获得某种职业或生产劳动所需要的职业知识、职业技能和职业道德的教育。没有职业教育现代化就没有教育现代化。党和国家十分重视职业教育，国务院于2019年1月24日出台了《国家职业教育改革实施方案》（以下简称"职教20条"）。"职教20条"指出，要以习近平新时代中国特色社会主义思想为指导，把职业教育摆在教育改革创新和经济社会发展中更加突出位置。牢固树立新发展理念，服务建设现代化经济体系和实现更高质量更充分就业需要，对接科技发展趋势和市场需求，完善职业教育和培训体系，优化学校、专业布局，深化办学体制改革和育人机制改革，以促进就业和适应产业发展需求为导向，鼓励和支持社会各界特别是企业积极支持职业教育，着力培养高素质劳动者和技术技能人才。

"职教20条"提出，职业院校实践性教学课时原则上占总课时一半以上，顶岗实习时间一般为6个月。从2019年开始，在职业院校、应用型本科高校启动"学历证书+若干职业技能等级证书"制度试点工作。到2022年，职业院校教学条件基本达标，一大批普通本科高等学校向应用型转变。经过5~10年左右的时间，职业教育基本完成由政府举办为主向政府统筹管理、社会多元办学的格局转变；由追求规模扩张向提高质量转变；由参照普通教育办学模式向企业社会参与、专业特色鲜明的类型教育转变，大幅提升新时代职业教育现代化水平，为促进经济社会发展和提高国家竞争力提供优质人才资源支撑。据此可以看出，与普通教育相比职业教育具有鲜明的特色，也是其他教育类型所不可替代的。

1. 培养目标特色

人才培养目标是学校人才培养的总原则与总方向，是对教育的质的规定性，是开展教育教学的基本依据。职业教育的培养目标，在2019年国务院出台的《国家职业教育改革实施方案》中已有清晰的表述："着力培养高素质劳动者和技术技能人才。"其中高素质劳动者是指劳动者的思想道德素质和劳动技术技能，包括劳动者的价值观、职业道德、敬业精神和科学文化知识、专业理论、操作技能及熟练程度等方面。技术是指为达到一定目的而采取符合该目的所要求的行动、方式、方法和手段，它的表现形式是生产工具、设备（硬件）、规则，生产使用的工艺、方法、制度（软件）等。技能是通过学习重复和反省而习得的体能、心理能力和社会能力，包括外显的动作技能，如生产、文艺、体育等技能，内隐的演算、写作等心智技能。简而言之，"必须怎么做"是技术，"如何做才能达到技术要求"是技能。技术是显性知识，能用文字、图表来阐述和表达，其传承的载体是文字等符号工具。技能是隐形知识，是"只可意会，无法言传或文传"的知识，其传承的载体是在操作中由模仿到熟练。技术以有无来衡量，技能则以熟不熟练来衡量。在现代社会，技术和技能是相互依存、密不可分的，二者互为前提，彼此作用，相互促进，已经内化为劳动者的综合能力。在生产和社会活动中，技术技能已成为现代劳动者素质中的主体内容。

现代社会对人才的需求是多种多样的，有些专家以生产或工作活动的过程和目标为标准，将社会所需要的人才类型分为学术型、工程型、技术型和技能型4种。学术型人才主要从事研究和发现客观规律的工作；工程型人才的任务是将工程原理转化为产品图纸或发展规划，即从事为社会谋取直接利益有关的规划、决策、设计等工作；技术型人才是将工程型人才的劳动成果通过自己的劳动转化为物质形态（产品、工程等）或对社会有关方面（城市发展、旅游开发、经济发展、社会治安等）产生具体作用；技能型人才是指在一线掌握专门知识和技能，并在工作实践中能运用自己的技术和技能进行实际操作的人员。技术型人才和技能型人才都是从事生产第一线直接为社会谋取利益的工作，二者的区别在于技术型人才主要运用理论技术和智力技能来工作，而技能人才主要依据经验技术和动作技能来工作。技术型人才与技能型人才协同将完成了的设计、规划等转化为物质形态或具体运作。在我国的教育体系中，高校的学术硕士以上研究生教育是培养学术型人才，普通本科高校是培养技术型人才。培养专业硕士的研究生教育是培养工程型人才，本科层次的职业教育是培养技术应用型人才，高职是培养高素质技能型人才，中职教育是培养高素质劳动者和技能型人才。

2. 专业设置特色

专业，是指高等学校和职业院校按照社会职业分工、学科门类、科学技术和文化发展状况及经济建设与社会发展的需要，把学业分成门类，如林业专业、园林专业、木材加工专业等。专业是学校制定培养目标、人才培养方案，进行招生、教学、毕业生就业等项工作，为社会培养、输送各类人才的依据，也是学生选择学习方向、学习内容，进而形成自己某一专门领域的特长，为将来职业活动做准备的依据。职业教育的专业与普通高等教育的专业具有很大不同，可归纳为以下几点：

一是专业设置方面具有鲜明的地方性、行业性和市场性。专业设置是指专业的新建、开设、变更或取消，专业设置是职业院校区别于普通学校的主要标志，是职业教育组织构成的显著特点。职业院校专业的设置是依据学校所在地域或所属行业对职业人才的需求情况决定的。当地经济建设和社会发展需要哪些方面的、哪些行业的技术技能型人才，就开设哪类专业，以满足产业结构调整、技术进步、社会发展和劳动力市场需要。学校要将专业视为学校的产品，使之适销对路，做到以服务为宗旨，以就业为导向。

二是在专业划分上具有鲜明的职业属性。普通高等教育的专业大多是按照学科体系分类为原则划分的，以主干学科为基础设立的，侧重于学术性，且趋向于拓宽专业面，向综合性发展，如林业专业、森林保护专业、木材科学与工程专业等。职业教育的专业划分是建立在对职业特征研究的基础上，按照职业分工与职业岗位群对专门人才的要求设立的，强调职业性和综合职业能力的培养，一个专业是一组具有一致性的相关职业能力的职业群、岗位群、技术群，如林业技术专业包括林木种苗工、造林更新工、森林抚育工等职业。

职业教育专业划分采用职业分析法，即选择一组已有的或新涌现的相关职业，分析这组职业所属的知识点、技能点，以及工作态度要求，根据职业环境和职业能力的同一性原则，重组各职业共同点，评审共同组织专业教学的可能性，归纳专业标准要素，以技能为核心综合析出新的专业名称。

三是在专业分类与专业名称上具有鲜明的行业性和职业性。为了便于教育行政部门和学校规划普通高等教育与职业教育专业建设、设置与调整，实施人才培养，安排招生就业，进行教育统计和信息处理，必须对众多的专业按一定的原则进行科类划分，划分后形成专业目录作为实行教育行政管理和学校教学工作的基本文件。在普通高等教育中，多按学科门类分为文、理、工、农、医药、师范、财经、政法、艺术、体育等科类。在职业教育中，是以产业、行业、职业岗位或技术领域为主要依据进行专业大类和专业类的划分，使其专业大类、专业类结构对应于我国的产业结构和经济格局，并从名称到专业内涵，强化了职业教育的专业与行业企业的对应关系。如高职专业划分为农林牧渔、交通运输、土木建筑、旅游等近20个专业大类，下设近80个二级类，如农林牧渔大类下设农业类、林业类、畜牧类、渔业类4个二级类。在林业类下设有林业技术、园林技术、木材加工技术等若干专业。

在职业教育专业名称上，突出培养技术技能人才的特点，如林业技术、森林资源保护、野生植物资源开发与利用、自然保护区建设与管理、森林生态旅游等。为了增强专业的针对性，对于专业面较宽的专业可设立若干个专门化或专业方向，如园林技术专业下可设置园林植物景观设计、园林植物栽培养护等专门化方向等。

在与职业教育专业目录配套的专业简介上，每个专业都有"主要职业能力""就业面向""核心课程与实习实训""职业资格证书举例"等栏目，充分反映了职业教育的特点。

3. 课程特色

在中小学学习数学、语文、物理、化学、生物等课程，都是以传授知识为主，以提高科学文化素质为目的的，这类课程属于学科课程。在职业院校里，除了这些文化基础课外，还要开设与将来就业的职业岗位有关的专业课及为专业课服务的专业基础课。与普通高等学校不同的是，职业院校的专业基础课大多是围绕专业岗位需求选择教学内容，做到必须够用，不追求学科知识系统性，因而多为整合性的综合化课程，如园林类专业过去按学科式开设植物形态解剖、植物生理、土壤肥料学、气象学、园林生态学等多门专业基础课，各成系统，现在通过课程改革，将5门课程内容整合为园林植物生长发育与环境。围绕园林植物的生理生态与环境的各因子之间的关系，阐述园林生产上需要的基本知识和基本技能，使之更有针对性、职业性，提高了学生分析问题和解决问题的能力。

职业院校的专业课是通过对该专业所覆盖的职业岗位群的工作任务和所需要的知识、技能和态度的分析而确定的，每门课程可覆盖至少一个职业岗位或一门技术，而非学科课程。如林业技术专业设置林木种苗技术、造林技术、森林经营技术、林业有害生物控制技术等课程，分别对应林木种苗工、造林更新工、森林采伐工和林业有害生物防治员4个职业（工种）。每门课程的内容都是根据工作任务、工作过程进行编排的，并与职业标准相对接。课程内容中的知识是围绕工作任务的需要选择的，体现了以培养职业能力为主线的理念。

在课程名称上，与普通高等教育的学科课程不同，职业教育很少采用"××学"的名称，而是突出职业教育的职业性、实践性，如林业政策与行政执法、木质门窗设计与制造、林业有害生物控制技术、园林工程施工等。

4. 教学模式特色

所谓教学模式，是指在一定教学思想或教学理论指导下，建立起来的较为稳定的教学活动的结构框架和活动程序。在普通高等学校，课程结构是先公共文化课，后专业基础课，再专业课的三段式结构，是以学科为中心，强调内容的科学性、系统性、完整性，在教学模式上采取理论课与实践课分离，开设顺序上是先理论课教学，后实践课教学。

在职业院校中，许多专业课实行"教学做一体化"的教学模式。即将教学场所直接设在实训室、生产车间等，教学场所与生产场所对接，师生双方边教边学边做，理论和实践结合进行，直观和抽象交错出现，理论教学中有实践，实践过程中有理论教学，突出学生动手能力和专业技能的培养，能充分调动和激发学生学习兴趣，使教学过程和生产过程对接，从而培养学生的专业能力、方法能力和社会能力。根据不同专业课的性质，可采取项目教学、案例教学、任务驱动、角色扮演、模拟仿真训练、现场教学、顶岗实习等形式，如家具设计制造、园林设计、情境导游、播种育苗、林业检疫等内容都可采取"教学做一体化"教学模式。

5. 培养条件特色

职业教育培养技能型人才，双师型教师和实训基地非常重要，没有技能熟练的教师和实践场所，培养技能型人才则是一句空话。职业院校的教师队伍除了在编在岗专门从事教学工作的专任教师外，还有从行业、企业聘任的专业技术人员、能工巧匠等来承担学校专业课或实践课教学的技能型兼职教师，使学生的实践能力培养符合职业岗位要求。对于校内在编在岗的专业课教师，要具备双师素质要求，不仅具有职业院校教师系列职称和教师职业的知识、素质和职业能力，还要具有所教专业的职业能力（包括劳动技能和职业文化），具有本专业、相关专业或相关职业岗位的相应技能及技术应用能力的上岗证、职业资格证、工种等级证、技师证、工程师职称，使之具有一定水平的实践能力和技术应用能力，确保职业教育的人才培养质量。

培训基地是学生进行工作过程实践学习与职业岗位技能训练的场所。实训基地有校内和校外之分，校内实训基地是由学校投资建设的，依技能教学需要，按学生人数或学生分组作业安排而设计的实训机构或场地，如木材加工技术专业的家具制造车间、酒店管理专业的茶艺实训室、林业技术专业的苗圃、园林技术专业的园林景观设计室等。学生在校内实训基地完成专业基本技能训练或教学性实训。校外实训基地是学校与专业对口的企事业单位，通过契约方式，依法依需确定的进行社会性真实工作过程实践学习与职业岗位技能训练的实际工作场所，学生在此可以顶岗实习方式完成工作过程实践学习，在上岗操作的过程中熟悉其工作任务和技术规范，学习企业文化。高职学生应有至少累计半年的顶岗实习时间，中职学生应有至少累计一年的顶岗实习时间。

6. 人才培养质量要求特色

职业教育是培养能将专业知识和技能应用于所从事的专业或社会实践的服务于生产一线的应用型专业人才的教育。对于职业院校的学生，除了要具备普通教育所具备的知识、能力、素质结构外，更侧重于职业素养的培养。职业素养是人们在社会活动中需要遵守的行为规范，是职业的内在要求，是一个人在职业过程中表现出来的综合品质。主要体现在职业技能、专业素质、职业道德、职业意识等方面。

职业技能是指从事某种职业所需要的技术和能力，是能通过练习而获得的。为强化职业技能的培养，国家针对职业院校推行"双证书"制度。学生通过注册学籍，修完学校安排的全部课程，符合毕业条件后取得学历毕业证的同时，还要取得从事相应职业的职业资格证书，实现学历教育与职业资格培训的融通。职业资格包括从业资格和执业资格，从业资格是政府规定专业技术人员从事某种专业技术性工作的学识、技术和能力的起点标准，如林业行业的林业有害生物防治员等职业资格证书等；执业资格是政府对某些责任较大、社会通用性强、关系公共利益的专业技术工作实行的准入控制，是专业技术人员依法独立开业或从事某种专业技术工作学识、技能的必备标准，如执业药师等。

专业素质是职业教育培养目标中的核心素质要求，是职业教育较之普通教育的主要特色。它包括对新技术的接受和理解能力、职业的适应能力、质量意识、安全意识、节能环保意识、时间观念、经济观念、提出合理化建议的能力等。专业素质是专业知识和专业能力的综合和升华。

职业道德是指在特定的职业范围内的特殊道德要求，是一般道德原则在职业活动中的具体体现。职业教育的学生从业后作为拥有某一行业领域的知识和能力的专门人才，应该成为遵守本行业职业道德的表率。因此，职业院校要以立德树人为根本，培养学生的职业道德素养。职业道德的基本要求是"爱岗敬业、诚实守信、办事公道、服务群众、奉献社会"二十个字。

职业意识是作为职业人所具有的意识，过去叫作主人翁精神，它是每一个人从事自己岗位工作的最基本要素，也是必须牢记和自我约束的职业要素。职业意识由就业意识和择业意识构成，前者指人们对自己从事的工作和任职角色的看法，后者是指人们对自己希望从事的职业意向。职业意识的培养与养成，需要通过系列的专业化学习和训练的实践活动来实现，因为在实验实训、顶岗实习的过程中，能够了解某种职业的社会要求，有针对性地调节自己的活动，向着职业需要的方向去发展。在专业实践中要重点培养的职业意识有企业文化意识、敬业意识、奉献意识、创新意识、竞争意识、合作意识、质量与效率意识等。

根据职业教育对人才培养的质量要求，职业院校多实行校企合作的办学模式，工学结合的人才培养模式，顶岗实习、行动导向等教学模式来提高学生的职业素养。在人才培养质量评价上，侧重实践教学的考核，除考核专业知识外，还要考核学生的工作能力、劳动态度、安全文明生产执行情况和团结协作精神。对学生实训的操作过程和实习产品，以产品标准、定额标准、操作规范、安全标准作为考核评价标准。考核评价主体由过去的教师单一评价主体发展为学生个人评价、小组评价、企业人员评价、教师评价等多元评价主体，使评价结果更客观，人才培养质量更适于企业需要。

7. 职业素养与职业能力培养

职业教育是以就业为导向的教育，学生毕业后就要从事一种职业。要想找到适合自身要求的理想职业，并能在工作中承担起本职工作，在此基础上得到发展，在校期间必须注重职业素养和职业能力的培养，它是一个人职业生涯成败的关键因素。本节将告诉大家作为职业院校的学生应具备哪些职业能力和职业素养？林业行业的职业道德规范和行业精神是什么？怎样学习专业知识和进行职业技能培养，才能提升自己的职业素养和职业能力。

（1）职业能力和职业素养

职业能力是人们从事某种职业活动必须具备的多种能力的综合。它包括从事某一职业的专业能力，即基本生存能力，还包括方法能力和社会能力，它是人的基本发展能力，是跨职业的能力。方法能力包括：信息收集和筛选能力；掌握制订工作计划，独立决策和实施的能力；具备准确的自我评价能力和接受他人评价的承受力，并能够从成败经历中有效地吸取经验教训。社会能力主要是指一个人的团队协作能力、人际交往和善于沟通的能力。在工作中能够协同他人共同完成工作，对他人公正宽容，具有准确裁定事物的判断力和自律能力等，是岗位胜任和在工作中开拓进取的重要条件。

人的素质体现在职场上就是职业素养，是人在社会活动中需要遵守的行为规范，是职业内在的要求，是一个人在工作中表现出的综合品质，包含职业道德、职业技能、职业行为、职业作风和职业意识等方面。职业素养具体量化表现为职商（简称CQ），其体现一个社会人在职场中成功的素养和智慧。

职业素养有显性和隐性之分。形象、资质、知识、职业行为和职业技能是显性的，通过学历证书、职业证书或专业测试得以体现。而职业道德、职业意识、职业作用、职业态度等却是隐性的，恰恰这些隐性的素养是职业素养中最基本的内容，是显性素养的基础。从个人来讲，只有具有良好的职业素养，才能在事业中取得突出成绩。

职业能力和职业素养二者有着必然的联系，互相影响，互相作用，共同反映一个人的综合能力和水平。因此，职业院校的学生应加强职业能力和职业素养的自我培养。

(2) 职业院校学生应具备的职业能力

根据职业院校的人才培养目标，学生应具备以下4种能力。

①专业能力　是指具备某种职业必备的专业知识、技能能力与适应岗位变换的能力，也称为"本领"，是人的基本生存能力。专业能力主要包括专业知识、专业技术、执行能力、学习能力四部分。其中执行能力是能否按时、按质、按量完成既定工作任务的能力。专业能力是在日常学习、实践中反复训练而获得的能力。

②社会交往能力　是指妥善处理组织内外关系的能力，包括与周围环境建立广泛联系和对外界信息吸收、转化的能力，以及正确处理个人与他人之间关系的能力。

在社会交往中，需要与人沟通、合作；在遇到新环境时需要学会适应，找准自身定位；在遇到困难挫折时，需要自我控制，自我反省，自我调节，必要时还要学会求助等。

提升社会交往能力，要注意语言表达能力的训练；学会与他人合作；多参加各类活动和承担部分社会工作，锻炼自己分析、解决问题的能力；在学习、工作、生活中，遇到挫折困难的时候要学会自我调节。

③获取信息能力　指学生在学习课内外知识技能的过程中独立获取知识，发现问题和解决问题的能力。它包括阅读能力、搜集积累和使用资料的能力。

获取信息可以通过多种渠道，如广交益友、有目的性的阅读、充分利用现代化的互联网技术等。值得注意的是，在大量的互联网信息中，真假掺半、鱼龙混杂，我们要学会辨别、学会选择。

④创新能力　是指在技术和各种实践活动领域中不断提供具有经济价值、社会价值、生态价值的新思想、新理论、新方法和新发现的能力。当今世界人才的竞争就是创造力的竞争。我们应该在专业学习和社会实践中善于观察和发现新事物，多问为什么，培养创新思维。

(3)职业素养的自我培养

①培养职业意识　很多学生在跨进职业院校大门之时就认为已经完成了学习任务，可以在学校里尽情"享受"了，这正是他们在就业时感到压力的根源。培养职业意识就是要对自己的未来有规划。因此，在校期间，每个学生应明确我是一个什么样的人？我将来想做什么？我能做什么？环境能支持我做什么？着重解决一个问题，就是认识自己的个性特征，包括自己的气质、性格和能力，以及自己的个性倾向，包括兴趣、动机、需要、价值观等。据此来确定自己的个性是否与理想的职业相符，对自己的优势和不足有一个比较客观的认识，结合环境如市场需要、社会资源等确定自己的发展方向和行业选择范围，明确职业发展目标。

②培养职业素养　职业行为和职业技能等显性职业素养比较容易通过教育和培训获得。学校的教学及各专业的培养方案是针对社会需要和专业需要所制定的。旨在使学生获得系统化的基础知识及专业知识，加强学生对专业的认识和知识的运用，并使学生获得学习能力、培养学习习惯。因此，学生应该积极配合学校的培养计划，认真完成学习任务，尽可能利用学校的教育资源，包括教师、图书馆等获得知识和技能，将其作为将来求职需要的储备。

③培养职业态度　核心职业素养体现在很多方面，如独立性、责任心、敬业精神、团队意识、职业操守等。事实表明，很多学生在这些方面存在不足。缺乏独立性、爱抢风头、不愿下基层吃苦等表现容易断送学子的未来前程。缺乏独立性会失掉工作机会，而喜欢抢风头的人被认为没有团队合作精神，用人单位也不喜欢。因此，学生应该有意识地在学校的学习和生活中主动培养独立性，学会分享、感恩，勇于承担责任，不要把错误和责任都归咎于他人。

8. 学会学习

(1)科学合理选择课程

目前,许多学校都推行学分制和弹性学制的教学管理模式。选课是学分制的关键,学生只有在弹性规定修业的年限内完成一定的学分,才能获得相应的学历证书。因此,应对本专业人才培养方案、各类课程设置、课程在学分总数中所占的比例以及学分结构有明确而具体的了解,这样才能科学、合理、有针对性地选择学习课程。

①人才培养方案 是指让学生形成合理的知识、技能、能力、道德、素质结构设计的蓝图,过去称为教学计划。目前,教育部负责颁布由各行业职业教育教学指导委员会组织制定的专业教学标准,各院校依教育部颁布的专业教学标准结合本地区本校实际制定本校该专业的人才培养方案。

学生入校后要了解本专业的人才培养方案,知晓毕业后要求达到的培养目标和规格;知晓全学程开设的课程;知道各门课程在整个专业培养目标中的地位和作用;知道各门课程的考核方式和学分、学时。做到心中有数,有目的地选课和学习。

专业人才培养方案主要内容包括入学要求、学习年限、职业范围、培养目标和人才规格(包括知识、能力、素质要求)、课程设置及课程主要内容描述、全学程教学时间安排、教学进度、课程学时数、学分数、考核方式、需要获得的技能证书、教学条件、教学模式要求等。

②课程的类型 职业院校的每一个专业都围绕培养目标开设一定门数的课程。从学习规定上,可将它们分成必修课和选修课,必修课是要求学生必须参加学习的课程而且必须通过考核;选修课是可供学生选择的课程门类,又分为限定选修课和任意选修课两类,限定选修课要求在规定的课程门类中必须选择几门课程学习,任意选修课根据学生自己的兴趣需要随便选择课程和门数。

从课程内容上可分为公共基础课、专业基础课、专业核心课。公共基础课是为提高学生政治科学文化素质服务的课程,如政治、语文、英语、数学、物理、化学、计算机应用等。专业基础课是为学习专业课打基础的课程,如园林技术专业开设的园林植物生长发育与环境,林业技术专业开放的森林植物环境等。专业课是按本专业职业岗位群设置的学习专业的理论和专业技能的课程,如林业技术专业的森林资源管理、森林营造技术、林木种苗生产技术等。

专业核心课是一个专业的课程体系中居于核心位置的具有生成力的那部分课程，它与课程体系的其他部分形成有机的、内在的联系。如园林技术专业中的园林植物栽培养护、园林规划设计等。专业拓展课程是相对于核心课程而言，与专业核心课程相关、相邻、边缘或交叉的知识和技能课程。它是为实现学生就业"零距离"，提高学生专业综合素质，开阔视野而设立的符合专业特色和行业特色的课程，如园林技术专业中的植物组织培养、林业技术专业的森林资产评估等都属于专业拓展课程。

③课程标准　是面向全体学生的学习基本要求和课程教学的基本规范，是详细阐述课程性质、课程目标、教学内容、实施建议的教学指导性文件，是编写教材、实施教学与教学评价的依据。

教学标准又称为教学基本要求，公共基础课一般是由教育部统一颁布的，专业核心课一般是由行业职业教育教学指导委员会颁布的。学生在校学习时了解所学课程的课程标准，对于全面掌握该课程的主要内容要求是很有帮助的，无论采用哪本教科书，教师都应按颁布的教学标准或学校制定的教学标准进行教学和考试命题。

④选课的方式

熟悉本专业的人才培养方案：根据所修专业培养方案中最低毕业学分及必修课、限定选课、任意选修课结构学分要求，综合考虑自己的学习能力选择课程，避免盲目性。一般应按培养方案的课程安排顺序修读，提前修读可能给自己的学习带来困难，滞后修读则有可能影响学生按时毕业。当然也可以根据自身基础和学习特点自主制订个性化的修读计划，但在选课时一定要注意课程之间的先后逻辑关系。必须修读完成本专业培养计划规定的相关课程及教学实践环节，并取得最低毕业学分后可通过毕业资格审核。

了解教学执行计划修读的课程：教学执行计划是根据专业培养计划、专业学生数以及教学资源状况制定的本学期课程安排，是学生可选课程的根本依据，学生应根据每学期的课程开设情况选择本学期应该修读的课程。各专业人才培养的目标与要求不同，课程安排也有所区别：同类或同名课程对不同专业的学生要求不同，学时数与学分数也不同；即使学时数相同的同名课程，对不同专业的教学内容也有可能各有侧重，因此在选课时应注意选择修读本专业培养计划规定的课程。

检查自己的学习进度情况：选课前应检查自己的学习进度，特别要检查是否有前期应修读但尚未修读的课程，或已修读但未取得学分的课程。如有此类课程，应在下一学期首先选择修读此类课程，以免影响正常的学习进度。

拟订课程修读计划：可以通过校园网、导师或上一届同学了解课程及任课教师情况，在教师指导下根据学校的课程安排及本人的实际情况，拟订课程修读计划(课程、任课教师以及上课时间)，最好准备两套以上选课方案，为正式选课做好充分准备。学校在安排任课教师时已考虑了教师的特长和教学特点，因此建议学生尽量按学校推荐的课程表选课。当然学生也可以在老师指导下选择推荐课程表以外的修读课程及任课教师。

首先保证必修课的学习：在选满该学期所开必修课后，方能选修限定选课和任意选课；有严格先修后续关系的课程，需先选先修课程，再选后续课程，未取得先修课程学分，一般不得选修后续课程。

选课注意事项：在能够完成培养方案规定的本学期学分数的基础上，学习成绩优良且学有余力的，可跨年级、跨专业选修其他有关课程，但每学期所选的本年级、本专业培养方案以外的课程不得超过学校规定学分，各校自有规定。跨专业选修课程应认真考虑自己的能力和时间，一般跨专业课程均有先修课程的要求。选修前应认真了解该课程的教学标准以及对先修课程的要求，慎重选择。另外应认真分析下学期所选课程的难度和总学时，使其强度适中，确保按计划完成学习任务。

在对自己的学习安排拥有自主选择权的同时，也应承担相应的责任和义务，学生应慎重使用自己的选课权利，并对自己的选择负全部责任。选课期间应及时了解学校公布的有关选课方面的信息和通知。

选课时应处理好必修课与选修课的关系，低年级学生尤其要注意打好扎实的基础，适当控制选修课比例；处理好课程间的关联性和系统性，凡有先修要求的课程，必须修读先修课程后再选后续课程；处理好学习的质和量的关系，选课时不单纯追求学分数，而要注重知识结构的完整性，注重发挥自身的特长和爱好，注重课程能力的培养；注意量力而行，选课切忌盲目一味贪多，应及时关注学校对选课的具体要求。

(2)保证课堂学习质量

①了解教学场所　职业院校学生上课学习的场所除了普通教室之外，还有专业教室、实验实训室、实训基地等。

普通教室：按规模可分为供一个班级上课的班级教室和可供两个及以上班级上课的合班教室。教室内有供教学活动的必备设备及用具，如课桌椅、讲台、黑板、电脑、多媒体投影设备等，教学桌椅的摆放，除了传统的以教师为中心的学生面向讲台的长方形规则摆放方式外，还有以学生为中心的圆形、U形等编排方式，便于师生互动。

专业教室：是既能满足理论教学，又能满足实践教学的场所，可划分为理论学习区和实践教学区，还可划分为小组工作区、实验区和操作区。教学一般以工作任务为载体，如与实际项目结合，可在教师指导下进行生产实习。专业教室易于实现师生间交流和学生间交流，有利于学生单独或以小组形式完成学习任务。

近年来，在专业教学基础上发展形成了一体化工作室，具有教学功能、服务功能和科研功能，学生创业和竞赛功能等。一体化工作室由教学区、讨论区、演示区、工作区、个人办公区、资料查询区、展示区、客户接待区、休闲区、更衣区、沐浴室等组成。

实验实训室：是为某一课程设置的进行验证性实验和单项技能训练的实训场所。如植物生理实验室、土壤气象实验室、植物病虫害防治实训室等。

实训基地：是进行工作过程实训学习和职业岗位技能训练的场所，分为校内实训基地和校外实训基地。校内实训基地由学校投资建设，可实现教学、培训、技能鉴定等功能。如校办林场、校办木工厂、校办旅游公司、实训中心等。校外实训基地是学校与专业对口的生产企业，是通过契约方式，依法依需确定的社会性真实工作过程实践学习和职业岗位技能训练的企业或多个点状企业区域。主要用于学生综合实训和顶岗实习。

②熟悉教学组织形式　职业教育的教学活动是通过一定的组织形式来进行的。教学组织形式，就是根据一定的教学思想、教学目的和教学内容以及教学主客观条件组织安排教学活动的方式。它是为实现一定的课程与教学目标，围绕一定的教育内容和学习经验，在一定时空环境中，通过一定的媒体，形成的教师与学生之间相互作用的方式、结构与程序。职业教育的教学组织形式主要有如下几种：

班级授课：就是把一定数量的学生按照所学专业编成固定的教学班级，根据周课表和作息时间表，教师按教学计划规定的教学内容和教学进度，采用适当的教学方法，组织指导学生，集中进行教学的组织形式。目前职业院校多半采用班级授课的形式。

分组教学：是目前在职业院校中班级授课的一种辅助形式。可按能力大小、作业情况等，把一个班级中的学生分成不同的小组，小组成员在小组长带领下通过配合完成共同的学习任务。有利于教师进行单独指导，利于调动全体学生积极性，能够使学生的学习水平和能力差异得到互补。如实习实训中多采用分组教学形式。

现场教学：是指组织学生到生产现场或社会生活现场，通过实物、操作、表演和生产过程来展开的一种教学组织形式，具有明显的直观性和实践性特征，有助于牢固记忆和形成技能技巧。如树木识别实习、播种育苗实习、林业改革调查、参观家具公司等。

③摸透教师的教学方法　由于每节课的教学内容和任务不同，课程类型也有差异。如新授课（理论课）、实验实训课、复习课、检查课等。教师针对不同类型的课程，会采用不同的教学方法。领会教师采用的教学方法，对提高学习效果是十分必要的。职业院校教师常采用的教学方法有如下几种：

讲授法：是指教师通过口头语言向学生系统、连贯地传授知识、培养能力、进行思想教育的教学方法，是课堂教学中使用最普通的方法，其他各种方法在使用中常常与讲授法结合。讲授法有灌输式讲授、启发式讲授和发现式讲授。灌输式讲授是信息输入完全来自教师，学生只是接受信息，没有反馈，学生参与程度低。启发式讲授中，教师首先提供一些新的信息和结论，然后提出一些问题，以考查学生是否掌握了新信息和结论。如果学生没有掌握，则老师以演讲或其他方式提供新的内容、思想和结论，接着使学生以问题或讨论形式反馈。发现式讲授是指学生在教师的指导下进行学习，并试图独立探索自己的结论，教师只提供学生无法得到的某些事实，学生要尽可能地得出新结论。

项目教学法：是指师生通过共同实施一个完整的"项目"工作而进行的教学行动。在职业教育中，项目是指生产一样具体的、具有实际应用价值的工作任务，在技术领域，很多小产品或一些复杂产品的模型都可以作为项目，如园林技术专业的一个局部小景观的施工、家具设计与制造专业的门窗制作等。

项目教学实施包括确定项目任务、获取信息、制定计划、做出决定、实施计划、自检自评、评价总结等教学阶段。项目教学法已普遍被职业院校的专业课教师采用。

实验教学法：是指学生在教师的指导下，使用一定的设备和材料，通过控制条件的操作过程，引起实验对象的某些变化，从观察这些现象的变化中获取新知识或验证知识的教学方法。如木材加工技术专业的木材性质检验等。职业院校的实验教学一般是在实验室，生物、农业或林业实验园地进行的，有的实验也可以在教室里进行。通过实验教学法，可以把一定的直接知识同书本知识联系起来，以获得比较全面的知识，同时能够培养独立探索能力、实验操作能力和科学研究兴趣。

四阶段教学法：是指把教学过程分为准备、教师示范、学生模仿和总结练习4个阶段进行的程序化的技能培训教学方法，如园艺技术专业的插花制作、森林生态旅游专业的接待礼仪培训等，4个阶段可概括为讲、演、练、评4个字。首先是教师讲解，然后教师分类示范，讲出做什么？怎么做？为什么这样做。学生进行模仿训练，可重复多次直至学会。最后教师布置练习任务让学生独立完成，教师监督，归纳总结。

案例教学法：是指以具有代表性、典型性和新颖性的案例为教材，在教师指导下，运用多种方式启发学生独立思考，对案例提供的客观事实和问题进行分析、研究、做出判断和决策的一种理论联系实际的教学方法。目的是用案例激发学生思考和探讨，掌握解决实际问题的思路和方法。案例教学用于课堂理论教学中案例引路、案例佐证、在实践教学中用于提供高度仿真性的模拟情景和背景资料，组织案例分析与讨论。

④掌握课堂学习的方法　课堂学习的主要环节是听课。从小到大，我们每个人都听过无数次课，但是，你真的会听课么？尤其是在开放式教学环境下的大学课堂里，老师一改中小学按照教科书按部就班讲课的风格，而是多以学科的宏观知识体系、知识结构来构建自己的学术观点，并把学科最新的知识、最新的研究成果、最新的学术动态介绍给学生，给学生创造了更广阔的思维空间，注重分析问题、解决问题能力的培养。所以，要想真的学会听课，着力从以下几方面入手：

树立正确的学习态度：职业教育就是就业教育，不存在为别人学习的问题，如果还抱着为父母学、为老师学的态度，必然会出工不出力，学习效果不会好；其次，每科授课教师都有其专业特长，学生向教师学习的是专业理论和专业技能，如果根据个人好恶，对授课教师进行品头论足，进而影响学习其授课内容，那就是自欺欺人了；最后，教学计划开设的课程都有其相互关联性，并本着"够用"原则为学生合理设计，如果仅凭自己主观臆断，认为重要的就好好学，不重要的就不学，必然会造成短板效应，对日后工作产生影响。

做好预习：在上课前，利用一点时间简单预习一下新课内容，对新内容有个大概了解，知道哪些知识点自己不明白，这样就可以有目的、有针对性地去听课，对不懂的知识集中精力听讲，及时向老师请教，对看的懂的内容，着力学习老师分析问题、解决问题的方法。

会记课堂笔记：笔记是日后复习的主要学习资料，可以帮助我们克服大脑对大量信息记忆的限制。以往，很多学生唯恐老师的板书不能及时记录下来，就整节课埋头记笔记，甚至对老师讲了什么，强调了什么都没来得及听清楚，这是课堂中最为忌讳的事情。课堂笔记要有详有略之分，老师在课堂上提示特别重要的内容，在教科书或别的资料上都难找到的，要逐字逐句详细记录，教材上有的内容可以提纲挈领，将更多时间用于理解。

及时复习：新知识总是建立在原有旧知识基础上的，通过复习可以为接受新知识铺平道路。同时，遗忘规律表明：大学生学习一门课程后的3个月，几乎遗忘所学知识的一半，在17个月之后仅能记住这些知识的24%，复习和完成课后作业能很好降低知识被遗忘的概率，帮助我们收到良好的学习效果。

（3）学会自主学习的方法与策略

"一样的努力，不一样的效果；一样的时间，不一样的收获"，有的人总抱怨时间不够，手忙脚乱，有的人却整天感觉无所事事，时间难熬，这些都是学习方法和学习效率问题。我们不妨试着从以下几个方面入手，提高学习效率，实现事半功倍：

①设定学习目标，增加前行动力　没有目标就没有方向，没有方向就没有动力。一些学生认为考上大学，就"船到码头车到站"了，"未来的一切就交给命运了"，一下子就失去了学习的动力。可在如此激烈的就业竞争中，自己是想毕业立即就业还是想继续求学深造提高自己？如果想就业，自己想要一个什么样的工作，适合什么样的岗位？这些从入学开始就要想清楚，给自己定一个目标。在学校里，往往是到了顶岗实习的前期，很多学生慌了手脚，马上就要上岗操作，自己这也不会，那也不行，一下子没了底气，着急后悔都为时已晚。

②制订学习计划，合理安排时间 "凡事预则立，不预则废"。制订科学合理的学习计划，通过落实计划内容不断实现近期和长期学习目标，会使自己的学习生活有条不紊，既不会过于放松，散漫无聊，也不会经常临阵磨枪，手忙脚乱。

③选择适合环境，学会趋利避害 职业院校相对轻松活泼，校园业余文化生活丰富，在学习之余，很好地融入这样的环境，会帮助学生提升人际交往、沟通协调和与他人配合等能力。但是，如果在学习的时候，学生依然在这样的环境中，就会分散注意力，降低学习效果。图书馆、阅览室、教室等场所才是学习的最佳环境。因此，要学会选择环境。

④坚持劳逸结合，保证精力充沛 学习时间长，不一定就学习效果好；长时间学习一门课程不如轮流安排学习不同科目，可以锻炼大脑不同的区域，经常保持大脑兴奋状态；只坐在课堂上学习书本不如同时在社会实践中广泛学习，这样学到的知识更宽泛，更灵活。

⑤掌握灵活策略，科学运用方法

五阶学习方法：孔子曰："博学之、审问之、慎思之、明辨之、笃行之。"辩证科学地阐述了学习的几个递进阶段。

第一阶段为"博学"，是指学习要广泛地猎取，也意味着博大和宽容。

第二阶段为"审问"，是指学习过程中，有所不明就要追问到底，要有敢于怀疑的精神。

第三阶段为"慎思"，问过以后要能够动脑思考分析，知其然更要知其所以然，才能将知识为自己所用。

第四阶段为"明辨"，学习要学会判断，辨别真伪，分清良莠，知道什么是有用的，什么无用的，该学什么，不该学什么。

第五阶段为"笃行"，是学习的最后阶段，就是要做到学以致用，知行合一，学习贵在应用。

循环学习法：就是在学习某门课的过程中，采取学习—复习—再复习的方法。即在学习完某些内容后，用少量时间进行复习，接着学习新的内容，过一段时间后再复习一遍，这样直到所有内容学习结束，以达到记忆牢固的效果。

四环递进学习法：

第一环：抓住重点，进行分析、综合。对所学的内容找出其要点、重点和难点，进行认真的分析、综合。

第二环：编写提纲。根据所学的课程内容，用自己的语言提纲挈领地编写提纲，列出问题的要点。

第三环：消化吸收。即对所编提纲以及知识、材料间的内在联系，进行背诵、记忆、分析、推理。

第四环：浓缩提炼，强化记忆。用最简短的语言，抓住材料的实质和核心内容，把提纲压缩得更简练，强化记忆加深印象。

框架式学习方法：就是将有关的知识通过有条理的分析，按照自己的理解，归纳成一个个"框架"或者图示，以便理解与记忆。以归纳为基础，搜索相同、相近、相反的知识，把它们放在一起进行对比与理解。其优点在于能起到更快的记忆、理解作用。

设问推敲法：首先带着问题看书，一边看书一边思考；其次带着问题预习，在老师讲解时集中注意听讲以解决问题；最后，带着问题联系，在实践中解决问题。这是在自学中发挥自己的主观能动性，主动查找资料，寻求解决问题，培养自己创造性思维的较好做法。

理论与实践结合的方法：高职教学就是将高度抽象的专业理论知识运用于实践的活动。因此，学生只有通过动手操作，亲身参与才能对抽象的理论知识有感性认识，并自然应用于实践活动。理实结合是提高学习效率的最好办法。

"学有其法，学无定法，贵在得法"。学习方法因人而异、因学习科目而异，不可生搬硬套，要根据个人特点，学会整合，适合的就是最好的，找到适合自己的科学的学习方法可以帮助我们在学习中少走弯路。

⑥提倡创造性学习方式　在掌握了有关课程基本概念和方法之后，应把前后知识联系起来，互相贯通，把"求同"和"存异"统一起来，辩证地对待"同"与"异"，在学习中能发现和提出问题，继而解决问题，有所创新和创造，这就是创造型学习方式。

⑦增强记忆力　要提高学习效率，必须增强自己的记忆力，人如果丧失记忆力，知识和经验等不能积累，学习工作将无法进行。影响记忆效果的因素有3个，第一是与记忆内容有关，具体的事物比抽象的事物更容易记忆，有规律有条理的东西比杂乱无章的东西更容易记忆，理解了的东西比尚未理解的东西更容易记忆，因此也记得更牢。有人以数学为学习材料对意义记忆

和机械记忆进行比较实验，采取有意义记忆的实验组在 3 周后记忆正确率为 23%，而采用机械记忆的试验组为 0；第二是与记忆的方法有关，看过的东西比听过的东西记住的内容要多 1.6 倍。用多种器官比用单一器官记忆有更好的效果。记忆与复习所间隔的时间越长，重新记忆花费的时间越多，如背一个单元的单词或者一段文章时，开头和结尾记得较好，中间段则遗忘的很多；第三是与注意的程度有关，没有给予注意的事情是不能保持在记忆中的。增强记忆力的途径有以下几种：

- 有选择性地记忆学习内容。要有选择性地决定哪些学习内容需要掌握，哪些可以忽略。
- 了解所记内容的背景知识有利于记忆。
- 记忆大量材料时要对其进行分类编组，这样可以有条理地把大段内容分成小块，化整为零，各个攻破。
- 多联想，对于要记住的内容，根据其特点并结合已有的经历和知识进行联想。
- 分段学习。先学的内容对后学的内容有抑制作用，后学的内容对先学的内容也会产生干扰，由于记忆的这一特点，加之人的精力限制，开始和结束时精力比较集中，学习效果好，中间一段时间学习效果差，因此可将一段较长的学习时间分为若干短时间区（如 45 分钟），学习效果会明显提高。另外，文理交叉学习可以避免前后学习内容抑制和干扰。
- 及时反复学习，及时巩固。例如，学习 3 个单元的新知识，依次学习后再依次复习各单元，可能导致在学第三单元时，第一单元已遗忘差不多了，若采用如下顺序，学习效果可得到改善，即学习第一单元—学习第二单元—复习第一单元—复习第二单元—学习第三单元—复习第二单元、第三单元—复习第一、二、三单元。

(4) 充分利用学习资源

学习资源是为学习所提供的素材等各种可被利用的条件，主要有纸质资源和数字化资源，纸质资源包括教科书、实习实训指导书、练习册、讲义、文献资料等；数字化资源是经过数字化处理的文字、图像、声音、动画、课件、视频等，包括多媒体素材、多媒体课件、校园视频点播系统、自主学习型和讲授型网络课程、教师个人数字网站、学校精品课程、专业教学资源库等。

①教科书　是学生学习的最重要的资源。由教育部组织专家评审通过立项的国家级规划教材、行业职业教育教学指导委员会立项的行业规划教材，以及非规划教材和学校组织编写的校本教材组成，后者一般为反映本地区特点的补充教材。

②多媒体课件　是根据教学内容的要求和教学的需要，经过严格的教学设计，并以文字、图形、图像、声音、动画、影像等多种媒体的表现方式和超文本结构制作而成的课程软件。分为单体课件和网络课件。多媒体课件不仅可以更自然、逼真地表现多姿多彩的视听世界，还可以对宏观和微观事物进行模拟，对抽象、无形事物进行生动、直观的表现，对复杂过程进行简化再现等。增加了学习者的学习兴趣和学习效果。

③网络教学资源库建设平台　网络教学资源是开展网络教育的前提和基础，随着网络教育的逐步拓展，网络教学资源越来越丰富，教学资源的有效管理是开展网络教育的关键。网络教学资源库建设平台是以资源共建共享为目的，以创建精品资源和进行网络教学为核心，面向海量资源处理，集资源分布式存储、资源管理、资源评价、知识管理为一体的资源管理平台。其实现了资源的快速上传、检索、归档并运用到教学中；实现了资源的多级分布式存储、学校加盟共建等。具有示范专业教学资源库建设管理、创建精品课程资源、网络教学三大子系统，三个系统之间无缝联结。专业数、课程数、用户数不限。

网络教学资源库建设平台有如下功能：

- 具备完善的库类别：用户可自己维护、自定义资源库的类别。
- 资源的共建共享：使用者可以随时、随地通过网络访问、上传、下载存放和使用库中资源。
- WEB集成：基于WEB的应用模式，在网上进行教学资源制作和管理、信息发布、教学交流、资源共享与交流。
- 资源检索：为使用者提供资源库中资源的多种检索功能。如课程导航、资源库导航、专业专题导航等。方便学习者使用。
- 网上交流：提供BBS服务、教育论坛、电子邮件服务系统，为网络教学实现在线或离线网上交流、辅导。
- 自主学习：提供完善的讲授型网络课程库、多媒体课件库、素材和案例库、专家答疑辅导系统，使用者可以自主完成专业课程学习。

④微课 是指按照教学内容标准及教学实践要求，以视频为主要载体，记录教师在课堂内外教育教学过程中围绕某个知识点（重点难点疑点）或教学环节而开展的教与学活动的全过程。

微课的核心组成内容是课堂教学视频（课例片段），同时还包含与该教学主题相关的教学设计、素材课件、教学反思、练习测试及学生反馈、教师点评等辅助性教学资源，它们以一定的组织关系和呈现方式共同营造了一个半结构化、主题式的资源单元应用"小环境"。因此，微课是既有别于传统单一资源类型的教学案例、教学课件、教学设计、教学反思等教学资源，又是在其基础上继承和发展起来的一种新型教学资源。

微课有如下特点：

- 教学时间较短，以5~10分钟为宜，最少的为1~2分钟，最长的不宜超过20分钟。
- 教学内容较少，突出某个学科知识点或技能点以及重点、难点。
- 资源容量较小，适于基于移动设备的移动学习。
- 示范案例经典，展现真实的、具体的、典型案例化的教与学情景。
- 以自主学习为主，是供学习者自主学习的课程，是一对一的学习。
- 可以视频、动画等形成基于网络流媒体播放。

微课按教学方法可分为讲授类、问答类、启发类、讨论类、演示类、练习类、实验实训类、表演类、自主学习类、合作学习类、探究学习类；按课堂教学环节可分为课前复习类、新课导入类、知识理解类、联系巩固类、小结拓展类等。

阅读资料五：走进林业

俗话说，"三百六十行，行行出状元"。所谓行业，是在产业大类之下细分的结果，一般按生产同类产品分类，或是有相同工艺过程，或是提供同类劳动服务的经济活动类别，如我们常说的服装行业、机械行业、金融行业、移动互联网行业等。

1. 林业行业的特点

林业是以森林为主要经营对象的特殊行业，它既从事商品性生产，又从事非商品性生产，是社会经济的重要基础产业，承担着满足经济社会发展对林产品需求的重任，又是生态环境建设的社会公益性事业，承担着改善生态环境、保障国土生态安全的历史重任。另外，行业一词在中文里面是一个纵横交错的概念，前述的分类是以产品类别从纵向对行业分层划分，但也可以职业性质与技术与能力为标准横向划分，如会计行业、管理行业、营销行业、秘书行业等，行业之间有交叉现象。林业在国民经济行业分类中属于农林牧渔业门类的林业行业大类，包括林木的培育和种植、木材和竹林的采伐运输及林产品的采集等，它囊括了林木从采种、育苗、营造、抚育、管理、采伐、运输的一系列生产过程。与林业行业密切相关的还包括森林旅游与生态服务、林业管理与技术服务、木材加工与木制品制造、野生动植物利用等行业。这些都是林业院校毕业生就业所面向的行业。

2. 林业产业特征

林业产业是以森林资源为基础，以获取经济效益为目的，以技术和资金为手段，有效组织和提供各种物质产品和非物质服务的行业。林业产业主要包括林木种植业、经济林培育业、花卉培育业、木材采运业、木材加工业、人造板制造业、木浆造纸业、林产化学加工业、林副产品采集加工业、生态旅游业等。林业产业作为重要的基础产业，除具有一般产业的共同属性外，还有自身的四大特征，即资源的可再生性、产品的可降解性、三大效益的统一性、一二三产业的同体性。可见，林业产业是一个涉及国民经济第一、第二和第三产业多个门类，涵盖范围广，产业链条长，产品种类多的复合产业群体，是国民经济的重要组成部分，在维护国家生态安全、促进农民就业、带动农民增收、繁荣农村经济等方面，有着非常重要和十分特殊的作用。

我国是世界上林产品生产、加工、消费和进出口大国，直接从事林业产业生产的人员遍及城乡。经济林产品、竹及竹制品、人造板、纸和纸板、松香等主要林产品的产量居世界第一。出口的以人造板、木质地板和家具等为主的木材加工产品，几乎占美国市场的半壁江山。以木材为主的林产品不仅为生产提供了重要原材料，而且在很大程度上丰富和满足了生活消费。同时，林业产业有力支持和促进了相关产业的发展，创造了大量城市就业机会，为满足国民经济建设、带动生态建设、提高生活质量方面做出了重要贡献。

3. 森林及其效益

森林是大家耳熟能详的名词，西汉《淮南子》一书中就有"木丛曰林"的记载。它是以乔木为主的具有一定面积和密度的木本植物群落,它既受环境的制约,又影响和改造环境,是陆地上最大的生态系统,起着维持地球生态平衡的重要作用。森林具有巨大的经济效益、生态效益和社会效益。日常生活中使用的木材,吃的干果和食用菌等都来自于森林,是最直接的经济效益。森林的生态效益体现在涵养水源、保持水土、防风固沙、保护农田、调节气候、改善环境、净化大气和水体、防治污染和减少噪声等方面。森林的社会效益是指由于森林的存在而对人类的身心健康、社会文化和精神文明等方面起到促进和提高的作用,包括美学效益、心理效益、游憩效益、纪念效益、科学效益、教学效益等。森林所形成的特殊小气候对人的身体有着良好的影响,使人精神放松,增进人体健康;同时能提高人类文化素养,为人们提供旅游休憩的场所,提高人们的生活质量。总之,森林是人类生存和发展的基础,是一个国家强盛、人民富裕的象征,没有森林就没有人类,更没有人类文明。

  森林资源包括森林、林木、林地以及依托森林、林木、林地生活的野生动植物和微生物,但主体是成片的森林。描述森林资源最常用的指标是森林覆盖率、森林面积和森林蓄积量。森林覆盖率是指一个国家或地区森林面积占土地面积的百分比,它表明一个国家或地区森林资源的丰富程度和生态平衡状况,是反映林业生产发展水平的主要指标。森林面积包括郁闭度(森林中乔木树冠遮蔽地面的程度,以十分数表示)0.20以上的乔木林地面积和竹林面积、国家特别规定的灌木林地面积、农田林网以及村旁、路旁、水旁、宅旁林木的覆盖面积。森林蓄积量是指一定森林面积上存在着的林木树干部分的总材积,以立方米为单位,它是反映一个国家或地区森林资源总规模和水平的基本指标之一,它证明一个国家或地区林业生产发展情况,反映森林资源的丰富程度,也是衡量森林生态环境优劣的重要依据。

  2019年1月国家林业和草原局公布的第九次全国森林资源清查结果显示,福建森林覆盖率为66.80%,已连续40年位列全国第一。福建森林面积1.21亿亩,森林蓄积量7.29亿立方米。与2013年第八次全国森林资源清查相比,5年间,福建森林覆盖率提高0.85个百分点,森林面积净增加150万亩,森林蓄积量增加1.21亿立方米。

  我国的森林资源在历史上是极其丰富的,由于长期经历封建统治,连年战乱以及人口繁衍、土地垦殖、毁林开荒、乱砍滥伐,近百年来又受帝国主义侵略，肆意掠夺，森林资源屡遭摧残破坏，致使森林资源在历史长河中日渐减少。由于这些历史原因，加之自然灾害、人为活动和地区经济发展不均衡等因素，我国森林资源的地理分布极不均衡。大部分森林集中分布在主要江河流域和山地丘陵地带。从地域分布看，总的趋势是东南部多，西北部少；在东北、西南边远地区及东南、华南丘陵山地森林资源分布多，而辽阔的西北地区，内蒙古中西部、西藏中西部以及人口稠密经济发达的华北、中原及长江、黄河下游地区，森林资源分布极少。

在我国十大流域中，森林资源集中分布在长江、黑龙江、珠江、黄河、辽河、海河和淮河七大流域，这七大流域占国土资源面积近一半，其中长江流域、黑龙江流域的森林面积、森林蓄积约占全国的一半。

我国主要林区有东北内蒙古林区（包括大兴安岭、小兴安岭、完达山、张广才岭、长白山）、西南高山林区（包括云南、四川、西藏的部分地区）、东南低山丘陵林区（包括江西、福建、浙江、安徽、湖北、湖南、广东、广西、贵州、四川等全部或部分县市区域）、西北高山林区（包括天山、阿尔泰山、祁连山、白龙江、子午岭、秦岭、巴山等）和热带（海南）林区。这五大林区占国土面积的四成，森林面积占全国的七成以上，森林蓄积占全国九成以上。森林覆盖率以东北内蒙古林区最高，西南高山林区最低；森林面积以东南低山丘陵林区最大，西北高山林区最小；森林蓄积以西南高山林区最多，以西北高山林区最少。

阅读资料六：走进森林文化

党的十八大提出推进中国特色社会主义事业"五位一体"的总体布局，"把生态文明建设放在突出地位，融入经济建设、政治建设、文化建设、社会建设各方面和全过程，努力建设美丽中国，实现中华民族永续发展"。坚持创新发展、协调发展、绿色发展、开放发展、共享发展，是关系我国发展全局的一场深刻变革，其中绿色发展是永续发展的必要条件和人民对美好生活追求的重要体现。生态文明建设是关系到我国发展全局和建设美丽中国的关键。如今人类文明已进入生态文明阶段，这意味着人类将在文明进程中突破落后文明时代的束缚，摆脱人类在生态问题上面临的困境。

森林文化是中华文化之源，从原始狩猎文化、采集文化，一直到农耕文化，在人类生存发展与自然演化的过程中，以森林文化丰富多彩的意识形态不断积累，逐步形成人们心灵中相对稳定的行为准则和思维规范。弘扬我国优秀传统森林文化，对维护人与自然关系的文化协调作用，促进现代林业文化的繁荣，推动生态文明蓬勃发展具有重要意义。森林文化是生态文化的重要部分，森林文化所蕴含的生态观念和行为方式可以为生态文明建设提供强大的精神力量。为培育生态文明价值体系，将生态文明融入社会主义核心价值体系，在全社会树立生态文明理念，要强化生态文化传承创新和宣传实践，建立生态文化数据库，加强生态文化体系理论研究和宣传力度。

森林文化意为人对森林的敬畏、崇拜与认识，是建立在对森林认识及其各种恩惠表示感谢的朴素感情基础上，反映人与森林关系的文化现象。包括技术领域森林文化与艺术领域森林文化两大部分。

技术领域森林文化是指合理利用森林而形成的文化现象。如造林技术、培育技术、采伐技术、相关法律法规、森林计划制度、森林利用习惯等。还包括各地在传统风土习俗中形成的森林观和回归自然等适应自然思想。

艺术领域森林文化是指反映人对森林的情感、感性的具体作品，如诗歌、绘画、雕刻、建筑、音乐、文学等艺术作品，其中包括森林美学的内容。我国历代有关森林的诗歌、小说，画家笔下的山水、草木、飞禽走兽，宫廷与民居建筑，园林艺术，家具及工艺雕刻等都属艺术领域森林文化。

在党中央的正确领导下，我们深信在不久的将来，我国的林业事业将会出现蓬勃发展的新局面，林业职业也将会成为人们羡慕的职业之一。正如新中国第一位林业部部长梁希先生所讲的那样："无山不绿，有水皆清。四时花香，万壑鸟鸣。替河山装成锦绣，把国土绘成丹青。新中国的林人，同时也是新中国的艺人。"林业是绿色的事业，林业人是最值得骄傲的人。

阅读资料七：林业职业道德与行业精神

1. 职业道德基本规范

职业道德，也称为职业道德素养，是同人们的职业活动紧密联系的符合职业特点所要求的道德准则、道德情操与道德品质的综合。不同的职业，根据性质和岗位不同，具体的职业规范也不尽相同。但是从主要精神层面来看对从业者的要求是大致相同的。

(1) 爱岗敬业

即对自己所从事的职业岗位和社会价值的认同。在任何岗位上,忠于职守、尽职尽责,确立强烈的职业责任感,都是职业道德的核心和基本前提。孔子曰:"居处恭,执事敬,与人忠。"敬业首先要乐业。社会各行各业只有分工不同,没有高低贵贱之分,职业院校学生要树立正确的择业就业观,要充分认识自己,不可眼高手低,一旦选择了一项职业,就要投入热情与汗水,不可朝秦暮楚。

(2) 诚实守信

即忠诚老实,信守承诺。为人处世,贵在诚信。"人无信而不立",在工作中,只有诚实地劳动和创造,才能收获成功的喜悦,靠弄虚作假、坑蒙拐骗,终会失掉自己在他人心目中的信任,堵塞个人发展道路。

(3) 办事公道

即对人对事出以公心,办事公正合理,平等待人。任何一个岗位都有其服务的对象,做事如果以权谋私,以岗谋私,甚至损公肥私,使少数人获利而多数人受损,必然遭到多数人的反对。尤其在工作中,无论面对多大诱惑,都要秉公办事,坚持原则,久而久之,必然提升个人形象,得到领导和群众的认可。

(4) 服务群众

每个岗位上的服务者,在面对其他岗位时可能都是被服务的对象。服务者的态度、服务水平直接影响服务效果。职业道德的目标和归宿,就是在遵守职业原则的前提下使被服务者满意、充分尊重被服务者的利益。在工作中,要学会换位思考,想他人所想,急他人所急。

(5) 奉献社会

人生的价值在于奉献。一个人要想成为被别人和社会所需要的人,充分实现自身的人生价值,就要多做奉献。同时,奉献也是从事任何职业都必须履行的责任与义务。只想索取,不懂奉献的人永远不能收获成功和快乐。"予人玫瑰,手有余香",职业院校的学生要经常向身边的模范人物学习,人人争做新时代的活雷锋,为他人做出自己力所能及的贡献。

2. 林业行业道德规范

林业行业是指保护生态环境,保持生态平衡,培育和保护森林以取得木材和其他林产品、利用林木的自然特性以发挥防护作用的生产部门,是国民经济的重要组成部分之一。同时也属于相对艰苦的行业。

林业职业道德是随着生态文明建设,林业产业经济的发展和林业职业实践活动的深入进行而正逐渐形成和发展起来的。

(1) 热爱林业,不畏艰难

林业在生态文明建设中发挥着不可替代的作用,从事林业事业是一项光荣的事业,功在当代,利在千秋。所谓"十年树木",林业事业是需要几代甚至子孙后代共同努力才能收到成效的事业,作为林业人,就要有不怕吃苦、甘于奉献的精神,有"生态文明先行者"的毅然,有"百福具臻后来人"的胸怀。

(2) 保护森林,爱护环境

林业职业道德的基本原则就是要忠于林业建设事业,自觉保护森林资源,主动绿化祖国大地。作为林业职业院校的学生,更应该秉承林业人的精神,爱护一草一木,竭尽所能利用所学知识保护森林,保护环境,做绿色使者。

(3) 科学育林,敬业务实

林业事业来不得半点虚假,只有忘我工作,兢兢业业,才能在工作中做出成绩。为了实现青山常在、森林的永续利用,林业职业院校的学生更应该发挥聪明才智,遵守客观规律,潜心钻研先进的林业技术,培育出优良树种,减少森林病虫害发生,有效预防自然灾害等,创造出更大的经济价值和生态效益。

3. 树立社会主义生态文明观

生态文明观是针对生态危机、环境污染、资源枯竭等环境问题以及政治问题、经济问题和社会问题而提出的一种全新的文明观。是指人类对其所生存世界的根本认识和看法,是人类认识人、自然、社会三者相互之间有机联系的基本观点和态度,其核心是生态价值观。林业职业院校的学生,要自觉培养社会主义生态文明观,具体可从以下几方面入手:

一是要树立生态道德观。生态道德观是人们在处理与自然的关系时,做出不破坏生态环境、不恶化生态环境的行为规范的观念。在日常生活中做到自觉保护环境,遇到破坏环境行为要予以谴责。

二是要树立正确的生态消费观。生态消费是指一种绿色的生态化的消费模式,它要求人们的消费既符合物质生产的发展水平,又符合生态生产的发展水平,它是在不对生态环境造成破坏的前提下,满足人的消费需求的一种消费行为。青年学生更应该自觉树立绿色消费理念，不攀比、不浪费，树立健康、文明、科学的消费方式和理念。应该从点滴小事做起，如节约用水、节约用电、理性消费、减少使用一次性产品、绿色出行等。

三是要树立正确的生态政绩观。将来从事林业工作时，要以人、自然、社会三者的和谐共生为基本红线来衡量自己的政绩水平，不能采取以牺牲生态环境换取经济增长的发展方式。

树立"青山绿水就是金山银山"的理念，大力推进清洁生产、发展循环型生态经济，让绿色增长、绿色消费、绿色经济成为经济发展的代名词。

阅读资料八：走进天麟

福建林业职业技术学院前身是创建于 1953 年的福建林业学校，2003 年升格为高职院校，至今已有 67 年办学历史。学院传承"敬业、吃苦、务实、进取"的"天麟"精神，秉承"明思、笃行、业精、德厚"的校训，在主动对接生态文明先行示范区建设和服务乡村振兴的国家战略中不断增强办学实力，形成了可持续发展态势。

面对新时代新任务提出的新要求，学院将继续坚持以习近平新时代中国特色社会主义思想为指导，认真贯彻落实全国教育大会、国务院"职教二十条"与全省教育大会精神，在新起点上奋力开创学院发展新局面。坚持以产教融合、校企合作为路径，以深化教育教学改革为重点，以治理能力提升和校园信息化为支撑，围绕乡村振兴、生态文明、精准扶贫、中国制造 2025、大众创业万众创新等国家和省重大战略需求办学，将学院建成特色鲜明、优势突出，位居全国林业类院校前列的现代高职强校，成为生态省建设高素质技术技能人才培养培训高地、全省林业行业规模最大的职业培训与技能鉴定中心、全省林业行业重要的技术研发与推广中心、森林生态文化传承创新的重要基地。

1. 办学历程

福建林业职业技术学院的前身是林业部福州林校，创于 1953 年。它的兴办，标志着福建省林业教育突破森林系（科）长期附设在农业院校的落后局面，开创林业院校自主培育各类林业人才的新纪元。对承前启后、发展原福建林校和繁荣升格后的福建林业职业技术学院具有历史意义和深远影响。

（1）创办林校

中华人民共和国成立后，百废待兴。党和国家把优先发展教育放在重要地位。林业部卓有远见，先于1952年兴办东北、北京、南京三所林学院；继于1953年，为满足国家"一五"林业建设需要，又和农业部、高教部联合制定中等农林学校调整方案，将全国农业学校的林科分出独立建校，决定首批在全国重点林区的辽宁、吉林、四川、福建、浙江、湖南等省兴办部属林校。福建省接通知后，由省农业厅、省林业局、省教育厅迅速决策，归并福州、龙岩、建阳三所农校现有林科，成立林业部福州林校。与此同时，在省有关部门协调下，决定选址仓山区盖山镇北园村，占地50余亩，并于同年4月初选调老干部郭国柱任校长。林业部高度重视福建林区兴办福州林校，1953年直拨建校专款50万元。同时，又从江苏、浙江、江西、福建四省应届本科生中统配7名直派福州林校任教。1954年2月10日，福州林校迎来三农校林科报到的老师、干部共30名，学生近400人。1954年2月15日，福州林校成立大会在竹棚膳厅举行，省林业厅领导到会祝贺。为加强教学与生产实习，接收了福州南屿林场为校教学林场。

（2）迁址南平

福州与中国台湾一水之隔，学校自开办后，社会环境安定，教学运作正常，唯常受逃台国民党军空袭，时遭扫射甚至轰炸。这期间，每遇敌机入侵，师生就分散躲到后山果园，边防空边上课，这样坚持有一年之久。1955年1月20日，正当学期大考，敌机成群盘旋榕城，顿时疯狂投弹滥炸，台江一带陷入火海。福州遭受"1·20"国民党大轰炸后，北园校舍被解放军空军部队征用，林业部决定将福州林校迁至南平天麟山。1956年3～5月，全校师生分批乘船沿闽江到南平新校区。7月，学校更名为福建省南平林业学校，隶属福建省林业厅。当时新校舍基建正在进行，师生们住的是简易宿舍，竹棚就是食堂。要想改善教学和生活条件，只能依靠自己边教学边劳动，挖山整地、开建道路、培育苗木、广引树种、种植标本园、绿化天麟山等，广大师生成为建设天麟山新校区的主力军，他们用勤劳的双手创造了美丽的天麟山校园，留下了难忘的天麟情结，丰富了可贵的天麟精神。

（3）几度更名

1958年，"大办林业"的口号响彻八闽大地，为了发展林业高等教育，省林业厅决定由福建林校郭国柱校长带领一批骨干教师、干部到南平西芹筹建福建林学院。在福建林校师生的共同努力下，当年6月完成了从西芹至院口2.7千米长的公路测量设计，7月开始由数百名师生实行分段包干施工，苦战两个月，圆满完成了任务，实现了西芹到院口的车辆通行，为福建林学院全面建设提供了保障。9月，福建林学院正式成立，郭国柱校长调任福建林学院副院长，并兼任林校校长。其间，林校曾更名为福建林学院中学部、中专部、附属林校，至1961年恢复为福建省南平林业学校，1963年9月正式更名为福建林业学校。"文化大革命"运动波及学校，1966年7月开始学校停课，1967年下半年师生返校复课，1969年12月29日，福建林业学校停办。

（4）复办兴学

1974年学校复办。"文化大革命"结束后，随着改革开放的春风，学校走上繁荣发展的新阶段，学校产教结合的办学特色，受到社会的好评。1995年，我省率先实施招生并轨。在新的形势面前，学校不等不靠，走"更新办学观念，参与社会竞争"的道路，一是立足行业，面向社会，对原有的专业进行大刀阔斧的改造，以适应招生并轨后必须面向社会招生和就业的新形势，果断停办了一些老专业，先后创办了社会就业比较好或有发展前景的新专业；二是开展多形式、多层次办学，形成多样化人才培养格局。学校毕业生以"下得去、留得住、用得好"的鲜明特色得到用人单位的高度评价和认可。学校于1958年被林业部评为"勤工俭学·劳动建校先进单位""全国先进林校"，1959年被福建省人民政府评为"先进单位"。1960年学校荣获"全国教育和文化、卫生、体育、新闻方面的社会主义建设先进单位"。1990—1993年学校先后通过林业部和省教育厅组织的专家评估，获得"林业部优秀中等林校""国家级重点中专"等荣誉称号。

（5）跨越发展

2003年2月，经福建省人民政府批准，福建林业学校独立升格为福建林业职业技术学院，开创了办学的新纪元。2007年4月，江南校区正式开工建设，学院在开拓新的办学空间方面迈开了坚实的步伐。同年10月，学院顺利通过高职高专院校人才培养工作水平评估，并被评为"优秀"等级。2008年7月，学院被确定为首批"福建省示范性高等职业院校"，标志着学院进入全省先进高职院校的行列。2009年9月，江南校区正式启用，首批1300多名学生正式入驻江南校区，形成了"一校两区"的校园格局。2003—2009年，是学院跨越发展的七年，学院抢抓机遇，奋力拼搏，实现了从重点中职到普通高职、评估优秀及省级示范性高职的转变；从单一的天麟校区到"一校两区"校园格局的转变；从单一的高职办学模式到以全日制高职教育为主体，以科技服务和职业培训为两翼的"一体两翼"模式的转变。学院深化产教融合、校企合作，努力提升人才培养质量，形成了自己的办学优势和特色。学院以董事会为平台，借鉴德国"双元制"职教模式，创建了"产学研一体化""教学做三位一体""岗证融通、工学交替"和"四段四岗"等具有鲜明特色的人才培养模式，毕业生就业率和称职率均达98%以上，毕业生初次就业平均月薪3000元以上。

2010年11月，学院被教育部、财政部确定为"国家示范性骨干高职院校"；2013年11月，通过国家验收。2014年，获得全省唯一的一项国家级职业教育教学成果奖一等奖。2014年12月，学院主管部门由省林业厅调整为省教育厅。2015年12月，学院顺利通过第二轮人才培养工作评估。2016年1月，被确定为"福建省示范性现代职业院校建设工程培育项目院校"。学院江南校区基建投资3.3亿元，使江南校区的校园面积达到了536亩，成为了办学的主校区。学院以全日制高职教育办学为主体，并与本科院校联办应用型本科，与中等职业学校联办五年制高职，积极探索"中职—高职—应用型本科"相互贯通的现代职教体系。至2019年12月底，学院全日制在校生规模超过10 000人，提前实现了"千亩校园，万人大学"目标。

近年来，学生在全国职业院校技能大赛中，获得5项一等奖、6项二等奖、8项三等奖；在福建省职业院校技能大赛中，获得55项一等奖、63项二等奖、69项三等奖，居全省高职院校前列。在省教育厅发布的办学潜力年度报告中，我院名列前茅，其中优势专业数位居全省首位。学院逐渐发展成为"特色鲜明、优势突出、位居全国林业类院校前列"的现代高职强校。

2. 校训、校标、校歌、天麟来历及天麟精神

(1)校训

福建林业职业技术学院的校训为：明思、笃行、业精、德厚。

明思：善于思考且有创新理念，思想解放而具独创性。即思维创新，理念创新，思路创新，机制创新。

笃行：知行合一，行乃第一。笃实行动而具实力，不空言知而重实践。

业精：从一业而能精进，学业、事业等业务精通，职业技能精湛，本领精强。

德厚：为人厚道，品德高尚，理想远大，境界高厚。

(2)校标(图1)

福建林业职业技术学院校标采用国内高校常规的圆形设计，既有中国传

统思想中"天圆地方"的哲学思考,又有中国儒家思想中"自强不息"和"厚德载物"的统一,还有公章设计的意味在内,体现教育的社会性和权威性方面的要求。

文字设计方面,将手写体"福建林业职业技术学院"置于上方,表示学校灵动、活泼的人文气息;将"福建林业职业技术学院"的英文和学校的创办时间(1953年)置于下方,表示严谨、笃实的科学精神,也体现学校科学性与人文性刚柔并济的管理哲学。

色彩设计方面,以绿色为基调,既表示充满生机、积极向上的韵味,又与学校"林业"特质相符,在视觉上保持关联。

图 1 校 标

图案设计方面,以"书本""树"的图案造型和"森""丰""峰"的文字造型为创作主体形态。

①"书本"的整体图案造型反映了大学精神中的独立精神、人文精神、自由精神,表达了"书山有路勤为径,学海无涯苦作舟"的设计思想,又与"天麟精神"中的"吃苦"精神照应。

②"树"的图案造型既表示学校为林业院校的特点,又表示学校"树木树人"的办学理念;取树木的仁厚、朴实,代表学院"天麟精神"中"敬业、吃苦、务实"的职业精神;"树"的整体图案造型中,可以将"枝丫"部分看作台阶,既象征天麟山的地形地貌特征,又有进取、登高望远的含义在内。

③"森"的文字造型表示学院"林业特质"和学子千千万万的意思。

④"丰"的文字造型表示学院办学取得丰硕成果的意思。

⑤"峰"的文字造型既象征学校办学历史中非常重要的"天麟山",又体现了"勇攀高峰"的大学精神中的创新精神、科学精神和批判精神,代表天麟精神中"进取"的精神。

(3) 校歌

天 麟 之 歌
——福建林业职业技术学院校歌

1=C 2/4　　　　　　　　　　　　　　　　　　　词 梁大盛 集体修改
♩=130　进行曲风、自豪、充满活力地　　　　　　曲 邱贤森 黄晓宁

（乐谱略）

今天相聚天麟江南，火热的青春把距离融化。春风中你我共同
明天共赴四面八方，葱郁的青山让心手相连。我们是绿色希望

歌唱，欢天歌声把友谊召唤，春风中你我共同成长，职业教育将梦想点亮。胸中
使者，建设家园装点河山，我们是七彩生命之光，自强不息成就梦想。心中

装着大千世界，勤学苦练一技之长，明思笃行业精德厚，啊　　　啊
充满豪情万丈，出彩人生从此迈开步伐，敬业吃苦务实进取，啊　　　啊

瑰丽的明天，瑰丽的明天，孕育在闽江之源　　天麟的精神，天麟的精神，
天麟的精神，天麟的精神，激扬在创业路上。

激扬在创业路上。

(4) 天麟来历

　　天麟山海拔 240 米，但因地势优越，居高临下，曾被古人称为"水陆要塞，天然屏障"，自古就是兵家必争的战略要地。天麟山的得名源于一位历史人物——罗天麟。据地方史书记载，罗天麟系连城人，因不堪统治阶级的压迫，于元朝末年揭竿起义，继而攻连城，克清流、宁化、武平、上杭、福清、建宁等闽西、闽南、闽东等诸多县市，引起了统治阶级的极度恐慌。后率义军欲攻克闽北延城，因部将陈友定率军投敌叛变元军，使罗天麟的义军围困于黄金山顶。义军虽浴血奋战，但终因寡不敌众，山陷兵败，罗天麟及全部义军将士壮烈牺牲。后来，明代征南大将军汤和率大军数万，溯闽江而上，杀陈友定于黄金山下，人们都认为这是罗公显灵，便将此山称为"天麟山"，把义军那种奋起抗争、宁死不屈的精神称为"天麟精神"。

　　如今的天麟山已经没有了过去的战火硝烟，变成了一所环境优美、文化氛围浓厚的高等学府——福建林业职业技术学院。跨入学院雄伟的大门，你会有一种和在闹市不一样的感觉，顿时会觉得身轻气爽。如果是在夏天，这种感觉更甚。离大门不远处校园主干道的左侧是一排整齐的四季常青的桂花。

倘是秋天，桂花会开出金黄的花朵，散发出阵阵的清香，令人心旷神怡，浑身舒畅。右侧是一块块花色品种不同，形状大小各异的花坛，用花草拼成的"和谐平安""欢迎您"等字样和图案，让人赏心悦目，驻足留恋。一步一景，景随步移，顺着校园主干道拾级而上，你会看到一幢幢高低错落、雄伟壮观的现代建筑，一座座具有古朴风格的亭台楼阁，还有俯拾皆是的花圃、草坪，别具一格的假山、清池，造型独特的雕塑、石像，处处繁花似锦，绿树成荫，青草茵茵，绿意浓浓，景景相连，美不胜收。校园内经常可以看到人与松鼠、野兔、各种鸟类和谐共处的场景。由于学院绿化工作显著，近几年连续获得了"全国绿化模范单位""省级花园式单位""省级园林单位""福建省爱鸟护鸟文明单位""造林绿化十佳单位""绿色社区"等荣誉称号。

欣赏完美丽的校园景色，顺着教学楼方向继续沿阶而上，便到了通往学院后山的入口。在入口处，你会发现一幢古香古色的木楼，那便是学院已经具有半个世纪以上历史的古建筑圆柱楼了（现改造成为校史馆）。整个圆柱楼全部用木头建成，那圆圆的木柱，需几个人手牵手方能环抱；屋顶上的雕梁画栋造型独特，别具一格，让你在现代文明中欣赏到古典的美丽。

继续往上走，便进入了学院后山的主要林区。林区内参天大树隐天蔽日，杂草藤萝郁郁葱葱，野花随处可见，一派原始生态般的自然风光，让人缱绻缠绵，留恋忘返。据有关人士统计，学院后山有上千种植物，有松鼠、野兔、锦鸡、白鹇等多种动物，是科学实验、教学实习、登山锻炼的良好场所。

攀登大约十几分钟后，你就会到达山顶。站在山顶俯瞰，整个延平城区就在脚下。再极目远眺，九峰山隔江遥相呼应，群山起伏绵延，景致分外迷人，让人有一种高瞻远瞩、一览众山小的豪迈感觉。山顶有一条蜿蜒逶迤的水泥小道，你可以在山顶上来回自由地慢跑，也可以驻足观赏路边美景。同时，还可以选块空旷的草地打太极拳、练剑等。如果累了，可以找个有圆桌、石凳的地方坐下休憩片刻。围绕整个天麟山行走、登爬，需要四十分钟至一个小时。

天麟山虽然没有武夷山的旖旎，没有黄山的险奇，但她充满着无数的生机与活力，蕴含着不尽的希望和智慧。失意的时候，你可以到天麟山看云舒云卷、花开花落、望彩霞满天、落英缤纷；得意的时候，你可以伫立在天麟山之颠，看延平城区车来车往，望群山云起雾涌，此时你会感受到世上没有比人更高的山；孤独的时候，天麟山会张开双臂，让你卧躺在她的怀中，静听她的呢喃，感受她的博大、宽容与慈爱；激昂的时候，天麟山可以让你一次次在肩上攀越，在咸涩的汗水中品味人生，感知生活的艰辛与甘苦；彷徨的时候，天麟山可以陪伴你在夕阳下漫步，聆听孤单的心事，和你一道闲情人生，感受生活的温馨与恬静。天麟山就是这样一座精致、小巧，让人不得不着迷，不得不喜欢的小山。生活在天麟山的人，都以天麟山为荣；在天麟山学习、生活过的学生都为自己曾经是天麟弟子而自豪。

(5) 天麟精神

天麟精神即敬业、吃苦、务实、进取。

天麟精神是学校办学 60 多年来精神风貌的体现、文化传统的提炼和学校校风的凝炼。天麟精神的征集和确定过程，既是一次总结学校历史、凝聚人心、鼓舞士气的过程，也是一次弘扬艰苦奋斗、奋发进取、求真务实、开拓创新的精神风貌的集体活动。

敬业：就是热爱自己的岗位，敬重自己的事业，做到爱校如家，爱生如子，"干一行、爱一行"，忠于职守，无私奉献，勤勤恳恳，兢兢业业，尽职尽责地做好自己的本职工作。

吃苦：就是不怕苦，不怕累，任劳任怨，百折不挠，迎难而上。长期以来，学院师生形成了吃苦耐劳，艰苦奋斗，勤俭节约，清廉处事的精神风貌，为学院赢得了较好的口碑。

务实：就是讲求实际，注重实效，崇尚实干。认真、实干、本分、低调是学院师生员工的优良传统和作风。全院师生员工坚持实事求是，从实际出发，从小事做起，从自身做起，脚踏实地，一步一个脚印地做好工作，努力把各项事业推向前进。

进取：就是与时俱进，开拓创新，努力拼搏，奋发向上。这是时代精神、创新精神和科学精神的体现。全院师生员工在成绩面前永不满足，不断前进，不断追求新的目标，争取更大的作为，实现更大的成功，做出更大的贡献。

总之，敬业、吃苦、务实、进取的天麟精神充分体现了职业教育的特点，又展示了学院独有的精神风貌。

3. 奖励与资助

国家奖学金

摘自《福建林业职业技术学院国家奖学金评选实施办法》。

(1)国家奖学金由中央政府出资设立,用于奖励我院全日制专科在校学生中二年级以上(含二年级)特别优秀的学生。

(2)国家奖学金的现行奖励标准为每人每年8000元。

(3)在校期间学习成绩优异,参评学年度学业成绩和学年综合测评总分排名列本班级前10%,没有不及格科目;须获得参评学年同期学院一等奖学金;对于学业成绩和综合测评没有进入前10%,但达到前30%的学生,如在其他方面非常突出,也可申请国家奖学金,但需提交详细的证明材料。其他方面表现非常突出是指在道德风尚、学术研究、学科竞赛、创新发明、社会实践、社会工作、体育竞赛、文艺比赛等某一方面表现特别优秀。

国家励志奖学金

摘自福建林业职业技术学院国家励志奖学金评选实施办法。

(1)国家励志奖学金用于奖励资助我院全日制专科在校学生中二年级以上(含二年级)家庭经济困难学生中品学兼优的学生,家庭经济困难是前提,品学兼优是主导。

(2)国家励志奖学金的现行奖励标准为每人每年5000元。

(3)家庭经济困难,生活俭朴,提交《高等学校学生及家庭情况调查表》,并由家庭所在地的乡(镇)或街道民政部门核实、盖章。

(4)学习成绩优良,须获得参评学年同期学院三等奖学金以上,且没有不及格科目。个别学生如在道德风尚、学术研究、学科竞赛、创新发明、社会实践、社会工作、体育竞赛、文艺比赛等某一方面表现特别突出者[具体参照《关于进一步规范普通高校国家奖学金评审与材料填报工作的通知》,也可以申请国家励志奖学金,但需提交相应证明材料。

国家助学金

摘自福建林业职业技术学院国家助学金评选实施办法。

(1)国家助学金用于资助我院全日制专科在校生中的家庭经济困难学生。

(2)国家助学金主要资助家庭经济困难学生的生活费用开支。现行资助标准分为两档:对在校生5%左右的特别困难家庭学生(以下简称"特困生")每生每年补助4000元,对在校生15%左右贫困家庭学生(以下简称"贫困生")每生每年补助2500元。资助比例一般不低于在校专科学生总人数的20%。

(3)国家助学金的基本申请条件:热爱社会主义祖国,拥护中国共产党的领导;遵守宪法和法律,遵守学校规章制度,当年度未受学校纪律处分;诚实守信，道德品质优良；勤奋学习，积极上进；家庭经济困难，生活俭朴，不奢侈浪费。

在评选国家助学金时优先考虑自愿参加公益服务的学生。三年级（五年专高职阶段二年级）候选人承诺受资助的学年在校期间自愿参加公益服务的，可视其自愿承诺情况优先入选；一、二年级（五年专高职阶段一年级）候选人承诺在受资助学年内自愿参加校园勤工助学实践活动的，可优先入选。对上学年已经较长时间参加学院组织的院内勤工助学劳动的高年级或已经在岗的一年级同学，在同等条件下予以优先评审。

三、典型案例

案例1：吸烟的危害

吸烟有害健康已是众所周知的事实。自觉养成不吸烟的个人卫生习惯，不仅有益于健康，而且也是一种高尚公共卫生道德的体现。在吸烟的房间里，尤其是冬天门窗紧闭的环境里，室内不仅充满了人体呼出的二氧化碳，还有吸烟者呼出的一氧化碳，会使人感到头痛、倦怠，工作效率下降，更为严重的是在吸烟者呼出的冷烟雾中，烟焦油和烟碱的含量比吸烟者吸入的热烟含量多1倍，苯并芘多2倍，一氧化碳多4倍，氨多50倍。在吸烟者周围的人们也不自觉地吸入烟雾尘粒和各种有害物质，成为被动吸烟者。据国际性的抽样调查证实，吸烟致癌患者中的50%是被动吸烟者。

有资料表明，长期吸烟者的肺癌发病率比不吸烟者高10～20倍，喉癌发病率高6～10倍，冠心病发病率高2～3倍。循环系统发病率高3倍，气管炎发病率高2～8倍。有人调查了1000个家庭，发现吸烟家庭16岁以下的儿童患呼吸道疾病的比不吸烟家庭多。5岁以下儿童，在不吸烟家庭中有33.5%有呼吸道疾病症状，而吸烟家庭中却有44.5%有呼吸道疾病症状。

尼古丁是一种难闻、味苦、无色透明的油质液体，挥发性强，在空气中极易氧化成暗灰色，能迅速溶于水及酒精中，通过口、鼻、支气管黏膜很容易被机体吸收。粘在皮肤表面的尼古丁亦可被吸收渗入体内。一支香烟所含的尼古丁可毒死一只小白鼠，20支香烟中的尼古丁可毒死一头牛。人的致死量是50～70毫克，相当于20～25支香烟的尼古丁的含量。如果将一支雪茄烟或三支香烟的尼古丁注入人的静脉内3～5分钟即可死亡。

那么为什么有些人吸烟量较大却不中毒呢？每日吸卷烟一盒（20支）以上的人很多，其中尼古丁含量大大超过人的致死量，但急性中毒死亡者却很少，原因是烟草中的部分尼古丁被烟雾中的毒物甲醛中和了，而且大多数人不是连续吸烟，这些尼古丁是间断缓慢进入人体的。此外纸烟点燃后50%的尼古丁随烟雾扩散到空气中，5%随烟头被扔掉，25%被燃烧破坏，只有20%被机体吸收。而尼古丁在体内很快被解毒随尿排出。再加上长期吸烟者，体内对尼古丁产生耐受性、瘾癖性，而使人嗜烟如命。

青年学生正处于身体生长发育的时期，吸烟对青少年的骨骼发育、神经系统、呼吸系统及生殖系统均有一定程度的影响。由于青少年时期各系统和器官的发育尚不完善，功能尚不健全，抵抗力弱，与成年人相比吸烟的危害就更大。此外，由于青少年呼吸道比成年人狭窄，呼吸道黏膜纤毛发育也不健全，因此吸烟会使呼吸道受到损害并产生炎症，增加呼吸的阻力，使肺活量下降，影响青少年胸廓的发育，进而影响其整体的发育。

烟草中含有的大量尼古丁对脑神经也有毒害，它会使学生记忆力减退、精神不振、学习成绩下降。调查发现，吸烟学生的学习成绩比不吸烟的学生低。此外，青少年正处在性发育的关键时期，吸烟使睾丸酮分泌下降20%～30%，使精子减少和畸形。青少年吸烟还会使冠心病、高血压病和肿瘤的发病年龄提前。有关资料表明，吸烟年龄越小，对健康的危害越严重，15岁开始吸烟者要比25岁以后才吸烟者死亡率高55%，比不吸烟者高1倍多。

吸烟损害大脑，使智力受到影响。在烟草的烟雾中，一氧化碳含量很高。吸入人体后，与血液中的血红蛋白结合成碳氧血红蛋白，使血红蛋白不能正常地与氧结合成氧合血红蛋白，因而失去携氧的功能。此外，一氧化碳与血红蛋白结合力要比氧气大260倍，而从碳氧血红蛋白中离解出一氧化碳的速度又比从氧合血红蛋白中分离出氧的速度慢得多。由于人的大脑对氧的需要量大，对缺氧十分敏感，因此吸烟多了就会感到精力不集中，甚至出现头痛、头昏现象。久而久之，大脑就会受到损害，使思维变得迟钝，记忆力减退。这样，必然会影响学习和工作，使学生的学习成绩下降。

吸烟导致的青少年弱视称为"烟草中毒性弱视"。其主要表现为：一是视力障碍：视物不清，戴眼镜也难以矫正，随着视力减退逐渐加重，到一定时期，连视力表的第一行也看不清楚；二是视野改变：早期视野中间出现一团哑铃形或圆形黑影，后期视野缩小，视物时四周模糊不清；三是色觉异常：

尤其是辨不清红、绿颜色；四是畏光：在强光下视物反而不清楚。烟草中毒性弱视病情发展比较缓慢，很容易被人们忽视。

因此，青年学生自觉养成不吸烟的个人卫生习惯，不仅有益于健康，而且也是一种高尚公共卫生道德的体现。另外，也能避免因吸烟引起火灾的发生。

案例2：饮酒的危害

在同学朋友聚会、庆典中，适量喝一点啤酒或葡萄酒助兴，对身体有解除疲劳、增进食欲、帮助消化的作用。但是青年学生自制力不足，难以对喝酒加以节制，则对身体和心理发育危害极大。

第一，酒的主要成分是乙醇，即酒精，饮酒后约20%的酒精立即在胃中吸收，其余全部被小肠吸收。吸收进血液中的酒精，除了极少数（10%）由汗、尿、唾液和呼吸排出外，其余的90%要经过肝脏解毒，但是肝脏的解毒能力有限，因此，过度饮酒会使人的组织器官和各个系统都受到酒精的毒害。青少年发育尚未完全，各器官功能尚不完备，对酒精的耐受力低，肝脏处理酒精的能力差，因而更容易发生酒精中毒及脏器功能损害，可能埋下肝硬化、胃癌、心血管病等疾病隐患，经常饮酒，容易患酒精中毒性肝炎和脂肪肝，最终发展为肝硬变。

第二，酒精对人的中枢神经系统的危害最严重。中枢神经系统有兴奋和抑制作用。饮酒少量可兴奋，过量则形成抑制作用。如果饮酒过多，就会脸红，乱说胡话，站立不稳以至醉倒、呕吐等。随之昏睡，面色苍白，血压下降，最后陷入昏迷，严重的还可以引起呼吸困难、窒息，造成酒精中毒死亡。

第三，青少年饮酒，还容易引起肌肉无力，性发育早熟。酒精对精子和卵子都有毒害，容易造成不育和影响胎儿生长发育。女孩还容易未老先衰。

第四，长期饮酒会使人的身体系统对酒精习以为常，在"酒醉状态"中显得似乎很正常，接着可能会对酒产生依赖。青少年更容易在饮酒同时服食毒品，这是相当危险的事情。

青少年神经系统还较稚嫩，自制能力差，酒后易行为失控，还容易产生某些心理疾病，如心理脆弱或者智力缺陷。青少年饮酒还可以诱发各种事故甚至危及生命，如与人争斗、擅自驾车等。因此，青年学生最好不饮酒，更不能经常饮酒，以保护身心的健康。

案例3：网瘾的危害

互联网是学生学习、娱乐、交往、购物等的重要工具，但网瘾危害是非常大的，据调查网络成瘾对青少年的危害是多方面的，主要表现为以下几个方面：

第一，危害身心健康。网络成瘾者因为对互联网产生过度依赖而花费大量时间上网。青少年正处于身体发育的关键阶段，沉迷于网络世界，长时间连续上网，新陈代谢、正常生物钟遭到了严重的破坏，身体容易变得非常虚弱。还有研究表明，青少年长期沉溺于网络中，不仅会影响头脑发育，还会导致神经紊乱、激素水平失衡、免疫功能下降，引发紧张性头疼，甚至导致死亡。同时，不良的上网环境也会损害青少年的身体健康，并且网吧大多环境恶劣、空气浑浊、声音嘈杂，青少年在这种环境的网吧内上网，也容易被传染疾病。网络成瘾对青少年健全心理的发展也是一个严峻的挑战。长期上网会引发青少年"网络孤独症"和"忧郁症"等心理疾病，过分关注人机对话，对外界刺激缺乏相应的情感反应，对亲友冷淡，对周围事物失去兴趣，严重时对一切都漠不关心，把与别人的交往当成一种可有可无的事情，变得越来越孤僻，造成青少年个性的缺陷；网络成瘾者一旦停止上网便会产生对上网的强烈渴望，难以控制对上网的需要或冲动。这种冲动使其在从事别的活动，如工作、学习时注意力不集中、不持久，造成青少年心理的错位和行动失调；"网恋"和网络聊天会引发青少年的感情纠葛，导致各种情感问题，造成青少年心理的创伤；网络成瘾者过度沉溺于网络中的虚拟角色，容易迷失自我，将网络上的规则带到现实生活中，造成青少年自我认识的障碍。

第二，导致学习成绩下降。青少年沉溺于互联网带来了大量教育上的问题，染上网瘾的青少年，被网络挤占了原本属于读书和思考的时间，导致的直接后果就是学习成绩的下降。同时，国外也有研究表明，长期上网、沉湎于网络游戏的孩子，其智力会受到很大的影响，甚至会导致智商下降到正常孩子的标准水平线以下，这也会间接影响孩子的学习成绩。在网上也有一些商家为了赚钱，建立一些帮写论文、写作业盈利的网站，一些缺乏自律的青少年便从网上购买作业、论文敷衍老师，学习态度大打折扣，学习成绩可想而知。网络成瘾者沉迷于网络虚拟世界，对现实生活失去兴趣，对枯燥的学习更是失去兴趣，会出现厌学、逃学、辍学的情况，学习成绩一落千丈。网络成瘾对大学生的学习有很大的影响，目前已经成为大学生退学的主要原因。

第三，导致道德意识弱化。在网络世界，人们的性别、年龄、相貌、身份等都能借助网络虚拟技术得到充分的隐匿，人们的交往没有责任也没有义务。人们不必面对面直接打交道，从而摆脱了熟人社会中众多的道德约束。青少年在网络世界中，缺少了以教师、家长为核心的人际关系对他们行为的监督，他们在网上自由任性，缺少道德自律，容易在网络游戏中放纵自己的欲望。人性恶的一面也可能会因为没有道德的约束而得到充分的宣泄，这就弱化了青少年的道德意识和社会责任感，有可能导致他们走向犯罪的道路。同时网络信息良莠不齐，其中不乏一些色情、暴力信息，涉世未深的青少年容易受到不良的诱导，最终可能误入歧途。

第四，影响人际交往。首先，网络成瘾者大多性格孤僻冷漠，长期上网容易使其与现实生活产生隔阂，导致自我更加封闭，进而不断地走向个人孤独世界，拒绝与人交往。同时，网络成瘾者沉溺于虚拟完美的网络世界之中，沉醉于一种虚拟的满足，他们从网络游戏中得到了个人成就感的满足，他们从网恋中得到了个人归属感的满足，他们可以在网络世界充分张扬自己的个性，在虚拟的网络世界里，他们已经拥有了一切。而在现实世界中，一切都没有网络上那么完美，因此他们认为现实生活中的人际交往是一种可有可无的事情，从而不愿意与人交往，拒绝与人交往，拒绝融入社会，这是网络带给网瘾青年的一大问题。其次，沉溺于网络世界中，还造成了青少年与他人交往频率的减少，迷恋人机对话模式，在现实生活中语言表达能力出现障碍，从而更难与别人更好地交流，更有甚者，还会得一种名叫"社交恐惧症"的心理疾病，表现为怕与人见面、谈话，见人就紧张、面红耳赤、颤抖，因之常独居屋内避不见人。调查表明，54%的网络成瘾者人际关系较差。相比之下，46%的非成瘾者能与同学、亲友的关系相处得很好。

案例4：熬夜的危害

熬夜对个人的健康是一种慢性危害，主要表现如下：

①**皮肤受损**　一般来说，皮肤在晚上10点到凌晨2点进入晚间保养状态。如果长时间熬夜，就会破坏人体内分泌和神经系统的正常循环。神经系统失调会使皮肤出现干燥、弹性差、缺乏光泽等问题；而内分泌失调会使皮肤出现暗疮、粉刺、黄褐斑、黑斑等问题。

②**抵抗力下降**　在熬夜对身体造成的多种损害中，最常见的就是使人经

常疲劳、精神不振、身体抵抗力下降。而对于抵抗力比较弱的人来说，感冒等呼吸道疾病、胃肠道等消化道疾病也都会找上门来。这主要是因为熬夜时人的正常生理周期被打乱，人体的正常"应答"系统遭到破坏，抵抗力也就会随之下降。

③记忆力下降　正常来说，人的交感神经应该是夜间休息、白天兴奋，以支持人一天的工作。而熬夜者的交感神经却是在夜晚兴奋，所谓一张一弛，熬夜后的第二天白天，交感神经就难以充分兴奋了。这样人在白天会没有精神、头昏脑涨、记忆力减退、注意力不集中、反应迟钝、健忘以及头晕、头痛等。时间长了，还会出现神经衰弱、失眠等问题。

④阴虚火旺　对于熬夜族而言，身体超负荷工作，因此容易出现功能性紊乱，中医认为这是阴虚火旺，也就是人们常说的上火。另外，熬夜时人的生活往往不规律，因为要熬夜，有的人晚餐会吃得比较多，还有的人熬夜时饿了也会大吃一顿，因此熬夜者也常有肠胃病，如消化不良等。

⑤视力下降　熬夜对人眼睛的伤害可不只是出现"熊猫眼"那么简单。长时间超负荷用眼，会使眼睛出现疼痛、干涩等问题，甚至使人患上干眼病。此外，眼肌的疲劳还会导致暂时性视力下降。长期熬夜造成的过度劳累还可能诱发中心性视网膜炎，使人出现视力模糊，视野中心有黑影，视物扭曲、变形、缩小，视物颜色改变等问题，导致视力骤降。

案例5：赖床的危害

赖床是早上已醒不愿意起床的现象。它具有如下危害：

①影响肌肉的兴奋性　经过一夜的休息，早晨肌肉较放松。醒后及时起床活动，可使肌肉血液循环加剧，血液供应增加，从而有利于肌肉纤维的增粗。而赖床的人肌肉组织长时间处于松缓关态，肌肉修复差，代谢物未及时排除，起床后会感到双腿酸软无力，腰部不适。

②扰乱生物钟节律　正常人体的内分泌及各种脏器的活动，有一定的昼夜规律。这种生物规律调节着人本身的各种生理活动，使人在白天精力充沛，夜里睡眠安稳。如果平时生活较规律而到假期睡懒觉，会扰乱体内生物钟节律，使内分泌激素出现异常。长时间如此，则会精神不振，情绪低落。

③有损呼吸系统　卧室的空气在早晨最混浊，即便虚掩窗户，亦有23%的空气未能流通、交换。空气中含有大量细菌、霉变和发酵颗粒、二氧化碳水气和灰尘等物。不言而喻，这些不洁成分会给机体带来麻烦。那些闭窗贪

睡的人容易患有感冒、咳嗽、咽喉痛及头晕脑胀等。另外，高浓度的二氧化碳会刺激呼吸中枢，使人呼吸不自在。有人认为，经常遭受二氧化碳的"毒害"，记忆力和听力可能会下降。

④影响记忆力和听力　一般清晨醒来恋床时，容易使人漫无边际地胡思乱想。按说在床上休息时间越长会越精神，但人们起床后总觉得头沉甸甸的，做什么事都难以集中精力。这是因为人们恋床需要用脑，消耗大量的氧，导致脑组织出现暂时性"营养不良"引发的症状。时间长了，还会损害记忆力和听力。

⑤影响胃肠道功能　一般早饭在7点钟左右，此时晚饭的食物已基本消化完，胃肠会因饥饿而引起收缩。这时如赖床不起，势必打乱胃肠功能的规律，久而久之，胃肠黏膜遭损，很容易诱发胃炎、溃疡病及消化不良等病症。

⑥影响泌尿系统健康　喜欢赖床，不愿意离开温暖的被窝上厕所，结果使尿液在体内长时间滞留，其中的有毒物质会侵害人体健康。另外，长时间的赖床，会减缓人体的血液循环，导致营养在体内不能很好地传送，于是肌肉和关节中代谢产生的物质也不能被排出体外。

案例6：不吃早餐的危害

早餐是人们白天学习工作能量供给的源泉，是一天营养的开始，要做到早吃好、午吃饱、晚吃少，而不能因为熬夜、赖床放弃早餐。不吃早餐会造成如下危害：

①易患消化道疾病　不吃早餐影响胃酸分泌和胆汁排出，这样就会减弱消化系统功能，诱发胃炎、胃溃疡、胆结石等消化系统的疾病。

②加大患慢病的概率　不吃早餐就展开一天的工作，空着肚子的身体为了取得动力，就会动用甲状腺、副甲状腺、脑下垂体之类的腺体，去燃烧组织，除了造成腺体亢进外，更会使体质变为酸体质，加大患慢病的几率。

③抵抗力下降　不吃早餐引起的营养不良会导致肌体抵抗力下降，增加感冒、心血管等疾病的发病率。

④加速衰老　不吃早餐，人体只能动用体内储存的糖原和蛋白质，久而久之会导致皮肤干燥、起皱和贫血，加速衰老。

⑤容易发胖　日本的相扑选手就是一个最好的例子。由于不吃早餐便参加剧烈训练所引起的空腹状态，会使血液中的糖分降低，低血糖会促进生长激素的分泌，训练后摄取大量的食物，会使生长激素的分泌更加旺盛，组织

脂肪就会不断增加。如果持续这种生活方式，脂肪就会持续蓄积。

⑥影响学习和工作能力　大脑运转需要调用血液中的葡萄糖，即血糖。如果不吃早餐或早餐营养不足，血糖水平就会相对降低，从而不能及时为神经系统的正常工作输送充足的能源物质。

⑦易引起便秘　如果经常不吃早餐，胃结肠反射的动作会逐渐减弱，最后引起便秘。

第一章
人生的青春之问

一、目的要求

1. 学会科学看待人生的根本问题，认识个人与社会的辩证关系，掌握人生观的基本理论。
2. 通过积极的生活实践和自身体验，确立积极进取的人生态度，用科学高尚的人生观指引人生。
3. 了解人生价值的评判标准，掌握人生价值的评价方法，熟悉人生价值实现的条件，学习在实践中创造有价值的人生。
4. 辩证对待人生矛盾、正确认识并反对错误人生观，成就出彩的人生。

二、阅读文献

阅读文献一：以奋斗之青春书写人生华章

"青春理想，青春活力，青春奋斗，是中国精神和中国力量的生命力所在。"在五四青年节和北京大学建校120周年校庆日来临之际，习近平总书记来到北大考察，向广大青年致以节日问候，激励莘莘学子"在奋斗中释放青春激情、追逐青春理想，以青春之我、奋斗之我，为民族复兴铺路架桥，为祖国建设添砖加瓦"。

青年有理想，国家有力量。青年兴则国家兴，青年强则国家强。青年一代有理想、有本领、有担当，国家就有前途，民族就有希望。广大青年要坚定理想信念，志存高远，脚踏实地，以奋斗之青春书写新时代的人生华章。

青春是用来奋斗的。人的一生只有一次青春。现在，青春是用来奋斗的；将来，青春是用来回忆的。1989年出生的特岗教师鲜虎把奋斗的青春安放在甘肃贫困山区，远离都市繁华，克服困难、忍受寂寞，用青春年华点亮大山深处的希望。90后战地记者杨臻冒着生命危险，穿梭在炮火纷飞的叙利亚，用有温度的报道将战争的残酷传递给世界。这样的青春无疑是无悔的。只有充分融入新时代，用火热的青春在新时代创造更大的价值，方不辜负美丽韶华，也不辜负这美好新时代。

青春是用来奋斗的。奋斗是成就事业和梦想的根本，是实现自我价值的必由之路。美好的生活需要靠奋斗实现，个人的成功、国家的富强、民族的振兴，无不需要建立在奋斗的基础上。在茫茫大漠戈壁的火箭发射场，在脱贫攻坚的广袤土地上，在驶向深蓝海洋的护航编队中，在创新创业的时代热潮中，越来越多的青年正大显身手、建功立业。这样的青春无疑是动人的。每个青年都应该珍惜这个伟大时代，做新时代的奋斗者。

青春是用来奋斗的。党的十九大报告中提出了我国发展的战略安排，这就是：到2020年全面建成小康社会，到2035年基本实现社会主义现代化，到本世纪中叶把我国建成富强民主文明和谐美丽的社会主义现代化强国。广大青年生逢其时，也重任在肩，要将奋斗的力量汇入到波澜壮阔的伟大实践中去，成为实现中华民族伟大复兴的生力军，肩负起国家和民族的希望。

"乘风好去，长空万里，直下看山河。"新时代青年要乘新时代春风，在祖国的万里长空放飞青春梦想，让中华民族伟大复兴的中国梦在一代代青年的接力奋斗中变为现实。

（来源：新华网，2018年5月3日，作者：宋燕）

阅读文献二：做追梦者　当圆梦人

实现中华民族伟大复兴的中国梦，广大青年既是追梦者，也是圆梦人。追梦需要激情和理想，圆梦需要奋斗和奉献。

"青年是国家的希望、民族的未来。我衷心希望每一个青年都成为社会主义建设者和接班人，不辱时代使命，不负人民期望。"习近平总书记5月2日在北京大学师生座谈会上的重要讲话，近一个月来在广大青年中引发热烈反响，极大地激发了年轻一代以理想而奋斗、与新时代同行的青春激情。大家纷纷表示，要把智慧和力量凝聚到总书记提出的要求和任务上来，以青春之我、奋斗之我，为民族复兴铺路架桥，为祖国建设添砖加瓦。

每一代青年都有自己的际遇和机缘。中国特色社会主义进入新时代，这既是近代以来中华民族发展的最好时代，也是实现中华民族伟大复兴的最关键时代。习近平总书记一再强调，中华民族伟大复兴，绝不是轻轻松松、敲锣打鼓就能实现的，我们必须准备付出更为艰巨、更为艰苦的努力。不久前，微视频《您曾对我说》回访了多位习近平总书记曾寄语的年轻人，感动了许多人。岁月如歌，青春无悔，正因为有信念、有梦想、有奋斗、有奉献，新时代青年人才能乘新时代春风，在万里长空放飞青春梦想。

青春理想，青春活力，青春奋斗，是中国精神和中国力量的生命力所在。作为实现中华民族伟大复兴的生力军，广大青年肩负着国家和民族的希望。"80后"驻村干部，用脚底泥土滋养大山深处的小康；"90后"大学教授，以才华构筑引领未来的科研高地。业精于勤，不满20岁的"大国工匠"在世界技能大赛上摘得最高奖项；攻坚克难，平均年龄30多岁的中国航天科研团队取得举世瞩目成就。如果说青春是一块无边的画布，奋斗就是最绚烂的画笔。当代青年人，勇做时代的弄潮儿，在不懈奋斗中书写人生华章。青年人的每一步攀登，都跟这个国家的进步息息相关；青年人的每一分付出，都将获得幸福的回报。

青年兴则国家兴，青年强则国家强。忠于祖国、忠于人民，立鸿鹄志、做奋斗者，求真学问、练真本领，知行合一、做实干家，习近平总书记的殷殷嘱托，时时激励着青年人不断完善自我、磨砺人生。曾参与亚丁湾护航的"90后"女特战队员，坚守"把人生奋斗融入民族复兴，才能获得无与伦比力量"的人生理想；斩获《中国诗词大会》总冠军的"外卖小哥"，从未在风吹雨打中磨灭心中的文学梦想；从普通学徒成长起来的核电工程首席焊工，不怕苦不服输追求"最完美技术"；身有残疾却咬着触控笔做电商的致富带头人，帮自己也帮他人摆脱贫困……今天，建功立业的舞台空前广阔、梦想成真的前景空前光明，以社会主义建设者和接班人的使命担当，把好人生的航向，一步一个脚印，年轻的人生定将绽放夺目的光彩，中华民族伟大复兴的中国梦终将在一代代青年的接力奋斗中变为现实。

（来源：人民网—人民日报，2018年05月29日）

三、典型案例

案例1：给妹妹的一封信

妹妹：

大学生活如何？社团，舞会，寝室联谊，学校周边小吃，还没有玩够吧。姐姐在大学的第一个学期，也玩得不亦乐乎。

可你说有些不开心，你发现大学生活并不是事事顺着你的心。你和寝室里的同学，处得不好。你抱怨说，你对 A 很好，什么话都告诉她，但是发现 A 把这些话都说给了别人听。你对 B 不错，但是 B 怎么都不想搭理你，你甚至觉得她在处处为难你。

你一早有课，可是你睡得忘记了，没有人叫你起床，她们自顾自地上课去了，你醒来时她们已经回到了寝室，兴高采烈地议论着老师的新发型，没有人对你感到抱歉。

在班里，你也有些失落。你一如既往地参加很多活动，可是谁都那么优秀。你得不到名次、掌声和肯定。后来你甚至和门口复印店的老板都会吵架，因为他不理解你想双面复印，害得你重新再来。回到寝室，没有人注意到你哭过。你忘记了打水，熄灯后你只能用冷水洗脚，冰冰凉。于是你在被窝里冷得辗转反侧。怎么办，和这样的室友还要相处四年。你说你想搬出来一个人住。这确实是一种解决方式，但是并不是好的解决方式，除非你一辈子都想搬来搬去。你觉得同学之间虚伪冷漠，你想念你的高中同学。你想给自己找人际失败的借口，于是归结在别人的虚伪上面。你要学会与这样的人相处，而不是逃避。我不是要你也学会虚伪，而是希望你可以辨别虚伪，并且不被虚伪所伤害。并不是每一个人都值得你付出友情，可是如果一开始你就不真诚，那么你会失去更多的好朋友。你的学校是藏龙卧虎的地方，没有两把刷子是进不去的。她们骄傲，那么一定有骄傲的道理。你是否能够看到，你是否能够向她们学习？另外，她们是否知道你值得她们尊敬，如果你足够好，那么对你不好的人，损失更大，因为损失了你这么好的朋友。

我相信日久见人心，也相信道不同不相为谋。你要做的，就是打开自己的小世界。你的世界不是只有一个小小的寝室或班级。你可以加入社团，可以加入垒球队，如果你真诚，且懂得沟通，那里会有你志同道合的朋友。

"怎么可以不理解我！怎么可以不按照我的意思去做！怎么可以让我失望！"世界并不是为你造的，你得适应它。你从前的人生太顺利太温暖。你以前做的只是读书，并没有学会如何处理事情。可现在开始，You have to learn to grow and be strong(你得学会成长和变得坚强)。成长是明白很多事情无法顺着自己的意思，但是要努力用恰当的方式让事情变成最后自己要的样子。坚强是如果最后事情实在无法实现，那么也能够接受下来，不会失控，而是冷静理智地去想下一步。

承认很多人比自己优秀，那是值得高兴的事情。那些比你优秀的人，其实都是上天给你的养分,你得汲取过来,否则你就白遇到她们了。例如说,承认无法取悦每一个人。你不可能和每个人都做好朋友,就是会有人不喜欢你,会有偏见,别理睬他们。做好你该做的,口舌是别人的,优秀是你自己的。最后你会发现,成为你好友的,还是你的同类。但是如果你自己不够好,那么你也交不到足够棒的朋友。再例如,失败的时候,你要学会说"这是我的错",不要试图把责任推卸掉。责任感,你得开始学会拥有。没有这个东西,你最多不过是聪明,而不是优秀。再例如,得不到的东西就忘记它,如奖学金。如果你尽到了150%的努力,这学期仍然有人比你更优秀,那么就去赢取下个学期的奖励,不要去理会那些关于同学的亲戚是辅导员之类的闲言碎语。

关于寝室的问题,你要足够宽容,足够坚强。"人不知而不愠",你要让她们看到,你是值得尊敬的朋友,而且失去你是她们的损失。曾经有个朋友在给我的信里送我一句话,我很喜欢,也送给你:"一念之间,海阔天空。"我期望你的生活,因为宽容而盛大。你得学会成长和变得坚强。我不是要你去接受很多不公平,而是要你在看到不公平的时候学会分析和思考:我能够做什么——埋怨还是去寻找海阔天空?宽容别人对你的不理解,宽容别人的缺点,宽容自己的一些力不能及,当然,首先你得尽力,而后,你会看见海阔天空。

姐姐

案例2:一个老木匠的故事

有个老木匠准备退休,他告诉老板,说要离开建筑行业,回家与妻子儿女享受天伦之乐。老板舍不得他的好工人走,问他是否能帮忙再建一座房子,老木匠说可以。但是大家后来都看得出来,他的心已不在工作上,他用的是软料,出的是粗活。房子建好的时候,老板把大门的钥匙递给他。"这是你的房子,"他说,"我送给你的礼物。"老木匠震惊得目瞪口呆,羞愧得无地自容。如果他早知道是在给自己建房子,他怎么会这样呢?现在他得住在一幢粗制滥造的房子里!我们又何尝不是这样。我们漫不经心地"建造"自己的生活,不是积极行动,而是消极应付,凡事不肯精益求精,在关键时刻不能尽最大努力。等我们惊觉自己的处境,早已深困在自己建造的"房子"里了。

把你当成那个木匠吧,想想你的房子,每天你敲进去一颗钉,加上去一块板,或者竖起一面墙,用你的智慧好好建造吧!你的生活是你一生唯一的创造，不能抹平重建，即使只有一天可活，那一天也要活得优美、高贵，生活是自己创造的。

案例3：苏轼教子求实

北宋文学家、书画家苏轼的散文名篇《石钟山记》就是他"教子求实"的佐证。宋神宗元丰二年(1079)，苏轼因作诗获"谤讪朝廷"之罪贬谪黄州(今湖北省黄冈市)担当团练副使。这是一个闲差，43岁的苏轼得以有闲经常与长子苏迈一起读书作文，说古论今。有一天，父子俩不知怎的竟谈到了鄱阳湖畔石钟山的名称由来。苏迈从《水经注》等古书中找出许多说法，如"下临深潭，微风鼓浪，水石相搏，声如洪钟""得双石于潭上，扣而聆之，南声函胡，北音清越，止响腾，余音徐歇"。对这些说法，苏轼都觉得是牵强附会，实不可信。苏迈想找其他书，苏轼阻止了他："不用找了。大凡研究学问、考证事物，切不可人云亦云，或者光凭道听途说就妄下结论。看来，石钟山这个问题，还必须实地考察求实才能解决呢！"

"石钟名称由来"这一问题，在苏轼父子俩的心中一悬就是5年，一直到元丰七年(1084)才有了解决的机会。是年六月初九丁丑日，苏迈到饶州德兴县(今江西省鄱阳湖东)担任县尉，48岁的苏轼送他到湖口，顺便带着苏迈一起考察石钟山。月光明亮的当晚，父子俩乘着小舟来到山的绝壁下，沿着山脚寻找。寻到一个地方，只听见一阵阵清畅高扬的声音，"噌吰如钟鼓不绝"，原来，这里的山脚下遍布石窍，大小、形状、深浅各不相同，它们不停地受到波涛撞击，所以才发出各种不同的音响，宛若周景王的无射钟、魏庄子的歌钟、庞大乐队中的钟鼓齐鸣一般……父子俩此刻终于恍然大悟：这才是"石钟"名称的由来啊！

难能可贵的是，苏轼能抓住父子俩同探石钟山这件事，谆谆告诫儿子苏迈："石钟"名称由来，此事本不难明白，只须实地考察就行了，由于一般人不肯去下这工夫，宁愿到书本里去寻找答案，而浅薄的人又往往附会一些莫名其妙的东西来解释，最终以讹传讹，使本不难明白的事千百年来不得明白。应当切切记住，"事不目见耳闻，而臆断其有无"，是不可能找到正确答案的！为让儿子更深刻地理解"求实"的重要性，苏轼又提笔撰文。于是，苏迈乃至后人就读到了出自苏轼笔下的名篇《石钟山记》。

案例4：12年老兵用行动诠释人生价值

他先后两次荣立个人三等功；三次被评为优秀士官；担任中队骨干以来

先后培养出 6 名维修保障能手、三名训练标兵。他勤于学习、精专本职，一直是岗位上的模范表率，他，就是武警北京总队执勤十支队某部上士李贞。

新兵一下连，因为踏实稳重、憨厚老实，李贞被中队挑选到后勤工作。他勤奋肯干、敢于创新，他来后，中队伙食质量显著提升。后来他接手中队菜地管理，认真负责、吃苦耐劳，中队农副业生产搞得有声有色，就这样，他在后勤岗位一干就是 10 年。

后来因目标单位建设所需，农场被征用了，他下到战斗班成了普通一兵。由于中队骨干岗位有缺，他毅然站了出来，主动担起班长一职，命令出来后一片哗然，对他本人和中队党支部的质疑声不断。面对质疑，中队党支部予以支持和信任，他本人也变压力为动力，用行动回答大家的质疑。

不会抓训练，他就认真学习，每次到训练场都会带着一个笔记本记录所学的东西，并将其吃透、消化；不会抓管理，他就主动学习制度规定，熬夜背几条条令条例成为他的日常工作。功夫不负有心人，短短的三个月内，他突飞猛进，工作能力得到了大家的认可，而且多次出色完成各项任务。

经过一番努力，李贞终于适应了新的岗位，但随之而来的是更多的挫折和打击。李贞毕竟是后勤出身，在组织指挥上还欠缺很多，而且个人在军事素质上也有很多不足，在中队多次组织的比武会操中，成绩都不是很理想，面对一次又一次考核成绩的不理想，他没有选择退缩，而是奋发图强，不断提高自己的能力素质。

30 多岁的他比新战士们大将近一轮，但在训练场上，他总是带头摸爬滚打，皮肤被太阳晒得脱了皮，眼睛被汗水糊得刺痛，摔擒训练时旧伤口未愈合又添新的伤口……体能是他最头疼的一道关卡，为了让自己在跑步时不掉队，他每天早晚给自己加上一道"五公里大餐"，半年下来足足瘦了 20 多斤。他的骨子里就有一股韧劲，要么不做，只要做了就一定要做好。经过半年的沉淀，他终于化茧成蝶。在支队组织的正规化执勤等级评定中，他带领本班完成了所有军事考核科目，尤其是在 3 公里考核中，他始终扛着队旗跑在最前面……

在老班长服役的 12 个年头里，中队主官换了 5 届，而他依然坚守着平凡的岗位，无论哪次岗位变动，他都不忘初心，继续前行；无论岗位怎么变化，他那颗虚心学习的心一直不变；无论遇到的问题有多难，他都直面挫折，用顽强的毅力克服。他用行动一次次实现着自我超越，一次次实现着人生价值。

评析：人生实践是一个创造的过程。李贞在不断变换的岗位上，以积极进取的态度迎接挑战，用努力刻苦的行动证明自己的能力。他用乐观向上、奋勇拼搏的人生态度，一次次实现着人生价值。

逆水行舟，不进则退。大学生要积极进取，不断丰富人生的意义，不能贪图安逸、满足现状、因循守旧、故步自封，否则人生就会失去应有的光彩。要发扬自强不息、敢为人先、百折不挠、坚韧不拔的精神，始终保持蓬勃朝气，昂扬锐气，充分发挥创造力，不断书写人生的新篇章。

案例5：大学生因虚荣身陷校园贷，为还款走上犯罪道路

七月，对很多大学生来说，是充满希望的一个月份，但对汪亮东（化名）来说，面对的却将是四年多的铁窗生涯。此前，江苏省淮安市淮阴区人民法院审理了一起案件，犯罪嫌疑人汪亮东因为盗窃罪，被判有期徒刑四年六个月，并处罚金人民币两万元。

出生在山西农村的汪亮东，家境并不太好，但他从小学习成绩优秀，高考那年，被江苏某高校录取。由于学习音乐专业，日常开销大，加之年轻人都要面子，看到身边同学吃穿用都比自己高档，汪亮东心底慢慢有了比较，每月生活费也开始入不敷出。

大二快结束时，汪亮东看到室友都买了新手机，而自己的手机却是两年前买的，便有了换个苹果手机的念头。可每月1000多元的生活费，根本无法实现买手机的想法。这时，一款专门针对大学生的分期校园网贷平台引起了他的注意。如果从生活费中挤出部分用来分期还贷，这也许是个好主意。犹豫许久，他在平台上分24期付款购买了手机，每月需还贷289元。

为了尽快还清贷款，他利用暑假时间在家教辅导班做兼职。他渐渐发现，现在家长很重视孩子的教育，如果自己做老板开辅导班，生意绝对不会差。于是便和一同在辅导班打工的一位朋友谋划着合伙开辅导班，每人需投资8000元。这时他想到之前的校园网贷，可以替他解决资金的燃眉之急。很快，通过几个不同的校园网贷平台，他顺利贷到了16 000元。

可是好景不长，辅导班没开几天就散伙了。没有任何固定收入的汪亮东，每月承受着不同校园网贷平台的多份贷款，由此上演了拆东墙、补西墙的悲剧。欠账就像滚雪球一般，越滚越多。不到半年时间，他的外债超过了100 000元。

又一年的大学新生报到，已经读大四的汪亮东把目标瞄向了新生。不到半年时间，江亮东先后以学生会干部或某知名电商校园代理的身份，通过校园QQ群、微信群发布消息，利用为大一新生找兼职代理、办理校园电动车牌照等借口，获取他人基本信息。他利用这些个人信息申请京东"白条"，并先后购买了27部苹果手机，所购手机均被变卖成现金用以还贷。据了解，受害人多达20余人，总金额达190 000元。不久后，公安机关接到受骗学生家长报警，于是警方对汪亮东展开侦查。

评析：这一案例从反面验证了树立正确的人生观、价值观的重要性。当代大学生本来应该走一条求学、择业、工作、为社会作贡献并实现个人价值的道路，然而案例中的这名大学生却沦为了"梁上君子"，究其原因，主要是他没有树立正确的人生观、价值观，没有自觉地调适心理和保持心理健康，被错误的思想观念所侵蚀，进而在某种不健康的心理极度膨胀的情况之下，诱发了犯罪活动。

在市场经济快速发展的今天，大学生更容易受到各种物质诱惑，更容易被各种错误的思想观念所侵蚀，出现价值选择上的迷惘和困惑，因此，当代大学生要用正确的人生观指导人生，以防误入歧途。

案例6：罗阳，用生命托起战机的航空英模

一项复杂的舰载机系统工程，背后是无数幕后英雄的奉献，有时候甚至是生命。2012年11月25日，随中国首艘航母"辽宁舰"参与歼-15舰载机起降训练的、歼-15飞机研制现场总指挥，中航工业沈飞集团董事长、总经理罗阳同志，突发急性病经抢救无效，于当日在工作岗位上殉职，享年51岁。

歼-15舰载机由沈飞公司负责研发，罗阳是该项目的总负责人。在他的带领下，中国的航空工业实现了从陆地到海洋的跨越。这一天，中国首艘航母完成舰载机起降训练靠岸，他未能参加晚上的庆功晚宴；歼-15完美升空令国人欣喜的同时，传出此噩耗，令人痛惋！

罗阳1982年于北京航空学院毕业，1999年享受政府特殊津贴，多次立功受奖。他是辽宁省劳动模范、"航空报国金奖"获得者，生前组织实现了多项国家重点工程快速研制成功的杰出成果，他以追求卓越的治企理念，实现了管理创新的升华，改变了沈飞公司的面貌。作为歼-15的现场总指挥，罗阳感到责任重大、心潮澎湃。和罗阳一样在"辽宁舰"上参加歼-15起降训练的褚晓文说"压力之大，责任之重，难以想象"。由于训练任务异常繁重，精神紧张，加之有保密要求，直到歼-15成功完成起降训练，罗阳当天才跟妻子通了一次电话："整个的任务都已经完成了，非常欣慰。"

案例7：敢于创新的校园发明家

第八届"挑战杯"全国大学生课外学术科技作品竞赛在华南理工大学举行，南华大学医学院学生梁昊飞和黎颖莉为此次竞赛做了充分而细致的准备。由他俩共同主持研发的戒烟牙膏吸引了众多专家、企业、厂商的目光，成为本次比赛的一大亮点。经过专家的考核评比，戒烟牙膏以其"途径好、见效快、治标又治本"的特点征服了裁判，荣获第八届"挑战杯"全国大学生课外学术科技作品二等奖。

梁昊飞、黎颖莉曾是学生科协的两位负责人，一次很偶然的机会，他们想到了戒烟产品，认为这是一个很有潜力的项目，这一想法很快得到了学校有关部门的支持，并立项开始研究试验。为了从戒烟的原理和途径上创新，摆脱以往戒烟产品对戒烟药物的选择不科学、载体不合理、效果不明显等弊端，他们开始了大量的实验和探索。查阅资料、请教老师、深入药店、实地调查……他们决定以牙膏为载体，以中药戒烟理论为基础，提取生物活性因子添加到牙膏中，使其在吸烟者刷牙的同时，通过舌下微循环及口腔黏膜吸收，进入血管并在短时间内透过血脑屏障进入大脑，作用于有关靶器官，从而达到戒烟目的。想法是好的，但试验中却遇到了不少的问题和麻烦。如配置新药的剂量、指标，药物理化的性质以及口感颜色等问题。

为解决这些问题，梁昊飞、黎颖莉和他们的合作伙伴朱勋开始分头行动。为了得到牙膏的准确配方，梁昊飞亲自去江西草珊瑚企业集团调研取经；黎颖莉则负责联系专家、教授，吸收他们的意见；朱勋则担起了数据计算、统计的重任。他们顾不上休息，利用课余时间研究和实验，从产品的包装、色泽、味道上下功夫，有时候在实验室一呆就是一整天，累了打会盹，饿了靠方便面充饥，功夫不负有心人，经过他们三人的团结协作，终于做成了第一支色泽好、口感舒服、价值高的戒烟牙膏。

谈到成功的经验，梁昊飞激动地说，团队的协作和配合是他们成功的关键。就像踢足球一样，他们既有前锋、中锋，还有后卫。密切的配合和明确的分工使得他们在试验中有条不紊。黎颖莉说信心和良好的心态也是他们成功的重要因素。另外校领导和老师的关怀也为他们增添了无穷的力量和信心。作为学生科技实践活动的带头人，梁昊飞和黎颖莉在科技创新上还有过不少的成就。梁昊飞现已申报国家实用新型发明专刊一项，完成学生科研项目多项，其中已荣获校学生优秀科技成果两项，承担衡阳市科技攻关项目一个，参与省教育厅课题子课题一项；有 7 篇论文、策划书在院、校学术交流会上获奖；他还是中国电子学会学生会员，3 次获得南华大学"校长奖励基金"。黎颖莉先后组织过大型的科技文化节、论文交流会，多次被评为"校科技先进工作者"。赛场外的他们也是志同道合的朋友，他们一致认为，对待学习要有良好的思维习惯，要敢于和善于创新，多实践，提高自学能力和动手能力。

案例 8：苏格拉底的"两道题"

苏格拉底是古希腊著名哲学家，他曾经给他的学生出过两道考题。

有一次，苏格拉底让他的学生每个人沿着一垅麦田向前走去，不能回头，摘一束麦穗，看谁能摘到最大最好的。一些学生根据经验，定下一个大体的标准，走上一段路特别是在走过一半或三分之一的路程后，遇见差不多的便摘下来，心想也许这就是最好的，也许后面还有更好的，但不能好高骛远，就这样"认"了。另一些学生是一直往前走，总觉得前面会有更好的麦穗，直到快走出麦田，还没有选择出最大最好的。这时要么放弃选择，宁缺毋滥，要么委屈自己，凑合着摘一束，而心里却是万分懊悔，因为自己曾经错过了最好的机遇。苏格拉底的第一道考题告诉我们，在追求目标时要把握好选择度。我们在自己的奋斗和追求过程中，应为自己定好目标，通盘审视，在看到适宜自己发展的情况时就要当机立断，莫要迟疑，选择出属于自己的那束"麦穗"。千万不要左挑右挑，挑花了眼，挑走了神，结果事与愿违，高不成低不就。

又有一天，苏格拉底对学生们说："今天咱们只学一件最简单也是最容易做的事，即把你的手臂尽量往前甩，再尽量往后甩。"然后自己示范了一遍，"从现在开始，每天甩臂 300 下，大家能做到吗"？学生们感到这个问题很可笑，这么简单的事怎么能做不到呢？他们都齐刷刷地回答："能！"过了一个月，苏格拉底问道："每天甩臂 300 下，哪些同学坚持了？"有 90% 以上的学生骄傲地举起了手。两个月后，当他再次提到这个问题时，坚持下来的学生只有 80%。一年以后，苏格拉底再次问道："请你们告诉我，最简单的甩臂运动，还有哪些同学坚持每天做？"这时只有一个学生举起了手，这个学生叫柏拉图。苏格拉底的第二道考题启发人们，成功在于坚持，坚持是最容易做到的事，只要愿意，人人都能做到；坚持又是最难的事，因为真正能做到的，终究是少数人，柏拉图坚持做到了，以至他后来能成为古希腊的另一位大哲学家。

案例9：黄大年，用生命书写探地故事

2017年1月8日，年仅58岁的黄大年病逝。

心有大我，至诚报国。这些年来，黄大年的事迹在神州大地被广为传颂，激励着无数人奋力前行。

至诚报国，创造多项"中国第一"

人们感动于他的爱国情怀。

2009年4月22日第40个"世界地球日"当天，我国启动了"深部探测技术与实验研究专项"。但在向地球深部进军的路上，缺乏高精度地球探测仪器装备掣肘相关技术的发展。

彼时，海漂18年之久的黄大年已蜚声中外。作为航空地球物理研究领域的科学家，他是剑桥ARKeX地球物理公司的研发部主任，带领着一支300人的团队，从事海洋和航空快速移动平台高精度地球重力和磁力场探测技术工作。

2009年底，当听到祖国的召唤，黄大年立即决定回国。同事们的含泪挽留、妻子卖掉诊所后的痛哭、女儿独在异乡的孤独都没有让他停下归国的脚步。

参与"深部探测技术与实验研究专项"是黄大年回国后的第一项重要任务，他担任专项第9项目"深部探测关键仪器装备研制与实验项目"的负责人。在他的带领下，400多名科学家创造了多项"中国第一"，为我国"巡天探地潜海"填补了技术空白。

他带领团队用5年时间完成"深部探测关键仪器装备研制与实验项目"，让我国深探仪器的技术总体达到国际领先水平；地面电磁探测系统工程样机研制工作取得显著成果，为其产业化和参与国际竞争奠定了基础；固定翼无人机航磁探测系统工程样机研制成功，填补了国内无人机大面积探测领域的技术空白……

人们难忘他作为战略科学家的高瞻远瞩。

黄大年推动成立吉林大学移动平台探测技术研发中心，以航空重力梯度仪为核心，建立立体探测系统。回国仅半年多，黄大年就统筹各方力量，绘就了一幅宏大的新兴交叉学科蓝图。2016年9月，一个辐射地学部、医学部、物理学院、汽车学院、机械学院、计算机学院等的非行政化科研特区初步形成，黄大年担任吉林大学新兴交叉学科学部首任部长。这个战略设想涉及卫星通信、汽车设计、大数据交流、机器人研发等众多科研领域。

无私忘我，是学界的一股清流

人们心疼他的分秒必争。

他永远坐最晚一班航班，手术前一天还在谈工作……

黄大年办公室墙面上有着一张巨大的日程表，直观地说明了主人的忙碌：赴西北地区指导地方科技建设、教育部"长江学者"评审……

日程表上的时间停在2016年11月29日。上面潦草地标记着"第七届教育部科技委地学与资源学部年度工作会"。那天凌晨2点，北京飞往成都的最晚航班刚一落地，黄大年就被急救车接走。经过简单检查后，他逃出医院，"因为第二天的会太重要了"。

他的眼里只有工作。傍晚时分，黄大年的夫人张燕常拿着切成小块的水果来办公室看望他。"黄老师总是说，放那儿吧，正忙呢，你先回去。"黄大年的学生马国庆说，虽然师母会要求看着他吃完，但经常还是无奈地走了。

人们感念他的不求私利、无私忘我。他将科学放在第一位。一回国，黄大年就搅动了国内学界。国土资源部科技与国际合作司副司长高平说："大年不讲'关系'，不搞'你好我好大家好'。他是学界的一股清流。"

作为国家多个技术攻关项目的首席专家，黄大年经手数亿元的项目经费。怎么分配这一笔钱，他的发言权最大。有和他相熟的专家来找黄大年要经费，黄大年却说："在科学上，我没有对手，也没有朋友。"

黄大年的故事还有很多很多。他已经走远，但他又从未离去。他精神的火炬，还在照亮无数人前行的道路。

四、单元小测

(一) 单项选择题

1. (　　)是我们理解当前所处历史方位的关键词。
   A. 新时期　　　　　　　　B. 新时代
   C. 重要战略机遇期　　　　D. 关键期

2. (　　)是人们的思想观念、政治立场、价值取向、道德情操和行为习惯等方面品质和能力的综合体现，反映着一个人的思想境界和道德风貌。

A. 思想政治素质　　　　　　　B. 道德素质

C. 思想道德素质　　　　　　　D. 法治素质

3. "人的本质不是单个人所固有的抽象物，在其现实性上，它是一切社会关系的总和。"这句话说明（　　）。

　　A. 自然属性是人的本质属性

　　B. 社会属性是人的本质属性

　　C. 自然属性和社会属性都是人的本质属性

　　D. 自然属性和社会属性都不是人的本质属性

4. 马克思运用辩证唯物主义和历史唯物主义的立场、观点和方法，揭开了人的本质之谜，指出人的本质是（　　）。

　　A. 单个人所固有的抽象物　　　B. 一切社会关系的总和

　　C. 人性本善　　　　　　　　　D. 人性本恶

5. 马克思指出：人的本质不是单个人所固有的抽象物，在其现实性上，它是一切（　　）的总和。

　　A. 生产关系　　B. 经济关系　　C. 社会关系　　D. 政治关系

6. 对人的认识，核心在于认识（　　）。

　　A. 人的属性　　B. 人的本质　　C. 社会关系　　D. 自然属性

7. 关于人生观与世界观的关系，以下说法错误的是（　　）。

　　A. 人生观是世界观在对待人生问题上的具体体现

　　B. 正确的人生观是正确世界观的基础

　　C. 人生观对世界观的巩固、发展和变化起着重要的作用

　　D. 有什么样的世界观，就有什么样的人生观

8. （　　）是人生观的核心，在人生实践中具有重要的作用。

　　A. 人生态度　　B. 人生目的　　C. 人生价值　　D. 人生道路

9. 人生观主要有三方面的内容，其中处于核心地位的是（　　）。

　　A. 人生目的　　B. 人生态度　　C. 人生价值　　D. 人生理想

10. （　　）是指生活在一定历史条件下的人，对"人为什么活着"这一人生根本问题的认识和回答。

　　A. 人生目的　　B. 人生态度　　C. 人生价值　　D. 人生准则

11. 人生目的是人在人生实践中关于自身行为的根本指向和人生追求，它所认识和回答的根本问题是（　　）。

A. 人为什么活着 　　　　　　　B. 人如何对待生活

C. 怎样对待人生境遇 　　　　　D. 怎样选择人生道路

12. (　　)是指人的生命及其实践活动对于社会和个人所具有的作用和意义。

A. 人生追求　　B. 人生目的　　C. 人生态度　　D. 人生价值

13. (　　)是个体的人生活动对社会、他人所具有的价值。

A. 人生的自我价值 　　　　　　B. 人生的社会价值

C. 价值观 　　　　　　　　　　D. 价值标准

14. (　　)是人们通过生活实践形成的对人生问题的一种稳定的心理倾向和基本意愿。

A. 人生目的　　B. 人生态度　　C. 人生价值　　D. 人生追求

15. 人生态度与人生目的、人生价值的关系是(　　)。

A. 人生态度与人生目的、人生价值无关

B. 人生态度既受人生目的、人生价值的决定，又影响人生目的、人生价值的实现

C. 人生态度决定人生价值

D. 人生态度决定人生目的

16. (　　)认为金钱可以主宰一切，把追求金钱作为人生至高目的。

A. 拜金主义 　　　　　　　　　B. 享乐主义

C. 极端个人主义 　　　　　　　D. 物质主义

17. 关于正确幸福观的理解，错误的是(　　)。

A. 幸福是一个总体性的范畴，意味着人总体上生活得美好

B. 个人的幸福要依靠自己的奋斗，与他人无关

C. 幸福的实现需要一定的物质条件

D. 精神生活的充实是幸福更重要的方面

18. (　　)的思想以其科学而高尚的品质，代表了人类社会迄今为止最先进的人生追求。

A."人生在世、吃喝玩乐" 　　　B."生当作人杰、死亦为鬼雄"

C."服务人民、奉献社会" 　　　D. 追逐名利的人生观

19. (　　)是一种特殊的价值，是人的生活实践对于社会和个人所具有的作用和意义。

A. 价值观　　　B. 价格　　　C. 人生目的　　　D. 人生价值

20. 全国劳动模范徐虎说过:"你不奉献,我不奉献,谁来奉献?你也索取,我也索取,向谁索取?"这句话的意思是,社会需要每个人的奉献,只有有奉献才能有索取。这种观点认为,人生价值的本质在于(　　)。

A. 个人的社会存在　　　　　　B. 个人需要的最大满足
C. 个人对社会的责任和贡献　　D. 社会对个人的尊重和满足

21. 人生价值评价的根本尺度,是看一个人的人生活动(　　),是否通过实践促进了历史的进步。

A. 是否促进个人的发展　　　　B. 是否符合社会发展的客观规律
C. 是否促进生产力的发展　　　D. 是否促进生产关系的改善

22. 个体的人生活动不仅具有满足自我需要的价值属性,还必然包含着满足社会需要的价值属性。个人的需要能不能从社会中得到满足,在多大程度上得到满足,取决于他的(　　)。

A. 社会影响　　　B. 社会价值　　　C. 社会地位　　　D. 社会理想

23. 钱学森曾经说过:"我作为一名中国的科技工作者,活着的目的就是为人民服务,如果人民最后对我的一生所做的工作表示满意的话,那才是最高的奖赏。"这说明评价人生价值的根本尺度是(　　)。

A. 个体在社会中的地位
B. 个体在社会中的影响
C. 个体对社会和他人的生存和发展的贡献
D. 个体从社会获得的满足程度

(二)多项选择题

1. 以下关于思想道德和法律的关系表述正确的有(　　)。

A. 法律为思想道德提供制度保障
B. 思想道德为法律提供思想指引和价值基础
C. 思想道德和法律都是调节人们思想行为、协调人际关系、维护社会秩序的重要手段
D. 坚持和发展中国特色社会主义,既要发挥思想道德的引领和教化作用,又要发挥法律的规范和强制作用
E. 思想道德能够促进人们自觉遵法学法守法用法,维护法律权威

2. 下列关于社会价值正确的说法是( )。
   A. 社会价值是社会和他人对于个体的意义
   B. 社会价值主要通过劳动、创造和贡献表现出来
   C. 社会价值是作为客体的人满足作为主体的人的关系
   D. 社会价值是个体的人生对于社会和他人的意义
   E. 对社会贡献得越多，其人生价值就越大

3. 大学生要科学认识实际生活中的各种问题，勇敢面对和正确处理各种人生矛盾就应做到( )。
   A. 树立正确的得失观　　B. 树立正确的生死观
   C. 树立正确的幸福观　　D. 树立正确的荣辱观
   E. 树立正确的苦乐观

4. 人生观与世界观的关系是( )。
   A. 世界观包含人生观
   B. 世界观决定人生观
   C. 人生观决定世界观
   D. 具有唯心主义世界观，人生观不一定就完全不正确
   E. 具有唯物主义世界观，人生观不一定就是正确的

5. 人生观的主要内容包括( )。
   A. 人生目的　　B. 人生态度　　C. 人生价值　　D. 人生问题

6. 人生目的的作用有( )。
   A. 决定走什么样的人生道路　　B. 决定有什么样的文化水平
   C. 决定持什么样的人生态度　　D. 决定人生价值选择

7. 正确的人生态度应该是( )。
   A. 人生须务实　　B. 人生须认真
   C. 人生应乐观　　D. 人生要进取

8. 人生价值的评价方法是( )。
   A. 坚持能力有大小与贡献须尽力相统一
   B. 坚持物质贡献与精神贡献相统一
   C. 坚持完善自身与贡献社会相统一
   D. 坚持个人成就与自身理想相统一
   E. 坚持理论学习和认真实践相统一

9. 深圳青年歌手丛飞在8年时间内,捐资上百万元资助很多贫困山区的失学儿童,而自己却身患癌症,负债17万元。有人这样评价他:"丛飞能够从帮助别人的过程中得到快乐。"丛飞的行为表明( )。

A. 人的价值不包含个人的价值选择和目标设计等主观方面

B. 人的价值的大小取决于对社会的贡献

C. 人的价值不仅表现在物质方面,更表现在精神方面

D. 社会价值的实现总是以个人价值的牺牲为代价

(三)判断题

1. 人的自然属性是人的本质属性。( )

2. 世界观决定人生观,人生观从属于世界观,所以,一个人的人生观发生改变,对世界观不会产生影响。( )

3. 正确的人生观是正确的世界观的基础,世界观从属于人生观。( )

4. 个人与社会的关系,最根本的是个人利益与社会利益的关系。( )

5. 社会需要是个人需要的集中体现,是社会全体成员带有根本性、全局性、长远性需要的反映。( )

6. 人生价值是人生观的核心。( )

7. 人生态度是人生观的核心,在人生实践中具有重要的作用。( )

第二章
坚定理想信念

一、目的要求

1. 理解理想信念的内涵与特征,认识其对大学生成长成才的重要意义。

2. 明确新时代大学生应当确立马克思主义的科学信仰,树立共产主义的远大理想和中国特色社会主义共同理想。

3. 辩证看待理想与现实之间的矛盾,认清实现理想的长期性、艰巨性和曲折性,把个人理想与社会的共同理想结合起来,学会在实践中将理想变为现实。

4. 明确肩负实现中华民族伟大复兴中国梦的历史重任,为实现中国梦注入青春能量。

二、阅读文献

阅读文献一:坚定理想信念 培育有为青年(节选)

历史经验表明,理想信念是养育一个民族精气神的"钙片",是养成一个时代良好风尚的灵魂,有了理想信念,这个民族就有了不竭的奋斗意志,就会形成昂扬向上的精神风貌。中国共产党之所以取得辉煌成就,最根本的原因就是坚持了为共产主义奋斗终生的远大理想,弘扬和巩固了建设社会主义的共同理想,正是这种理想信念鼓舞了全党同志带领全国各族人民走上了民族复兴之路。

筑牢根基,树立为实现"两个一百年"奋斗目标和中国梦奋斗的理想信念

在迈向伟大复兴的征程中,青年是历史的重要一环,青年胸怀理想信念是实现中华民族伟大复兴的重要保障。习近平总书记在与北京大学师生座谈会上发表的重要讲话指出:"我们比历史上任何时期都更接近实现中华民族伟大复兴的目标,比历史上任何时期都更有信心、更有能力实现这个目标。行百里者半九十。距离实现中华民族伟大复兴的目标越近,我们越不能懈怠,越要加倍努力,越要动员广大青年为之奋斗。"

青春要用来奋斗,青年是人一生中最富有朝气、最富有梦想的阶段。鸦片战争以来,面对列强坚船利炮的肆意欺凌,面对日趋崩溃沉沦的中国社会,有为青年始终与中华民族同呼吸、共命运。在思想启蒙年代,广大青年最先接受救国救民的新思想新主义,积极传播爱国进步、民主科学的启蒙精神,促进了马克思主义在中国的传播,推动了中国共产党的建立。在革命战争年代,广大青年满怀革命理想,为争取民族独立、人民解放冲锋陷阵、抛洒热血。在社会主义建设时期,广大青年响应党的号召,向困难进军,向荒原进军,保卫祖国,建设祖国,在新中国的广阔天地忘我劳动、艰苦创业。在改革开放新时期,广大青年发出团结起来、振兴中华的时代强音,为祖国繁荣富强开拓奋进、锐意创新,积极为实现中华民族的伟大复兴,不懈奋斗、砥砺前行。

历史和现实一再证明,青年兴则国家兴,青年强则国家强。青年一代有理想、有担当,国家就有前途,民族就有希望,实现中华民族伟大复兴中国梦的历史目标就有源源不断的强大力量。

伴随改革开放近四十年来的持续深入推进,中国与世界的交流交往日趋紧密,不同文明之间发生相互碰撞,各种社会文化思潮竞相涌入,风格迥异的生活方式、花样翻新的价值观念,不断冲击着社会主义的主流价值观。同时,经济全球化加剧了跨国资本伴随文化思潮及其产品的渗透。在世俗化浪潮下,物质主义盛行,个人主义至上,消费主义风靡,娱乐主义肆虐。资本与金钱不仅挑战与解构了西方基督教价值观的神圣性和道德性,也对社会主义以道义为先、集体至上和人民为本的核心价值观构成了严峻挑战。同时,社会主义市场经济体制的确立,为中国社会注入了新的发展动能与活力,大大激发了社会生产力。但伴随社会结构的分化,多元化的社会利益格局形成,利益的多元化必然导致思想上的多元主义,各种思想主张为了赢得支持,很容易激进,甚至走向极端化。这些都会对青年的世界观、人生观、价值观产生重大而深刻的影响,如何培养有为青年是对党的执政能力的重大考验。事实上,与过去时代相比,当代青年面对着更复杂多变的社会、更丰富多样的生活、更加激荡的多元文化思潮,更需从思想上坚定理想信念。

阅读文献二:纪念白求恩(毛泽东,1939年12月21日)(节选)

白求恩同志是加拿大共产党员,五十多岁了,为了帮助中国的抗日战争,受加拿大共产党和美国共产党的派遣,不远万里,来到中国。去年春上到延安,后来到五台山工作,不幸以身殉职。一个外国人,毫无利己的动机,把中国人民的解放事业当作他自己的事业，这是什么精神？这是国际主义的精神，这是共产主义的精神，每一个中国共产党员都要学习这种精神。

白求恩同志毫不利己专门利人的精神，表现在他对工作的极端的负责任，对同志对人民的极端的热忱。每个共产党员都要学习他。不少的人对工作不负责任，拈轻怕重，把重担子推给人家，自己挑轻的。一事当前，先替自己打算，然后再替别人打算。出了一点力就觉得了不起，喜欢自吹，生怕人家不知道。对同志对人民不是满腔热忱，而是冷冷清清，漠不关心，麻木不仁。这种人其实不是共产党员，至少不能算一个纯粹的共产党员。从前线回来的人说到白求恩，没有一个不佩服，没有一个不为他的精神所感动。晋察冀边区的军民，凡亲身受过白求恩医生的治疗和亲眼看过白求恩医生的工作的，无不为之感动。每一个共产党员，一定要学习白求恩同志的这种真正共产主义者的精神。

白求恩同志是个医生，他以医疗为职业，对技术精益求精；在整个八路军医务系统中，他的医术是很高明的。这对于一班见异思迁的人，对于一班鄙薄技术工作以为不足道、以为无出路的人，也是一个极好的教训。

我和白求恩同志只见过一面。后来他给我来过许多信。可是因为忙，仅回过他一封信，还不知他收到没有。对于他的死，我是很悲痛的。现在大家纪念他，可见他的精神感人之深。我们大家要学习他毫无自私自利之心的精神。从这点出发，就可以变为大有利于人民的人。一个人能力有大小，但只要有这点精神，就是一个高尚的人，一个纯粹的人，一个有道德的人，一个脱离了低级趣味的人，一个有益于人民的人。

阅读文献三：论共产党员的修养（刘少奇，1939年7月）（节选）

我们共产党员，是近代历史上最先进的革命者，是改造社会、改造世界的现代担当者和推动者。共产党员是在不断同反革命的斗争中去改造社会，改造世界，同时改造自己的。

我们说，共产党员要在同反革命和改良派进行各方面的斗争中来改造自己，这就是说，要在这种斗争中求得自己的进步，提高自己革命的品质和能力。由一个幼稚的革命者，变成一个成熟的、老练的、能够"运用自如"地掌握革命规律的革命家，要经过一个很长的革命的锻炼和修养的过程，一个长期改造的过程。一个比较幼稚的革命者，由于他：（一）是从旧社会中生长教养出来的，他总带有旧社会中各种思想意识（包括成见、旧习惯、旧传统）的残余；（二）没有经过长期的革命的实践；因此，他还不能真正深刻地认识敌人，认识自己，认识社会发展和革命斗争的规律性。要改变这种情形，他除开要学习历史上的革命经验（前人的实践）而外，还必须亲自参加到当时的革命的实践中去，在革命的实践中，在同各种反革命和改良派进行斗争中，发挥主观的能动性，加紧学习和修养。只有这样，他才能够逐渐深刻地体验和认识社会发展和革命斗争的规律性，才能真正深刻地认识敌人和自己，才能发现自己原来不正确的思想、习惯、成见，加以改正，从而提高自己的觉悟，培养革命的品质，改善革命的方法等。

所以，革命者要改造和提高自己，必须参加革命的实践，绝不能离开革命的实践；同时，也离不开自己在实践中的主观努力，离不开在实践中的自我修养和学习。如果没有这后一方面，革命者要求得自己的进步，仍然是不可能的。

譬如说吧，几个共产党员一起去参加某种群众的革命斗争，在大体一样的环境和条件下去参加革命实践，这种革命斗争对于这些党员所起的影响，可能完全不是一样的。有的党员进步得很快，甚至原来较落后的赶在前面去了；有的党员进步得很慢；有的党员甚至在斗争中动摇起来，革命的实践对于他没有起前进的影响，他在革命的实践中落后了。这是什么原因呢？

又譬如，我们共产党员中有许多人是经过万里长征的，这对于他们是一次严重的锻炼，其中的绝大多数党员都得到了很大的进步。然而长征对于个别党员的影响却是相反的，他们经过长征之后，对这样的艰苦斗争害怕起来了，有的甚至企图退却和逃跑，后来他们果然在外界的引诱下从革命队伍中逃跑了。许多党员同在一起长征，而影响和结果却是这样的不相同。这又是什么原因呢？

这种种现象的产生，从根本上说来，是社会阶级斗争在革命队伍中的反映。我们的党员由于原来的社会出身不同，所受的社会影响不同，因而就有不同的品质。他们对待革命实践各有不同的态度、立场和认识，所以，在革命实践中各有不同的发展方向。就在你们学校中也可以清楚地看到这种情形。你们在学校中受着同样的教育和训练，然而由于你们各有不同的品质，不同的经验，不同的主观努力和修养，因而你们就可能获得不同的甚至相反的结果。因此，革命者在革命斗争中的主观努力和修养，对于改造和提高革命者自己，是完全必需的，决不可少的。

无论是参加革命不久的共产党员，或者是参加革命很久的共产党员，要变成为很好的政治上成熟的革命家，都必须经过长期革命斗争的锻炼，必须在广大群众的革命斗争中，在各种艰难困苦的境遇中，去锻炼自己，总结实践的经验，加紧自己的修养，提高自己的思想能力，不要使自己失去对于新事物的知觉，这样才能使自己变成品质优良、政治坚强的革命家。

三、典型案例

案例1：年轻的警察为什么会成为英雄？

在一次追捕行动中，有一位年轻的警察被歹徒用冲锋枪射中左眼和右腿膝盖。3个月后，当他从医院里出来时，完全变了样：一个曾经高大魁梧、双目炯炯有神的英俊小伙子，成为一个又跛又瞎的残疾人。鉴于他的功绩，纽约市政府和其他一些社会组织授予他许多勋章和锦旗。一位记者采访他，问道："你以后将如何面对所遭受到的厄运呢？"这位警察说："我只知道歹徒现在还没有被抓获，我要亲手抓住他！"从那以后，他不顾别人的劝阻，参与了抓捕那个歹徒的行动。他几乎跑遍了整个美国，甚至有一次为了一个微不足道的线索，独自一人乘飞机去了欧洲。许多年后，那个歹徒终于被抓获了，那个年轻的警察在抓捕中起了非常关键的作用。在庆功会上，他再次成为英雄，许多媒体报道了他的事迹，称赞他是最勇敢、最坚强的人。然而，令人意想不到的是，这之后不久，他却在卧室里割腕自杀了。在他的遗书中，人们读到了关于他自杀的原因："这些年来，让我活下来的信念就是抓住凶手……现在，伤害我的凶手被判刑了，我的仇恨被化解，生存的信念也随之消失了。面对自己的伤残，我从来没有这样绝望过……"

一个人失去一只眼睛和一条健全的腿，是不可怕的，可怕的是失去了生活的信念和追求的目标。信念是生命的脊梁。一个人活着，无论外界的环境多么恶劣，只要心中信念的灯亮着，所有的绝境和困苦都算不了什么。

案例2：让灵魂永远保持站立姿势

来自河北省无极县农村贫困家庭的刘默涵考入北京大学后，自强自立，靠勤工俭学，不仅解决了个人学习生活费用，还创立了用自己名字命名的助学基金，一年多来已帮助了37个贫困家庭的孩子上学。她的老乡马秀娟说：

"默涵很有主意，特别能闯。"虽然身高只有1.57米，却能够在全校学生运动会上拿到5000米长跑第六名；她勤奋好学，常受到老师们的称赞；在繁忙的学习、打工之余，她还担任了北大阳光志愿者协会会长。与刘默涵住同一个宿舍的樊华对她非常佩服："我们后来才知道她家里特别困难。她一个柔弱的女孩，却一声不吭，自己扛过去了，根本没让我们察觉到有什么异常。"同学们说刘默涵"特牛"：靠勤工俭学，不仅完全养活了自己，承担了母亲和妹妹的生活费用，还资助了那么多穷孩子上学。叹服之余，很多人困惑："她是怎么做到的？"谁能想到，刘默涵曾经是一个被中学开除的"坏学生"。默涵12岁那年，父亲暴病去世，剩下她与常年卧病在床的母亲和年幼的妹妹相依为命。从此，贫穷和饥饿像影子那样不离左右。上初中时，因为没能按时凑够学费，默涵与老师发生口角，被学校开除了。病弱的母亲四处奔波，刘默涵终于在另一所中学复学了，但一向性情温柔的她变得沉默、尖锐，像只刺猬，动辄便向他人发起进攻。"如果不是遇到丁老师，当时已经厌学的我根本考不上大学，更重要的是，很可能仍然在仇恨和怨怼中挣扎"，提到新初中的班主任丁俊芬老师，刘默涵心中就充满感激之情。当丁老师了解了这个女孩的辛酸生活经历时动情了："那么小就失去父亲太可怜了，被学校开除对她的打击太大了。对于贫困和心理有问题的孩子，做老师的应该付出更多的心血。"丁老师决心为孩子重塑自信。刘默涵说她一辈子都不会忘记丁老师那改变了她人生的话："这个世界上比你苦的人有很多，你永远都不是最苦的那一个；但是通过努力，你可以做最幸福的一个！"丁老师鼓励同学们同默涵交往；说服学校减免了默涵每年数百元的学费，却一直没告诉她，"我觉得贫困孩子的精神压力很大，做老师的应该特别注意保护他们脆弱的心灵。"心里的恨淡了，默涵爱上了学校生活，学习变得很有劲头。她的成绩突飞猛进，两年后，她考上县里最好的高中，荣获全县演讲比赛大奖，担任了学生干部。开朗的笑容开始挂在了她的脸上。"自尊、自信对于在贫困和苦闷中挣扎的人来说太重要了"。刘默涵说，在她"溺水"的刹那，是丁老师递来了爱的"救生圈"。到学校的第二个月，默涵便在学姐的帮助下找了一份家教工作。她开始了边上学边打工的生活。默涵教学生特别认真，花很长时间备课，还常常超时传授学习方法。她成了家教中心最抢手的小老师，最多的时候，同时兼三份家教。为了省钱，默涵"规定"自己一天只吃3元钱的饭菜。她利用周末到博物馆做解说员，晚上顾不上回宿舍又匆匆赶去做家教。冬天，骑车返回的路上，凛冽的寒风打在脸上，灌进衣服里，胃也饿得直痛。她流着泪告诉自己，生活苦不是放弃的理由。樊华说："她这个人让我有着一份敬畏和一份心疼。很少听她抱怨什么，和她在一起却能感受到强大的精神能量。"刘默涵不仅完全解决了自己上学的各种费用，还每年都带回 1500 元供家用，并给妹妹攒够了上大学第一年的几千元学费。放假回家成了她最骄傲和兴奋的节日——见面通常是辉煌的"颁奖典礼"。当舅舅用粗糙的大手接过她用打工钱买的豆浆机时，稳重、刚强的庄稼汉哭了。北京大学助学工作办公室主任杨爱民说，贫困群体往往要面临比富裕群体更多的挫折感。刘默涵的经历最令人深思的是：在被不幸击中时，灵魂如何保持站立的姿势；在走出物质贫困的同时，如何让心灵也走出贫困？

案例 3：屠呦呦，一生倾情青蒿素

1969 年 1 月底，39 岁的卫生部中医研究院实习研究员屠呦呦，忽然接到一项秘密任务：以课题组组长的身份，研发抗疟疾的中草药。应越南的请求，在周恩来的指示下，中国军方从 1964 年起开始抗疟药研究。1967 年 5 月 23 日，国家科学技术委员会和解放军总后勤部在北京召开"抗疟防治药物研究工作协作会议"，代号为"523"项目的大规模药物筛选、研究在全国七省份展开。截至 1968 年，参研机构筛选了万余种化合物和中草药，均未取得理想结果。在这种情况下，1969 年 1 月 21 日，中医研究院受命加入"523"项目。

屠呦呦的同事、曾任中药研究所所长的姜廷良研究员告诉记者，当时正值"文化大革命"，年老的专家"靠边站"，大学时学习药学、毕业后又脱产学习过两年中医、科研功力扎实的屠呦呦，遂被委以重任。

经过无数次失败，屠呦呦终于在中医古籍的启发下获得的青蒿提取物。起初，课题组只有屠呦呦一个人。屠呦呦以常山、胡椒、青蒿等为主要对象，进行重点研究。截至 1971 年 9 月初，她和同事对包括青蒿在内的 100 多种中药水煎煮提物和 200 余个乙醇提物样品进行了各种实验，但结果都令人沮丧：对疟原虫抑制率高的只有 40% 左右。脾气倔强的屠呦呦又开始用心阅读中医典籍，从中寻找灵感。一天，她在阅读东晋葛洪《肘后备急方》时，被其中的一段话"醍醐灌顶"："青蒿一握，以水二升渍，绞取汁，尽服之。"

屠呦呦意识到：温度是提取抗疟中草药有效成分的关键！经过周密思考，屠呦呦重新设计了提取方案，从 1971 年 9 月起对既往筛选过的重点药物及几十种后补药物，夜以继日地进行实验，结果证明：青蒿乙醚提取物去掉其酸性部分，剩下的中性部分抗疟效果好！

在历经数百次的失败后，"幸福终于来敲门"：实验证实，191号青蒿乙醚中性提取物对鼠疟原虫的抑制率达到100%！"获得有效样品只是步，要应用还必须先进行临床试验，这就需要大量的青蒿乙醚提取物。"姜廷良回忆。当时找不到能配合的药厂，课题组只好"土法上马"：用七口老百姓用的水缸作为实验室的常规提取容器，里面装满乙醚，把青蒿浸泡在里面提取试验样品。为不错过当年的临床观察季节，屠呦呦向领导提交了志愿试药报告，并郑重提出："我是组长，我有责任第一个试药！"

1972年7月，屠呦呦等三名科研人员一起住进北京东直门医院，成为首批人体试验的志愿者。经过一周的试药观察，未发现该提取物对人体有明显毒副作用。

此后，课题组再接再厉，在1972年11月获得有效的青蒿素晶体，1973年上半年完成了系列安全性试验，当年秋天用青蒿素胶囊在海南进行了临床试用；与中科院生物物理所、上海有机所等单位合作，在1975年底测定了青蒿素的化学结构。结果表明，青蒿素是一种不含氮的结构完全不同于氯喹的全新药物！

1977年，经卫生部同意，研究论文以"青蒿素结构研究协作组"的名义，在《科学通报》上发表，向全球报告了青蒿素这一重大原创成果。1986年10月，青蒿素获得卫生部颁发的《新药证书》。不仅于此。1973年9月，屠呦呦课题组还发现了疗效更好的青蒿素衍生物——双氢青蒿素。1992年，她历时多年主持研发的青蒿素类新药——双氢青蒿素片获得《新药证书》，并转让投产。该研发项目当年被评为全国十大科技成就，是屠呦呦对中国乃至世界作出的又一重要贡献。

据介绍，近些年来屠呦呦一直关注青蒿素"老药新用"的问题——研究新的适应症。可喜的是，青蒿素治疗红斑狼疮的动物实验疗效不错，目前已经获得临床批件。

荣获国际大奖后，屠呦呦的生活发生了哪些改变？"据我了解，没有什么改变。"廖福龙说，"如果说有改变，就是家里的电话多了，她有点不适应。包括媒体采访，她基本谢绝，希望不要打扰她的生活、能安安静静地做自己的事。"

四、单元小测

（一）单项选择题

1. 现阶段我国各族人民的共同理想是（　　）。
   A. 实现共产主义　　　　　　B. 实现共同富裕
   C. 实现中国特色社会主义　　D. 实行"一带一路"战略

2. 中国工程院院士袁隆平说："书本知识虽然重要，电脑技术也很重要，但是书本电脑里种不出水稻来，只有在田里才能种出水稻来。"意思是（　　）。
   A. 实现理想需要通过实践　　B. 实现理想需要科学技术
   C. 实现理想需要物质基础　　D. 实现理想需要远大目标

3. "现实是此岸，理想是彼岸。中间隔着湍急的河流，行动则是架在川上的桥梁。"形象地说明（　　）。
   A. 理想就是现实　　　　　　B. 现实不能成为理想
   C. 理想是可以自发实现的　　D. 理想的实现必须落实在行动上

4. "失去信念的理想是虚幻的，失去理想的信念是空泛的。"这句话说明，在确立理想信念时，应该（　　）。
   A. 超越人的生活体验和实际行动
   B. 把崇高的理想与坚定的信念结合起来
   C. 学会对不同的理想信念进行辨别和选择
   D. 把个人的理想信念与社会的理想信念结合起来

5. 中国爆炸力学与核试验工程领域著名专家林俊德将军隐姓埋名五十年，参与了中国的全部45次核试验，被追授一等英模勋章，荣获"2012年度感动中国十大人物"荣誉称号。他的事迹说明：（　　）。
   A. 社会理想是国家需要　　　B. 社会理想从属于个人理想
   C. 个人理想是个人的主观意愿　D. 坚持个人理想和社会理想的统一

6. "大道之行也，天下为公。选贤与能，讲信修睦……故外户而不闭，是谓大同"。这里的"大同"指的是一种（　　）。
   A. 社会理想　　B. 道德理想　　C. 职业理想　　D. 生活理想

7. "道虽迩，不行不至；事虽小，不为不成"，出自《荀子·修身》，这表明人应当(　　)。

  A. 立志当高远　　　　　　B. 立志须躬行

  C. 立志做大事　　　　　　D. 立志应及时

8. 马克思中学毕业时即表示要"为人类福利而劳动",毛泽东青年时期便立志"以天下为己任",周恩来在南开时就决心"为中华崛起而读书"。这充分表现了革命领袖志存高远,在年轻时就(　　)。

  A. 确立了理想信念　　　　B. 完成了人生修养的过程

  C. 实现了自己的人生价值　D. 达到了人生奋斗的目标

9. "没有比人更高的山,没有比脚更长的路",习近平总书记在亚太经合组织工商领导人峰会上的演讲中引用的汪国真的这句诗说明人应当(　　)。

  A. 立志当高远　　　　　　B. 立志须躬行

  C. 立志做大事　　　　　　D. 立志应及时

10. 人们在实践中形成的、有可能实现的、对未来社会和自身发展的向往和追求,是人们世界观、人生观和价值观在奋斗目标中的集中体现,指的是(　　)。

  A. 信念　　B. 信仰　　C. 志向　　D. 理想

11. 信念最集中、最高的表现形式是(　　)。

  A. 信仰　　B. 理想　　C. 志向　　D. 意志

12. 理想作为一种精神现象,是人类社会实践的产物。理想源于现实,又超越现实,在现实中有多种类型。从层次上划分,理想有(　　)。

  A. 个人理想和社会理想　　B. 道德理想和政治理想

  C. 生活理想和职业理想　　D. 崇高理想和一般理想

13. 当个人理想同社会理想有矛盾冲突时,我们应该(　　)。

  A. 在社会理想中实现个人理想　B. 使社会理想服从个人理想

  C. 使个人理想服从于社会理想　D. 在个人理想中实现社会理想

14. 正确对待人生顺境与逆境的态度,应该是(　　)。

  A. 孤傲自赏的人生态度　　B. 积极进取的人生态度

  C. 悲观厌世的人生态度　　D. 愤世嫉俗的人生态度

15. 理想是人们在实践中形成的具有(　　)的对美好未来的追求和向往,是人们的世界观、人生观和价值观在人生奋斗目标上的集中体现。

  A. 实现可能性　　　　　　B. 必定实现性

C. 超越客观性　　　　　　D. 历史必然性

16. 由于成长环境和性格等方面的不同，人们会形成不同的理想信念；即使同一个人，也会形成对社会生活不同方面的许多理想信念。这说明理想信念具有（　　）。

　　A. 时代性　　B. 多样性　　C. 共同性　　D. 阶级性

17. "雄心壮志需要有步骤，一步步地，脚踏实地去实现，一步一个脚印，不让它有一步落空"，说明人应当（　　）。

　　A. 立志须躬行　　　　　　B. 立志当高远

　　C. 立志做大事　　　　　　D. 立志有雄心

18. 信念作为人的意识的一部分，是人类特有的一种精神状态，信念对人生的重要作用，体现在信念是人们（　　）。

　　A. 对真理的追求

　　B. 评判事物的标准

　　C. 追求理想的强大动力

　　D. 对客观事物的本质和发展规律的正确反映

19. 理想和现实的统一性表现在（　　）。

　　A. 理想就是现实

　　B. 有了坚定的信念，理想就能变为现实

　　C. 现实是理想的基础，理想是现实的未来

　　D. 理想总是美好的，而现实中既有美好的一面，也有丑陋的一面

20. 追求崇高的理想需要科学的信念，具有坚定社会主义信念的人，坚信（　　）。

　　A. 社会主义必然代替资本主义，全世界最终必然实现共产主义

　　B. 通往共产主义的道路是遥远的，可望不可及

　　C. 社会主义道德将成为所有人自觉的行为习惯和准则

　　D. 不同的团体有相同的信念

21. 理想信念一旦确立，就可以使人方向明确、精神振奋，不论前进的道路如何曲折、人生的境遇如何复杂，都可以使人透过乌云和阴霾，看到未来的希望和曙光，永不迷失前进的方向。这说明理想信念（　　）。

　　A. 提供人生的前进动力　　B. 指引人生的奋斗目标

　　C. 提高人生的精神境界　　D. 指导人生的实践活动

22. 在伦敦海格特公墓马克思的墓碑上，镌刻着马克思的一句名言："哲学家们只是用不同的方式解释世界，而问题在于改变世界。"这说明( )。

　　A. 马克思主义是科学的又是崇高的

　　B. 马克思主义具有持久的生命力

　　C. 马克思主义是一个开放的理论体系

　　D. 马克思主义重视实践、以改造世界为己任

23. 实现理想的根本途径是( )。

　　A. 勇于实践，艰苦奋斗　　　　B. 坚定信念，勇于创新

　　C. 勇于实践，勇于创新　　　　D. 艰苦奋斗，勤俭节约

24. ( )是人的精神世界的核心，是人精神上的"钙"。

　　A. 思想道德　　B. 道德素质　　C. 理想信念　　D. 人生价值

25. 以下关于理想表述错误的是( )。

　　A. 理想带有时代的烙印，在阶级社会中，还必然带有特定阶级的烙印

　　B. 理想之所以能够成为一种推动人们创造美好生活的巨大力量，就在于它不仅具有现实性，而且具有预见性

　　C. 理想是人的主观能动性与社会发展客观趋势的一致性的反映，是人们在正确把握社会历史发展客观规律的基础上形成的，因此理想必然可以实现

　　D. 实践产生理想，理想指引实践，理想与实践的相互作用推动着人们立足现实、着眼未来，在奋斗中追求，在追求中奋斗

26. 现阶段我国各族人民建设中国特色社会主义的共同理想和我们党建立共产主义社会的最高理想，属于人生理想中( )的内容。

　　A. 生活理想　　B. 职业理想　　C. 道德理想　　D. 政治理想

27. 理想和现实的统一性表现在( )。

　　A. 理想就是现实

　　B. 有了坚定的信念，理想就能自动变为现实

　　C. 现实是理想的基础，理想是现实的未来

　　D. 理想总是美好的，而现实中既有美好的一面，也有丑陋的一面

28. 以下关于理想、幻想、空想的表述正确的是( )。

　　A. 理想是个人对幻想空想的改进

　　B. 理想源于实践，具有实现对未来的向往和追求的可能

C. 理想是永恒的，幻想和空想可以随时间的变化而变化

D. 知识渊博的人具有崇高的理想，而空想幻想则源于无知

29. 新时代中国特色社会主义思想明确中国特色社会主义最本质的特征是（　　）。

　　A. "五位一体"总体布局　　　　B. "四个全面"战略布局

　　C. 人民利益为根本出发点　　　D. 中国共产党的领导

（二）多项选择题

1. 理想作为对未来的向往和追求，是（　　）。

　　A. 对现实生活的超越

　　B. 对现实生活中尚未实现的东西的向往

　　C. 人们的要求和期望最集中、最直观的表达

　　D. 违背客观规律从而根本不可能实现的现象

2. 信念强调的是（　　）。

　　A. 情感的倾向性　　　　　　B. 认知的明确性

　　C. 知识的丰富性　　　　　　D. 意志的坚强性

3. 任何信仰都包含的基本方面有（　　）。

　　A. 理想　　　B. 信念　　　C. 真理　　　D. 谬论

4. 理想和信念是密切联系的，它们是同一种人类精神现象，即信仰现象的两个侧面。理想信念的基本特点有（　　）。

　　A. 思想性与实践性　　　　　B. 时代性与阶级性

　　C. 多样性与共同性　　　　　D. 强制性与滞后性

5. 理想信念之所以能够成为一种推动人生实践和社会生活的巨大力量，就是由于它（　　）。

　　A. 具有实践性　　　　　　　B. 停留于主观领域

　　C. 能够促进人们改造世界的活动　D. 能够化为人们行动的热情和意志

6. 从理想的内容上可划分为（　　）。

　　A. 社会政治理想　　　　　　B. 道德理想

　　C. 职业理想　　　　　　　　D. 生活理想

7. 确立对于马克思主义的坚定信仰，需要（　　）。

　　A. 相信马克思主义理论的正确性

B. 把马克思主义信仰等同于一种宗教信仰

C. 把马克思主义理论看作众多理论流派中的一个

D. 用马克思主义理论来武装自己的头脑，指导自己的行动

8. 现阶段我国各族人民共同理想信念的基本内容是(　　)。

　　A. 建立共产主义　　　　　　B. 坚定对中国共产党的信任

　　C. 实现中华民族伟大复兴　　D. 走中国特色社会主义建设道路

9. 共产党人的最高理想就是在全世界实现共产主义的社会制度。共产主义社会是(　　)。

　　A. 劳动成为谋生手段的社会

　　B. 物质财富极大丰富的社会

　　C. 每个人自由而全面发展的社会

　　D. 人民精神境界极大提高的社会

10. 确立和践行正确的理想信念离不开(　　)。

　　A. 读书学习　　B. 好高骛远　　C. 亲身实践　　D. 痴心妄想

11. 人们在确立自己的理想信念时，应该(　　)。

　　A. 把科学的理想和非科学的幻想、空想结合起来

　　B. 把崇高的理想信念和坚定的信念结合起来

　　C. 把个人的理想信念与社会的理想信念结合起来

　　D. 学会对不同的理想信念进行辨别和选择

12. 把理想变为现实的条件是(　　)。

　　A. 具有艰苦奋斗精神　　　　B. 具有献身精神

　　C. 具有科学知识　　　　　　D. 坚持向往与实干、理论与实践统一

13. 在追求理想的过程中，需要充分认识理想实现过程的(　　)。

　　A. 长期性　　B. 曲折性　　C. 艰巨性　　D. 随意性

14. 理想与现实本来就是一对矛盾，它们是对立统一的关系。对立统一体现在(　　)。

　　A. 理想来源于现实，在将来又会变成新的现实

　　B. 理想是未来的，现实是当下的

　　C. 理想是主观的，现实是客观的

　　D. 理想是完美的，现实是有缺陷的

15. 下列内容中，属于理想特征的是(　　)。

A. 时代性　　　B. 实践性　　　C. 政治性

D. 超越性　　　E. 执着性

16. 下列内容中，属于信念特征的是(　　)。

A. 多样性　　　B. 实践性　　　C. 政治性

D. 超越性　　　E. 执着性

17. 信念和信仰的关系是(　　)。

A. 信念是信仰的最高表现形式

B. 信仰是信念的最高表现形式

C. 信念和信仰都是人的精神支柱

D. 非科学信念不属于信仰，科学信念属于信仰

E. 信仰属于信念，是信念的一部分

18. 理想信念对人生的重要意义主要体现在(　　)。

A. 昭示奋斗目标　　　　　　B. 提供前进动力

C. 提高精神境界　　　　　　D. 实现人生价值

E. 创造社会财富

19. 以下选项中，对理想的含义和特征描述正确的是(　　)。

A. 理想是一种精神现象

B. 理想是人们在实践中形成的、有实现可能性的、对未来社会和自身发展目标的向往和追求

C. 理想是人们的世界观、人生观和价值观在奋斗目标上的集中体现

D. 理想源于现实，又超越现实

E. 理想与阶级、阶层无关

20. 以下关于信念的表述正确的是(　　)。

A. 是对美好未来的向往和追求

B. 是对客观事物的本质和发展规律的正确反映

C. 是认知、情感和意志的有机统一体

D. 人们在一定的认识基础上确立的对某种思想或事物坚信不疑并身体力行的心理态度和精神状态

E. 离开信念这种对奋斗目标的执着向往和追求，理想寸步难行

21. 我们之所以要确立马克思主义的科学信仰，是因为(　　)。

A. 马克思主义体现了科学性和革命性的统一

B. 马克思主义具有鲜明的实践品格

C. 马克思主义具有持久生命力

D. 马克思主义穷尽了世间一切真理

E. 马克思是个名人

22. 对于理想和现实的关系，正确的理解有（　　）。

A. 理想不等同于现实，不是立即可以实现的

B. 在任何条件下，理想都能够转化为现实

C. 现实是理想的基础，理想是由对现实的认识发展而来的

D. 现实是不完善和有缺陷的，理想的生命力表现为对现实的否定

E. 理想可以转化为现实，但这个转化是有条件的，是个艰苦奋斗的过程

23. 以下关于艰苦奋斗的表述正确的有（　　）。

A. 艰苦奋斗是老一辈的事，当代青年不需要艰苦奋斗

B. 一个没有艰苦奋斗精神作支撑的国家，是难以发展进步的

C. 一个没有艰苦奋斗精神作支撑的民族，是难以自立自强的

D. 一个没有艰苦奋斗精神作支撑的政党，它的事业是难以兴旺发达的

E. 艰苦奋斗是实现理想的重要条件

（三）判断题

1. 追求共产主义远大理想与坚定中国特色社会主义共同理想是统一的。（　　）

2. 艰苦奋斗是实现理想是重要条件，艰苦奋斗的主旨在于艰苦，其价值在于为事业而奋斗。（　　）

3. 理想作为一种精神现象，是人类社会想象的产物。（　　）

4. 信念是一种单纯的知识和想法。（　　）

5. 理想源于现实，又超越现实。（　　）

6. 人的理想信念是人生目的的一般体现，是人生发展的外在动力。（　　）

7. 理想信念能指引一个人走什么样的人生道路。（　　）

第三章
弘扬中国精神

一、目的要求

1. 了解中国精神的主要内容,理解民族精神和时代精神的统一,明确实现中国梦必须弘扬中国精神。

2. 了解爱国主义的基本内涵及其时代要求,掌握自觉维护国家利益、促进民族团结、维护祖国统一、增强国防观念的重要意义,培养民族自信心和自豪感,增强国家安全意识,努力做一个忠诚的爱国者。

3. 认识到改革创新是青春远航的强大动力,明确改革创新的时代要求,树立改革创新的自觉意识,增强改革创新的能力本领,做改革创新的生力军。

二、阅读文献

阅读文献一:习近平关于实现中国梦必须弘扬中国精神的讲话(节选)

中华民族具有5000多年连绵不断的文明历史,创造了博大精深的中华文化,为人类文明进步作出了不可磨灭的贡献。经过几千年的沧桑岁月,把我国56个民族、13亿多人紧紧凝聚在一起的,是我们共同经历的非凡奋斗,是我们共同创造的美好家园,是我们共同培育的民族精神,而贯穿其中的、更重要的是我们共同坚守的理想信念。

——《在第十二届全国人民代表大会第一次会议上的讲话》(2013年3月17日)

实现中国梦必须弘扬中国精神。这就是以爱国主义为核心的民族精神,以改革创新为核心的时代精神。这种精神是凝心聚力的兴国之魂、强国之魂。爱国主义始终是把中华民族坚强团结在一起的精神力量,改革创新始终是鞭策我们在改革开放中与时俱进的精神力量。全国各族人民一定要弘扬伟大的民族精神和时代精神,不断增强团结一心的精神纽带、自强不息的精神动力,永远朝气蓬勃迈向未来。

——《在第十二届全国人民代表大会第一次会议上的讲话》(2013年3月17日)

新中国成立后,"高炉卫士"孟泰、"铁人"王进喜、"两弹元勋"邓稼先、"知识分子的杰出代表"蒋筑英、"宁肯一人脏、换来万人净"的时传祥等一大批先进模范,响应党的号召,带动广大群众自力更生、奋发图强。王进喜以"宁肯少活20年,拼命也要拿下大油田"的气概,带领石油工人为我国石油工业发展顽强拼搏,"铁人精神""大庆精神"成为激励各族人民意气风发投身社会主义建设的强大精神力量。

——《在同全国劳动模范代表座谈时的讲话》(2013年4月28日)

实现中国梦,必须弘扬中国精神。用以爱国主义为核心的民族精神和以改革创新为核心的时代精神振奋起全民族的"精气神"。

——在接受拉美三国媒体联合采访时的答问(2013年5月)

具有强烈的爱国情怀,是对我国科技人员第一位的要求。科学没有国界,科学家有祖国。广大科技人员要牢固树立创新科技、服务国家、造福人民的思想,把科技成果应用在实现国家现代化的伟大事业中,把人生理想融入为实现中华民族伟大复兴的中国梦的奋斗中。

——在中国科学院考察工作时的讲话(2013年7月17日)

载人航天事业的成就,充分展示了伟大的中国道路、中国精神、中国力量,坚定了全国各族人民实现中华民族伟大复兴的中国梦的决心和信心。

——在会见神舟十号载人飞行任务航天员和参研参试人员代表时的讲话(2013年7月26日)

在中华民族几千年绵延发展的历史长河中,爱国主义始终是激昂的主旋律,始终是激励我国各族人民自强不息的强大力量。不论树的影子有多长,根永远扎在土里;不论留学人员身在何处,都要始终把祖国和人民放在心里。

——《在欧美同学会成立100周年庆祝大会上的讲话》(2013年10月21日)

希望广大留学人员继承和发扬留学报国的光荣传统,做爱国主义的坚守者和传播者,秉持"先天下之忧而忧,后天下之乐而乐"的人生理想,始终把国家富强、民族振兴、人民幸福作为努力志向,自觉使个人成功的果实结在爱国主义这棵常青树上。

——《在欧美同学会成立100周年庆祝大会上的讲话》(2013年10月21日)

阅读文献二:中国精神——电视政论片《百年潮·中国梦》解说词(三)

【解说】

毛泽东在民族危难、抗日救亡之际,曾气吞山河地宣示:"我们中华民族有同自己的敌人血战到底的气概,有在自力更生的基础上光复旧物的决心,有自立于世界民族之林的能力。"

鲁迅先生曾在《中国人失掉自信力了吗?》一文中有过这样精辟的论述:"中国自古以来,就有埋头苦干的人,就有拼命硬干的人,就有为民请命的人,就有舍身求法的人……他们是中国的脊梁。"先生还在《学界三魂》中坚定地指出:"惟有民魂是值得宝贵的,惟有它发扬起来了,中国才有真进步。"

这是怎样的一个民族?这是怎样的一国人民?是什么支撑着这个古老而神奇的民族立于世界万邦之林,生生不息、代代相传?中华文明为什么能够源远流长、历久弥新?为什么能够持续不断地焕发出勃勃生机和新的活力?

当我们徜徉在五千多年的文明历史长河中,当我们跋涉在卷帙浩繁的文化典籍里,当我们从960多万平方公里的山野川泽追寻答案……蓦然发现,有一种特殊的基因,在支撑着这个民族一次又一次从灾难中奋起,这种基因就是伟大的中国精神!

【同期声】习近平

实现中国梦必须弘扬中国精神,这就是以爱国主义为核心的民族精神,以改革创新为核心的时代精神。

全国各族人民一定要弘扬伟大的民族精神和时代精神,不断增强团结一心的精神纽带、自强不息的精神动力,永远朝气蓬勃、迈向未来。

【解说】

中国梦意味着中国人民和中华民族的价值体认和价值追求,意味着全面建成小康社会、最终实现中华民族伟大复兴,意味着每一个人都能在为中国梦的奋斗中同时实现自己的梦想,意味着中华民族团结奋斗的最大公约数,意味着中华民族为人类和平与发展作出更大贡献的真诚意愿。

上下五千年,纵横八万里。北京猿人钻木取火的智慧,神农氏遍尝百草的坚韧,尧舜禅让的谦和,文景之治的和谐,贞观长歌的励精图治,康乾盛世的雍容大度,戊戌变法的图强之志,驱逐列强的浩然正气,抗击日寇的同仇敌忾,创建新中国的浴血奋战,改革开放的勇气与胆魄……历史长河中的一首首浩歌,无不光耀着伟大的中国精神。

【采访】中共中央党校原副校长 李君如

中国精神它的历史背景、文化积淀,可以从"源"和"流"两方面去考察。"源"就是我们的实践,我们的社会生活;"流",一是中国历史的文化传承,二是当下人们在改革开放现代化进程中，形成的精神的追求，这两种追求结合在一起，就成为我们今天的一种精神力量。

【解说】

五千多年的华夏文明创造了博大精深的中华文化，中华文化积淀着最深沉的精神追求和独特的精神标志，成为中华民族生生不息、永固发展的丰厚滋养。

台湾学者柏杨在《中国人史纲》中写道："中国像一个巨大的立方体，在排山倒海的浪潮中，它会倾覆，但在浪潮退去后仍顽强地矗立在那里，以另一面正视世界，永不消失、永不沉没。"达尔文也曾讲过：相对于其他文明，中华文明更具有典范意义。我们完全可以理解这种"典范意义"的内核便是中国精神。显然，中国精神是凝心聚力的兴国之魂、强国之魄。

【采访】国防大学马克思主义研究所研究员　颜晓峰

中国精神标志着中华民族的精神境界，它包含着民族的共同理想信念和价值观念，为中华儿女构建了永久的精神家园，为各族同胞提供了牢固的价值认同，是中华民族的强大精神动力，无论是英雄人物还是普通群众，都是中国精神的承载者和践行者。

【解说】

古人"先天下之忧而忧，后天下之乐而乐"的政治抱负；"位卑未敢忘忧国""苟利国家生死以，岂因祸福避趋之"的报国情怀；"富贵不能淫，贫贱不能移，威武不能屈"的浩然正气；"人生自古谁无死，留取丹心照汗青""鞠躬尽瘁，死而后已"的献身精神……无不彰显了中华民族的优秀传统文化和民族精神。

【采访】西北大学中国思想文化研究所所长　张岂之

什么是中国精神？什么是中国优秀传统文化？我觉得中国优秀传统文化，积淀在，积淀这个词很重要，也很好，积淀在12个理念上：一个理念自强不息，还一个理念道法自然、天人和谐、居安思危、诚实守信、厚德载物、以民为本、仁者爱人、尊师重道、和而不同、日新月异、天下大同。

【解说】

爱国——是中华民族凝聚一体的精神动力。

归宗炎黄、溯源华夏、国家兴亡、匹夫有责、救国救民、爱国爱乡、恋土归根、报效桑梓等，构成了爱国主义的传统要义。早在先秦时期的《战国策》就提出"爱国"一词，东汉荀悦的《汉纪》中已有"爱国如家"的说法，这种国家观、民族观、历史观、文化观，构成了爱国主义的不竭源泉。屈原、岳飞、辛弃疾、文天祥是如此，郑成功、施琅、林则徐、邓世昌也是如此，他们都是耸立在中华文明史上的一座座丰碑。

中国共产党自诞生之日就承担起了争取民族独立、人民解放和实现国家富强、人民幸福的历史任务。推翻三座大山，结束旧中国一盘散沙的局面，实现国家统一和各民族空前团结，为振兴中华打下坚实基础，充分体现了爱国主义的深厚情怀。

中华民族在五千年文明史中，创造了自己独特的精神家园。每当中华民族在繁衍发展过程中遭遇到困难、挫折，精神家园总会给人们以智慧和力量，战胜千难万险。

《史记》中有"舜耕历山"的记载，颂扬了古代圣贤身体力行、勤于劳作的高尚品德；大禹治水，三过家门而不入，体现了勤勉奉公、刻苦耐劳的精神；北山愚公"每天挖山不止"，体现了坚忍不拔、锲而不舍的民族风貌……南泥湾精神、张思德精神、大庆精神、雷锋精神、焦裕禄精神、"两弹一星"精神、红旗渠精神、载人航天精神等，无不闪耀着中华民族的精神光辉。

毛泽东指出："中国人从来就是一个伟大的、勇敢的、勤劳的民族。"习近平一再强调，空谈误国，实干兴邦。实现中华民族伟大复兴这一历史任务，光荣而艰巨，需要一代又一代中国人不懈地为之共同努力奋斗，需要不断弘扬在漫长历史中积淀和发展的民族精神。

中国的改革，千头万绪，归根到底还是一个"人"字。农民育种家沈昌健书柜里存放着23个笔记本，是一家两代人进行杂交油菜实验的原始记录。翻开最早一本的扉页，上面写着："1978年秋，沈克泉。"

沈克泉是沈昌健的父亲。1978年，沈克泉在贵州养蜂。7月的一天，路边3株野生油菜引起他的注意。湖南的油菜5月份就已经成熟收割，而眼前这3株竟还在开花，不仅植株壮硕，分枝还特别多。沈克泉如获至宝，立即兴致勃勃地带回家乡播种。

从研究杂交油菜开始，沈克泉留起了胡须，并发誓不成功不剃须。

【同期声】农民　沈克泉

就说我，是一个农民，一个种田的黑腿杆，想要搞出个科学来，那是自己梦想天开。

【解说】

没有专业分析、没有专业仪器，沈克泉父子只能用肉眼观察，凭记录总结规律。

1000多次反反复复的失败，沈克泉的青黑胡茬儿变为长白美髯，不过他终于培育出了双低（低芥酸、低硫甙）的油菜种子"贵野A"。专家们惊叹，"贵野A"的恢复系本身就很难找，能让不育系、保持系、恢复系3系配套，农民育种家做到这一步，太了不起了。2004年，沈克泉父子繁育的"贵野A"不育系材料油菜新组合，终于荣获国家发明专利证书。

2009年12月8日，70岁的沈克泉走到了生命的尽头，老人把全家人叫到床前，他说："我没有时间了。油菜事业不要丢，坚持下去，一定会成功的！"

沈克泉去世后，沈昌健依然坚持着油菜育种，如今，沈昌健的"沈油杂"202、819已进入区域试验环节。2014年2月，沈昌健及其父亲沈克泉荣获感动中国2013年度人物。

沈昌健一家人，就这样在劳动中探索科技，在困境中永不放弃，在实干中超越自我，终于创造了人间奇迹！

"历览前贤国与家，成由勤俭败由奢。"先哲圣贤们从家族兴衰、社稷兴亡、朝代更替的无数历史教训中，提出深刻的警示。

诸葛亮在《诫子书》中说："夫君子之行，静以修身，俭以养德，非淡泊无以明志，非宁静无以致远。"在中国社会发展的各个时期，艰苦朴素、勤劳节俭都被作为一种被社会普遍认同的传统美德，得到倡导、保持和发扬。

习近平在十八届中央纪委二次全会上告诫全党，各级领导干部要以身作则、率先垂范，说到的就要做到，承诺的就要兑现。要坚持勤俭办一切事业，坚决反对讲排场比阔气，坚决抵制享乐主义和奢靡之风。要大力弘扬中华民族勤俭节约的优秀传统，大力宣传节约光荣、浪费可耻的思想观念，努力使厉行节约、反对浪费在全社会蔚然成风。

勤俭节约是中华民族的传统美德，它代表的是一种进取精神，是一个民族奋发向上的精神风貌。

爱好和平，团结互助，构成了源远流长的中华和合文化。孔子提出"小人同而不和，君子和而不同"的命题，追求"和合"的君子境界，主张社会中的人际关系讲求和谐、注重和合、团结互助，提升社会及组织的亲和力，提高中华民族的凝聚力、向心力。

厚德载物，恪守信用，是中华民族五千年道德文明的精华。孔子在《论语》中曾38次提到"信"字。作为传统的道德规范，"信"是立身处世、自我修养的基础。人无信不立、企业无信不成长、城市无信不繁荣、社会无信不稳定。构建信用社会，是我们国家走向现代化的重要标志之一。

这位91岁高龄、有着60多年党龄的老人，是开国将军甘祖昌的夫人，又是江西萍乡莲花县一名社区工作人员。她主动放弃大城市优越的生活条件，选择回家乡与乡亲们一道建设美好家园。

她坚守着革命前辈的优良传统，更孜孜不倦地将其传播到青少年中间。龚全珍不但多次捐款救灾、资助贫寒学生、帮扶困难家庭，用点点滴滴的爱滋润乡里，而且有着更大的担当，她组建志愿者服务队、创新社区管理机制、致力于革命老区的教育事业，将个人的精神力量不断壮大成一种风气。龚全珍以实际行动践行着共产党人的使命与信念。

【同期声】习近平

我看到她以后，我这个心里就是一阵的感动。她和甘祖昌将军一起艰苦奋斗过来，现在仍然在弘扬这种精神，而看到她又被选为全国道德模范，出席我们今天的会议，我感到很欣慰。就是要把这样一种革命传统精神弘扬下去，不仅我们这一代人要传承，我们的下一代，也要一代一代地传承下去，向老阿姨表示致敬！

【解说】

道德模范是社会主义道德建设的重要旗帜。弘扬真善美，传播正能量，激励人民群众崇德向善、见贤思齐，鼓励全社会积善成德、明德惟馨，必将为实现中华民族伟大复兴的中国梦凝聚起强大的精神力量和有力的道德支撑。

"最美妈妈"吴菊萍——杭州一名妈妈徒手接住坠楼女童。

"最美婆婆"陈贤妹——广州佛山一名拾荒阿婆从车下救出两岁女童。

"最美教师"张丽莉——80后女教师为救学生失去双腿。

"最美司机"吴斌——忍着剧痛，以超人的意志力减速停车，用生命的最后一丝力气挽救了全车人的性命。

"最美爸爸"黄小荣、"最美乡村教师"马复兴、"最美乡村医生"周月华、"最美洗脚妹"刘丽……"最美现象"从开始的一株株"盆景"发展成为一片引人入胜的"风景"，形成"美"的种子随风飘扬、处处生根、生命力极强的"蒲公英效应",绽放出姹紫嫣红春天的美丽。

【采访】中国伦理学学会会长　万俊人

任何一个社会都需要道德典范,道德典范是公众效仿或者学习的样板。一个时代都有一个时代的典范,历史上这样的典范人物很多,所以"最美人物"或者"最美现象"就是我们这个时代的道德典范,它可以给公众一种示范引领的作用。

【解说】

全社会的思想道德建设,激发出人们善良的道德意愿、道德情操,培育人们正确的道德判断力和道德责任感,从而引领人们崇尚道德、遵守道德,形成全社会向善、向上的力量。国无德不兴,人无德不立——中华文化丰沛的传统美德,永远是中国人精神家园的和煦阳光。

20世纪70年代末,《芝加哥论坛报》记者蒂姆与其他7名美国记者,成为新中国成立后第一批常驻中国的新闻工作者。30年后,他再次来到北京时,以记者敏锐的眼光发出感叹:美国的现代化发展用了一二百年时间,而中国仅在30年的时间里就变得足以让世人惊讶!变化最大、最深刻的是每一个普普通通的中国人——这是一个开放、自信、自强、创新的民族。

回首改革开放走过的波澜壮阔的历程:第一次建立家庭联产承包责任制乡村、第一个农民专业合作社、第一个个体工商户、第一次实行厂长负责制的工厂、第一个股份制企业、第一个上市公司、第一个股份制商业银行……这一个又一个"第一",正意味着一次次奋勇突破、一次次开拓进取。

深圳特区被誉为共和国改革的"长子",最独具魅力的品格就是改革创新。改革创新是深圳的根、深圳的魂。穿越30多年的风雨历程,改革开放在深圳奏响了华彩乐章:深圳GDP年均增长25.8%,从一个3万人口的边陲小镇快速崛起为一座承载人口超过1400万、产业发达、交通便利、功能完备、设施先进、环境优美的现代化大都市,是中国特色社会主义活力绽放和光明前景的生动写照。

【采访】全国政协社会和法制委员会副主任　施芝鸿

那么我们如果回望历史、展望未来的话,我们可以自豪地说,改革创新精神就是推动我国新时期解放思想,解放和发展社会生产力,解放和增强社会活力的强大的动力,也是我们党和人民的事业大踏步赶上时代潮流的一个重要的法宝。

【解说】

"敢想,敢闯,敢为天下先"——是锐意进取、开拓创新精神的大写意,是激励我们提升自主创新能力、建设创新型国家的内生动力。

中国精神包含民族精神和时代精神。社会主义核心价值观正是中国精神的内核,也是时代主流价值的体认。

核心价值观是文化软实力的灵魂、文化软实力建设的重点。历史和现实都表明,构建具有强大感召力的核心价值观,关系社会和谐稳定,关系国家长治久安。

社会主义核心价值观使人们超越民族、血缘、语言、地域等方面的区别,跨越阶层、行业、职业、利益等方面的差异,熔铸起实现中国梦不可缺失的精神支柱。

随着综合国力的提升、科学技术的进步、人的综合素质的提高、思想眼界的开阔,中国人更加自信、自强、自由、自律、自尊,这样的人格日益外化为行动的力量,推动着文明进步的车轮滚滚向前。

在中国走向世界、走向现代化、走向未来的进程中,改革创新成为中国精神的主旋律,中国精神折射出时代进步的潮流。

百年回眸,以爱国主义为核心的民族精神薪火相传,振奋着民族复兴的梦想车轮奋勇前行。

30年回眸,以改革创新为核心的时代精神鼓荡神州,激励着我们在逐梦的道路上开拓奋进。

国家强盛,人民的幸福才会有坚实的依托。

中国精神越茁壮,人们的梦想才会拥有更为广阔的空间。

华夏子孙共筑中国梦:积力所举无不胜,众志所为无不成。

有了梦想,就有了前行的方向;有了精神,就插上了使梦想变成现实的飞翔的翅膀。

中国精神在逐梦的征程中交融激荡,中国梦瑰丽的蓝图在中国精神的激励下,必将描绘得异彩纷呈……

阅读文献三:习近平论爱国主义——十八大以来重要论述摘编

中华民族的昨天,正可谓,"雄关漫道真如铁"我们这个民族,近代以后,遭受苦难之重,付出牺牲之巨大,这在世界历史上都是罕见的。但是中国人民从不屈服，不断奋起抗争，我们也终于掌握了自己的命运。我们开始安排自己国家的建设的伟大进程。这充分展示了以爱国主义为核心的伟大的民族。历史告诉我们，每个人的前途命运都与国家和民族的前途命运紧密相连。国家好，民族好，大家才会好。

——2012年11月29日在参观《复兴之路》展览时的讲话

我们要坚持走和平发展道路，但决不能放弃我们的正当权益，决不能牺牲国家核心利益。任何外国不要指望我们会拿自己的核心利益做交易，不要指望我们会吞下损害我国主权、安全、发展利益的苦果。中国走和平发展道路，其他国家也都要走和平发展道路，只有各国都走和平发展道路，各国才能共同发展，国与国才能和平相处。

——2013年1月28日在中共中央政治局第三次集体学习时的讲话

在中华民族几千年绵延发展的历史长河中，爱国主义始终是激昂的主旋律，始终是激励我国各族人民自强不息的强大力量。不论树的影子有多长，根永远扎在土里；不论留学人员身在何处，都要始终把祖国和人民放在心里。

——2013年10月21日在欧美同学会成立100周年庆祝大会上的讲话

对中国人民和中华民族的优秀文化和光荣历史，要加大正面宣传力度，通过学校教育、理论研究、历史研究、影视作品、文学作品等多种方式，加强爱国主义、集体主义、社会主义教育，引导我国人民树立和坚持正确的历史观、民族观、国家观、文化观，增强做中国人的骨气和底气。

——2013年12月30日在中共中央政治局第十二次集体学习时的讲话

少年儿童不可能像大人那样为社会做很多事，但可以从小做起，每天都可以想一想，对祖国热爱吗？对集体热爱吗？学习努力吗？对同学们关心吗？对老师尊敬吗？在家孝敬父母吗？在社会上遵守社会公德吗？对好人好事有敬佩感吗？对坏人坏事有义愤感吗？这样多想一想，就会促使自己多做一做，日积月累，自己身上的好思想、好品德就会越来越多了。

——2014年5月30日在北京市海淀区民族小学主持召开座谈会时的讲话

长期以来，一代又一代海外侨胞，秉承中华民族优秀传统，不忘祖国、不忘祖籍、不忘身上流淌的中华民族血液，热情支持中国革命、建设、改革事业，为中华民族发展壮大、促进祖国和平统一大业、增进中国人民同各国人民的友好合作作出了重要贡献。

中国梦是国家梦、民族梦，也是每个中华儿女的梦。广大海外侨胞有着赤忱的爱国情怀、雄厚的经济实力、丰富的智力资源、广泛的商业人脉，是实现中国梦的重要力量。只要海内外中华儿女紧密团结起来，有力出力，有智出智，团结一心奋斗，就一定能够汇聚起实现梦想的强大力量。

——2014年6月6日在会见第七届世界华侨华人社团联谊大会代表时的讲话

  以爱国主义为核心的伟大民族精神是中国人民抗日战争胜利的决定因素。古往今来，任何一个有作为的民族，都以自己的独特精神著称于世。爱国主义是中华民族民族精神的核心。近代以来，中国人民为争取民族独立和解放进行的一系列抗争，就是中华民族觉醒的历史进程，就是中华民族精神升华的历史进程。这种民族觉醒和民族精神升华，在抗日战争时期达到了全新的高度。正如毛泽东同志所说："这个战争促进中国人民的觉悟和团结的程度，是近百年来中国人民的一切伟大的斗争没有一次比得上的。"面对民族存亡的空前危机，中国人民的爱国热情像火山一样迸发出来。全体中华儿女众志成城、共御外侮，为民族而战，为祖国而战，为尊严而战，汇聚起气势磅礴的力量。中国人民抱定了"我们万众一心，冒着敌人的炮火前进"的决心，抱定了血战到底、抗战到底的信念，谱写了惊天地、泣鬼神的爱国主义篇章。

——2014年9月3日在纪念中国人民抗日战争暨世界反法西斯战争胜利69周年座谈会上的讲话

  唐代韩愈说："师者，所以传道授业解惑也。""传道"是第一位的。一个老师，如果只知道"授业""解惑"而不"传道"，不能说这个老师是完全称职的，充其量只能是"经师""句读之师"，而非"人师"了。古人云："经师易求，人师难得。"一个优秀的老师，应该是"经师"和"人师"的统一，既要精于"授业""解惑"，更要以"传道"为责任和使命。好老师心中要有国家和民族，要明确意识到肩负的国家使命和社会责任。

——2014年9月9日同北京师范大学师生代表座谈时的讲话

  爱国主义是中华民族精神的核心。爱国主义精神深深植根于中华民族心中，是中华民族的精神基因，维系着华夏大地上各个民族的团结统一，激励着一代又一代中华儿女为祖国发展繁荣而不懈奋斗。五千多年来，中华民族之所以能够经受住无数难以想象的风险和考验，始终保持旺盛生命力，生生不息，薪火相传，同中华民族有深厚持久的爱国主义传统是密不可分的。

  中国共产党是爱国主义精神最坚定的弘扬者和实践者，始终把实现中华民族伟大复兴作为自己的历史使命。90多年来，我们党团结带领全国各族人民进行的革命、建设、改革实践，是爱国主义的伟大实践，写下了中华民族爱国主义精神的辉煌篇章。

弘扬爱国主义精神，必须把爱国主义教育作为永恒主题。要把爱国主义教育贯穿国民教育和精神文明建设全过程。要深化爱国主义教育研究和爱国主义精神阐释，不断丰富教育内容、创新教育载体、增强教育效果。要充分利用我国改革发展的伟大成就、重大历史事件纪念活动、爱国主义教育基地、中华民族传统节庆、国家公祭仪式等来增强人民的爱国主义情怀和意识，运用艺术形式和新媒体，以理服人、以文化人、以情感人，生动传播爱国主义精神，唱响爱国主义主旋律，让爱国主义成为每一个中国人的坚定信念和精神依靠。要结合弘扬和践行社会主义核心价值观，在广大青少年中开展深入、持久、生动的爱国主义宣传教育，让爱国主义精神在广大青少年心中牢牢扎根，让广大青少年培养爱国之情、砥砺强国之志、实践报国之行，让爱国主义精神代代相传、发扬光大。

弘扬爱国主义精神，必须坚持爱国主义和社会主义相统一。我国爱国主义始终围绕着实现民族富强、人民幸福而发展，最终汇流于中国特色社会主义。祖国的命运和党的命运、社会主义的命运是密不可分的。只有坚持爱国和爱党、爱社会主义相统一，爱国主义才是鲜活的、真实的，这是当代中国爱国主义精神最重要的体现。今天我们讲爱国主义，这个道理要经常讲、反复讲。

弘扬爱国主义精神，必须维护祖国统一和民族团结。在新的时代条件下，弘扬爱国主义精神，必须把维护祖国统一和民族团结作为重要着力点和落脚点。要教育引导全国各族人民像爱护自己的眼睛一样珍惜民族团结，维护全国各族人民大团结的政治局面，不断增强对伟大祖国、中华民族、中华文化、中国共产党、中国特色社会主义的认同，坚决维护国家主权、安全、发展利益，旗帜鲜明地反对分裂国家图谋、破坏民族团结的言行，筑牢国家统一、民族团结、社会稳定的铜墙铁壁。

弘扬爱国主义精神，必须尊重和传承中华民族历史和文化。对祖国悠久历史、深厚文化的理解和接受，是人们爱国主义情感培育和发展的重要条件。中华优秀传统文化是中华民族的精神命脉。要努力从中华民族世世代代形成和积累的优秀传统文化中汲取营养和智慧，延续文化基因，萃取思想精华，展现精神魅力。要以时代精神激活中华优秀传统文化的生命力,推进中华优秀传统文化创造性转化和创新性发展,把传承和弘扬中华优秀传统文化同培育和践行社会主义核心价值观统一起来,引导人民树立和坚持正确的历史观、民族观、国家观、文化观,不断增强中华民族的归属感、认同感、尊严感、荣誉感。

三、典型案例

案例1:黄伯云,让中国飞机"自主"落地

黄伯云,1945年出生于湖南南县,中南大学校长,中国工程院院士,1980年留学美国,是中国改革开放后第一个在美国完成硕士、博士、博士后的归国留学人员。1988年,黄伯云回国,他把研究目标锁定在世界航空制动领域最先进的材料——碳/碳航空制动材料(即飞机刹车片)的研制上。

飞机的起降和滑行都离不开安装在飞机轮子里面的刹车片,如果刹车片失灵飞机就会冲出跑道,造成机毁人亡。国际上通用的航空刹车片有金属盘和碳陶盘两种。而用碳/碳复合材料制造的刹车片,具有重量轻、性能好、耐高温、寿命长等特点,被制造业称为"黑色的金子"。多年来,中国航空刹车片全部依赖进口,每年要花费大量外汇。更致命的是,这导致中国的航空事业受制于人。如果国外对中国实行零部件禁运,中国的航空战略安全即受到威胁。

黄伯云就是憋着一口气回来的,他内心深处的目标是"要搞就要搞世界第一"。不料,研究首先却是从屈辱开始的。为了节省时间、少走弯路,黄伯云想到与一个航空大国进行合作。黄伯云到该国很有名的公司去访问,接待他的公司负责人说:"很抱歉,你们不能参观我们的生产车间。"黄伯云听了,心里很不是滋味,但为了加快研究进程,他还是买回了一个开价几百万美元的产品。可课题组对产品进行解剖发现,这个产品竟是个废料。外国专家轻视的话语和愚弄的做法,使得黄伯云在气愤之余,体会到深深的屈辱——为人所瞧不起的屈辱。

他自问:"没有自主创新的东西怎么能在世界上立足?"

1996年,黄伯云和同事们完成了"高性能碳/碳航空制动材料制备技术"的实验室基础研究。时间转眼就到了2000年。9月,在模拟飞机试验中,刹车片温度急剧升高，摩擦系数严重下降，课题组在最后关头失败了。

作为项目的主帅，黄伯云说："那个时候连睡觉都很难，安眠药吃一两次都不能解决问题，痛苦得难以想象！"当时，他平均每天工作时间达12个小时，时常通宵达旦。一天，医生刚给他做完手术，他就马上赶回学校投入实验。突然，他感到腹部胀痛，裤腿湿润。他到卫生间一看，原来是出血染红了大腿。他到医院作了简单处理后，不顾医生要他卧床休息的要求，又返回实验室继续工作。

一遍遍地推倒重来，一项项检查、一点点琢磨，改进工艺、添加新的材料……一年多后，成功终于降临，黄伯云终于让无数个看不见、摸不着的碳原子听从指挥，有序排列，形成了完整的"高性能碳/碳航空制动材料的制备技术"。2003年9月，大型民用飞机上的试飞试验全部完成，中国飞机依赖进口刹车片才能"落地"的历史被改写了。

此时，当年卖给黄伯云废料的那个国家仍然未能实现技术突破。现在，这个国家的科学家看到黄伯云的产品后，直竖大拇指，连称"你们干得好"。黄伯云不客气地说："我们确确实实超过了他们。"

俗话说，十年磨一剑，但黄伯云院士的这一剑却磨了近20年。从起步研究，到走向中国最高级别的科技大奖领奖台，黄伯云和他的同事用了将近20年的时间。

2005年3月28日，胡锦涛同志亲自给黄伯云颁发奖状。这一刻，他研制的高性能碳/碳复合材料制成的飞机刹车片，结束了国家技术发明一等奖连续六年空缺的历史。

黄伯云不是一个催人泪下的感动人物，他是一个让人增添了民族自信心和自豪感的感动人物。正如被评为2004年度感动人物的刘翔告诉世人，中国人也能跑一样，黄伯云通过自己艰苦卓绝的努力告诉世界，中国一样可以自主研发出国际上最好的科技产品。

作为一个中国人，他靠我们自己的力量突破技术封锁的"铁幕"，跻身世界先进行列；他的成功在世界"高性能碳/碳复合材料"这块世界材料领域的"硬骨头"上，深深地印上"中国"两个字。

案例2：邓中翰的"中国芯"与"中国心"

"星光中国芯工程"总指挥、年仅36岁的中星微电子有限公司董事长兼总裁邓中翰，1999年离开美国硅谷回国创业，率领以留学归来高技术人才为主组成的团队，仅仅用了5年多的时间，就在数字多媒体芯片研究领域独树一帜，先后突破7大核心技术，申请了300多项专利，相继推出"星光"1代至5代多媒体芯片，大规模打入国际市场，实现销售3000万枚，以60%的市场份额名列计算机图像输入芯片世界第一的位置。"星光中国芯"打破了国外芯片生产的垄断格局，彻底结束了"中国无芯"的历史。

邓中翰和他的团队将"星光中国芯"第一个打入国际市场，实现了几代中国集成电路工作者的梦想，是中国电子信息产业从"中国制造"迈向"中国创造"、引领国际市场的重大突破和成功范例。

谈到中星微团队，邓中翰每每如数家珍：副总指挥张辉博士对多媒体数据驱动平行计算技术和超低功耗振幅电路的贡献，副总指挥杨晓东对深亚微米超大规模芯片设计的贡献，副总指挥金兆玮对单晶成像嵌入系统的贡献，副总指挥张韵东参与高品质图像处理的研发，还有芯片设计总监朱军、首席图像科学家俞青也各有建树。从中不难看出邓中翰对同伴的贡献一直铭记在心。

在邓中翰众多的照片中，他最喜欢的是坐在办公桌前照的那一张，因为他的旁边是一面鲜艳的五星红旗。他说，我们团队都是"海归"，当初出去就是为了有一天回来，爱国是我们共同的情感。这不是唱高调，只有到了国外，你才能知道什么是"中国心"，我们都不甘心在硅谷、在别人的地盘干一辈子……曾研究设计芯片长达9年之久的全国政协副主席、著名科学家王选仔细研究了邓中翰和他的伙伴成功的经验，深有感慨地说，过去曾有人说一批优秀的中国人在一起就要打架，还说日本人善于下围棋，团结一致，牺牲个别棋子求得全局的胜利；美国人善于打桥牌，跟对家进行密切合作战胜别人；中国人爱打麻将，孤军奋战，看着上家，防着下家，自己和不了也不让别人和。现在完全变了，中星微电子的总指挥、副总指挥都是各有专长的优秀人才，能够很好地团结奋斗，说明中国已经彻底改变了只会打麻将的作风，而且非常善于打桥牌，跟一些国际大公司的合作就充分说明了这一点。这样的评价对于邓中翰和他的伙伴是很贴切的。

2004年12月，中星微电子宣布针对移动多媒体应用领域的"星光移动一号"已诞生并投入市场。作为一颗超强功能数字多媒体芯片，"星光移动一号"充分满足了当今市场对手机多媒体业务的强烈需求，以硬件的方式实现了3G音乐应用突破，开辟了手机64和弦和真唱铃声的新应用时代。产品一经问世，迅即得到众多手机厂商的青睐。联想、三星、TCL、首信等国内外几十家手机厂商都已在最新型的产品上采用了"星光移动一号"。展望未来，邓中翰充满信心："我们曾在黑暗中摸索了很久，但自始至终我们都相信，国内的大环境很好，党和政府给了我们方向性的指导，让我们放手干，有了这样的支持，什么困难都能克服，回国的选择不会有错！"

案例3：南开之父张伯苓

1876年4月5日，张伯苓出生在天津一个贫寒的塾师家中。十五岁时以优异的成绩考入了位于天津的北洋水师学堂。1895年，张伯苓成为北洋水师学堂航海科第五届毕业生。

就在前一年，中日甲午战争爆发。中国经历了前所未有的灾难和打击。不久，当张伯苓去海军的"通济"舰实习时，"通济"舰早已失去了往日的辉煌，舰船设备七零八落，无人整修，船上官兵也个个士气低落，官不官，兵不兵，整日吃吃喝喝，不务正业。张伯苓第一次感到自己军事救国的理想受到严峻的挑战。张伯苓悲愤填膺，深受刺激。他决心从海军退役，投身于教育事业。

天假其时，天津社会名流、曾任清末翰林院编修、贵州学政等职的严修正在为严氏家馆延请塾师，经人介绍，张伯苓和严修结识，受聘到严氏家馆任教。此后，他在教育实践中得益于严修之处颇多。他经常对学生说："真万幸，遇到严先生。严先生可以说是今之圣人。"

民国初年，作为中国最重要的近代工商业城市，天津显示出勃勃生机。张伯苓敏锐地察觉到发展的社会对受过高等教育的人才的渴求，遂下定决心尽自己的最大力量创办一所大学，也为中学学校的优秀毕业生继续深造提供条件。放眼国内，要么是像北京大学这样的国立大学，要么是得到国外教会支持发展起来的教会大学，并没有较完善的、非常成功的私立大学可资参考借鉴。为此，他远渡重洋，于1917年8月到美国哥伦比亚大学师范学院研修高等教育。著名教育家杜威、克伯屈、桑代克等人指导张伯苓学习了有关教育学、教育哲学、心理学、教育行政等方面的课程。张伯苓还拜访了一些教育学家，如与凯尔·鲍德里教授就中美教育等方面的问题进行了深入的切磋。凯尔·鲍德里教授认为中国的学校应该向学生灌输一些共和思想，以树立民主观念和公共群体意识，抵消长期以来封建思想所产生的影响。这番话让张伯苓沉思良久。

归国后，他就雷厉风行地组织起南开大学筹备委员会，负责规划设计校园、宿舍、教学楼等具体事宜，并且开始在外面四处奔波，为创办大学筹募经费。1919 年秋，张伯苓的努力终于结出了丰硕的果实——南开大学正式宣告成立。

创校伊始，张伯苓就表现出极强的开拓进取精神和服务意识。早在美国研修教育学的时候，张伯苓就开始留心，在中国留学生中为南开大学物色教师人才。很多中国留学生在毕业归国之后，也直接来到了南开大学任教。南开大学刚刚成立不久，在张伯苓的周围，就陆续聚集起一个兢兢业业为南开大学发展尽心尽力的优秀教师群体。张伯苓尊重每一位教师，每一位新教师到校，总要举行欢迎茶话会，并由学校拨给一间宿舍，里面各种家具用品一应俱全，每天还派专人清扫，让人产生回家的感觉。

在培养教学、科研人才方面，张伯苓更是想方设法为有潜力的教师提供深造的机会。化学系的杨石先教授，到南开大学之后工作成绩非常突出，张伯苓遂用美国罗氏基金派他去美国继续攻读博士学位。杨石先获博士学位之后，谢绝了德国的高薪聘请，重新返回南开大学任教，成为南开大学理学院的奠基人之一。或许，吴大猷的一番话最能集中表达教师们共同的心声："张伯苓校长在声望、规模、待遇不如其他大学的情形下，藉伯乐识才之能，聘得年轻学者，予以研教环境，使其继续成长，卒有大成。这是较一所学校藉已建立之声望、设备及高薪延聘已有声望之名家，更为难能可贵得多了。前者是培育人才，后者是延揽现成的人才。"从这观点看，南开大学实有极高的成就。

张伯苓为南开大学积攒数百万产业，从没有在自己身上乱花过一分钱。在天津市内开会时，他经常以步代车。一次散会时，有服务员询问张伯苓的车号是多少，他随口答道："11 号。"该服务员找来找去也没发现 11 号车。等他看到张伯苓已经走远的背影，这才领悟"11 号"就是步行的意思。"11"代表两条腿，人们常用"11 号车""11 路车"指代步行。张伯苓给教授们修建了宽敞的住宅，但是自己却住在南开中学后面一个羊皮市场的简陋平房里。有一次张学良去拜访他，汽车在附近转了好长时间，最后在那一条晒满了羊皮，散发着恶臭的小路上，找到张伯苓的居所，张学良不禁对张伯苓的简朴深表敬佩。

张伯苓是一位与时俱进的爱国教育家：他创业南开，功在国家，为发展我国近代教育作出了重要贡献。

案例 4：《屈原》——负石而投河，行之难为者

公元前 342 年屈原诞生于楚都丹阳，屈原自幼勤奋好学，胸怀大志。早年受楚怀王信任，任左徒、三闾大夫，常与怀王商议国事，参与法律的制定，主张章明法度，举贤任能，改革政治，联齐抗秦，提倡"美政"。在屈原的努力下，楚国国力有所增强。

屈原为人性格耿直，却因在修订法规的时候，不愿听从上官大夫的话与之同流合污，再加上楚怀王的令尹子兰、上官大夫靳尚和宠妃郑袖等人，受了秦国使者张仪的贿赂，不但阻止怀王接受屈原的意见，并且使怀王疏远了屈原。公元前 305 年，屈原反对楚怀王与秦国订立黄棘之盟，但是楚国还是彻底投靠了秦国的阵营。使得屈原亦被楚怀王逐出郢都，开始了流放生涯。结果楚怀王在其幼子子兰等人的极力怂恿下被秦国诱去，囚死秦国。

楚襄王即位后，屈原继续受到迫害，并被放逐到江南。公元前 278 年，秦国大将白起带兵南下，攻破了楚国国都，屈原的政治理想破灭，对前途感到绝望，虽有心报国，却无力回天，只得以死明志，就在同年五月怀恨投汨罗江自杀。百姓听到噩耗很悲痛，争先恐后来打捞他的尸体，结果一无所获。于是，有人用苇叶包了糯米饭，投进江中祭祀屈原，这种祭祀活动一年一年流传下来，渐渐成为一种风俗。

案例 5：吉鸿昌——"我是中国人"

1931 年 9 月 21 日，矢志抗日的吉鸿昌将军被蒋介石逼迫下野，到国外"考察实业"。船到美国，吉鸿昌就接二连三地遭到意想不到的打击，例如，那里的头等旅馆不接待中国人，却对日本人却奉若神明。有一次，吉鸿昌要往国内邮寄衣物，邮局职员竟说世界上已经不存在中国了，吉鸿昌异常愤怒，刚要发作，陪同的使馆参赞劝道："你为什么不说自己是日本人呢？只要说自己是日本人就可受到礼遇。"吉鸿昌当即怒斥："你觉得当中国人丢脸吗，可我觉得当中国人光荣！"为抗议帝国主义者对中国人的歧视，维护民族尊严，他找来一块木牌，用英文仔细地在上面写上："我是中国人！"

案例 6：茅以升——"科学家是有祖国的"

在我国老一辈科学家中，有许多人都是留学国外又回国服务的。著名桥梁专家茅以升在 1916 年 20 岁时，到美国留学，成为康奈尔大学桥梁专业的研究生，很快以优异的成绩获得硕士学位。为了获得实践的机会，他晚上上课，攻读博士学位，白天到一家桥梁公司实习，亲手绘图、切削钢件、打铆钉、刷油漆，终于成了一个既懂理论又有技术的人才。美国人很佩服他，一份份聘书从各地寄来，请他担任工程师。

但是，茅以升没有接受聘请，而是决定回国了。有人劝他："科学是没有祖国的，是超越国界的。科学家的贡献是属于全人类的。中国条件差，你留在美国贡献会更大。"茅以升回答："科学虽然没有祖国，但是科学家是有祖国的。我是一个中国人，我的祖国更需要我。我要回去为祖国服务！"

1919年，茅以升带着一身本领回到国内，开始了为国造桥的事业。现在浙江省钱塘江上那座雄伟壮观的大桥，就是茅以升设计并主持建造的。

案例7：钱学森的爱国情怀

钱学森是一位伟大的爱国者，1949年中华人民共和国成立，当时任加利福尼亚工学院超音速实验室主任和"古根罕喷气推进研究中心"负责人的钱学森深为祖国的新生而高兴。他打算回国，用自己的专长为新中国服务。但那时候在美国的中国科学家归国不易，而钱学森的专长又直接与国防有关，美国千方百计要将他留下不让他回国。1955年10月，在毛泽东、周恩来等老一辈无产阶级革命家的关怀下，他冲破重重阻力回到祖国，并于1958年10月光荣加入了中国共产党。尽管当时人力、物力等条件很差，但他以对祖国对人民的无限热爱与忠诚，满腔热情地投入我国国防尖端科学研究和人才培养工作，为我国火箭、导弹和航天事业的创建和发展作出了历史性的卓越贡献。1991年国务院、中央军委授予他"国家杰出贡献科学家"荣誉称号和军委一级英雄模范奖章。1999年为奖励他的突出功勋，中共中央、国务院、中央军委向他颁发"两弹一星功勋奖章"。

四、单元小测

（一）单项选择题

1. 实现伟大复兴的中国梦，必须弘扬中国精神。这种精神就是以（　　）为核心的民族精神和以（　　）为核心的时代精神。

　　A. 改革创新、爱国主义　　　　B. 爱国主义、改革创新
　　C. 无私奉献、艰苦奋斗　　　　D. 改革开放、与时俱进

2. (　　)是中华民族重精神优秀传统的忠实继承者和坚定弘扬者。
   A. 中国共产党　　B. 人民群众　　C. 爱国人士　　D. 各民主党派
3. 中华民族精神的核心是(　　)。
   A. 勤劳勇敢　　　　　　　　B. 团结统一、爱好和平
   C. 自强不息　　　　　　　　D. 爱国主义
4. "一方水土养一方人""禾苗离土即死,国家无土难存",因此,作为中华儿女要(　　)。
   A. 爱祖国的大好河山　　　　B. 爱自己的骨肉同胞
   C. 爱祖国的灿烂文化　　　　D. 爱自己的国家
5. 常常被称为国家和民族的"胎记"的是(　　)。
   A. 文化传统　　B. 爱国传统　　C. 思想传统　　D. 历史传统
6. 在当代中国,兴国强国就是要(　　)。
   A. 抵御外侮
   B. 维护国家的根本利益
   C. 实现中华民族伟大复兴的中国梦
   D. 推进祖国统一和民族团结
7. 实现中华民族伟大复兴的动力是(　　)。
   A. 强大国防　　B. 强大外交　　C. 爱国主义　　D. 强大经济
8. 现阶段,爱国主义主要表现在(　　)。
   A. 保卫祖国,抵抗侵略
   B. 继承中华传统美德
   C. 建设新时代中国特色社会主义伟大事业
   D. 学习西方先进文化
9. 以下不属于改革创新精神表现的是(　　)。
   A. 突破陈规、大胆探索　　　B. 奋勇争先、追求进步
   C. 推陈出新、锐意进取　　　D. 亲仁善邻、讲信修睦
10. 邓小平曾告诫我们:"谈到人格,但不要忘记还有一个国格。"这里的国格说明,一个真正的爱国者要(　　)。
    A. 承担起对国家应尽的义务　　B. 促进民族团结
    C. 树立民族自尊心和自豪感　　D. 推进祖国统一

11. "国而忘家,公而忘私""先天下之忧而忧,后天下之乐而乐""天下兴亡,匹夫有责"等格言警句表达的中华民族的传统美德是( )。

　　A. 求真务实,敬重诚实守信　　B. 爱国奉献,以天下为己任
　　C. 勤劳勇敢,追求自由解放　　D. 乐群贵和,强调人际和谐

12. 不同的时代具有不同的时代精神。当代,我们大力弘扬的时代精神的核心是( )。

　　A. 爱国主义　　B. 勤劳勇敢　　C. 改革创新　　D. 自强不息

13. 新时期做坚定忠诚的爱国者,除了需要培育强烈的爱国情感,保持民族自尊和自信心,努力学习和工作,以实践行动和贡献履行爱国义务外,还需要( )。

　　A. 拒绝接受其他国家的一切东西
　　B. 维护民族团结,促进祖国统一
　　C. 全面接受中国古代的传统文化和道德
　　D. 从经济基础到上层建筑的一切领域都与西方接轨

14. 四大发明的科技成果,诗经、楚辞、汉赋等伟大文艺作品以及万里长城、都江堰等伟大工程体现了我国民族精神中的( )精神。

　　A. 伟大创造　　B. 伟大奋斗　　C. 伟大团结　　D. 伟大梦想

15. 以下( )项不能体现时代精神。

　　A. 女排精神　　　　　　　　B. 奥运精神
　　C. 抗震救灾精神　　　　　　D. 愚公移山的执着精神

(二)判断题

1. 中国共产党是中华民族重精神优秀传统的忠实继承者和坚定弘扬者。( )

2. 世界上没有坐享其成的好事,要幸福就要积极参与社会实践靠自己去争取,体现了民族精神中的伟大梦想精神。( )

3. 爱国主义具有高度稳定性,在不同的历史阶段下所形成的爱国主义总是相同的。( )

4. 爱国既需要情感的基础,也需要理性的认识,更需要实际的行动。( )

5. 祖国的大好河山常常被称为国家和民族的"胎记"。( )

6. "一个中国"原则是两岸关系的政治基础。（   ）

7. 改革创新是当代中国最突出、最鲜明的特点。（   ）

8. 科学技术始终是推动人类社会发展的第一动力。（   ）

9. "苟日新，又日新，日日新""穷则变，变则通，通则久"都体现了创新创造观念。（   ）

10. 目前，我国经济总量虽然跃居世界第二，但大而不强，主要在于创新能力不强。（   ）

第四章
践行社会主义核心价值观

一、目的要求

1. 熟悉社会主义核心价值观的基本内容，明确培育和践行社会主义核心价值观的重要意义。

2. 深刻理解培育和践行社会主义核心价值观的重大意义、丰富内涵及其历史底蕴、现实基础和道义力量。

3. 按照践行和弘扬社会主义核心价值观的具体要求和努力方向、把社会主义核心价值观内化为自己的精神追求，外化为自觉的实际行动。

二、阅读文献

阅读文献一：为人民服务（节选）（毛泽东，1944年9月8日）

我们的共产党和共产党所领导的八路军、新四军，是革命的队伍。我们这个队伍完全是为着解放人民的，是彻底地为人民的利益工作的。张思德同志就是我们这个队伍中的一个同志。

人总是要死的，但死的意义有不同。中国古时候有个文学家叫做司马迁的说过："人固有一死，或重于泰山，或轻于鸿毛。"为人民利益而死，就比泰山还重；替法西斯卖力，替剥削人民和压迫人民的人去死，就比鸿毛还轻。张思德同志是为人民利益而死的，他的死是比泰山还要重的。

因为我们是为人民服务的，所以，我们如果有缺点，就不怕别人批评指出。不管是什么人，谁向我们指出都行。只要你说得对，我们就改正。你说的办法对人民有好处，我们就照你的办。"精兵简政"这一条意见，就是党外人士李鼎铭先生提出来的，他提得好，对人民有好处，我们就采用了。只要我们为人民的利益坚持好的，为人民的利益改正错的，我们这个队伍就一定会兴旺起来。

我们都是来自五湖四海，为了一个共同的革命目标，走到一起来了。我们还要和全国大多数人民走这一条路。我们今天已经领导着有九千一百万人口的根据地，但是还不够，还要更大些，才能取得全民族的解放。我们的同志在困难的时候，要看到成绩，要看到光明，要提高我们的勇气。中国人民正在受难，我们有责任解救他们，我们要努力奋斗。要奋斗就会有牺牲，死人的事是经常发生的。但是我们想到人民的利益，想到大多数人民的痛苦，我们为人民而死，就是死得其所。不过，我们应当尽量地减少那些不必要的牺牲。我们的干部要关心每一个战士，一切革命队伍的人都要互相关心，互相爱护，互相帮助。

今后我们的队伍里，不管死了谁，不管是炊事员，是战士，只要他是做过一些有益的工作的，我们都要给他送葬，开追悼会。这要成为一个制度。这个方法也要介绍到老百姓那里去。村上的人死了，开个追悼会。用这样的方法，寄托我们的哀思，使整个人民团结起来。

阅读文献二：青年要自觉践行社会主义核心价值观（节选）（习近平，2014年5月4日）

党的十八大提出了"两个一百年"奋斗目标。我说过，现在我们比历史上任何时期都更接近实现中华民族伟大复兴的目标，比历史上任何时期都更有信心、更有能力实现这个目标。

行百里者半九十。距离实现中华民族伟大复兴的目标越近，我们越不能懈怠、越要加倍努力，越要动员广大青年为之奋斗。

光阴荏苒，物换星移。时间之河川流不息，每一代青年都有自己的际遇和机缘，都要在自己所处的时代条件下谋划人生、创造历史。青年是标志时代的最灵敏的晴雨表，时代的责任赋予青年，时代的光荣属于青年。

广大青年对五四运动的最好纪念，就是在党的领导下，勇做走在时代前列的奋进者、开拓者、奉献者，以执着的信念、优良的品德、丰富的知识、过硬的本领，同全国各族人民一道，担负起历史重任，让五四精神放射出更加夺目的时代光芒。

大学是一个研究学问、探索真理的地方，借此机会，我想就社会主义核心价值观问题，同各位同学和老师交流交流想法。

我想讲这个问题，是从弘扬五四精神联想到的。五四精神体现了中国人民和中华民族近代以来追求的先进价值观。爱国、进步、民主、科学，都是我们今天依然应该坚守和践行的核心价值，不仅广大青年要坚守和践行，全社会都要坚守和践行。

人类社会发展的历史表明，对一个民族、一个国家来说，最持久、最深层的力量是全社会共同认可的核心价值观。核心价值观，承载着一个民族、一个国家的精神追求，体现着一个社会评判是非曲直的价值标准。

古人说："大学之道，在明明德，在亲民，在止于至善。"核心价值观，其实就是一种德，既是个人的德，也是一种大德，就是国家的德、社会的德。国无德不兴，人无德不立。如果一个民族、一个国家没有共同的核心价值观，莫衷一是，行无依归，那这个民族、这个国家就无法前进。这样的情形，在我国历史上，在当今世界上，都屡见不鲜。

我国是一个有着13亿多人口、56个民族的大国，确立反映全国各族人民共同认同的价值观"最大公约数"，使全体人民同心同德、团结奋进，关乎国家前途命运，关乎人民幸福安康。

每个时代都有每个时代的精神，每个时代都有每个时代的价值观念。国有四维，礼义廉耻，"四维不张，国乃灭亡"。这是中国先人对当时核心价值观的认识。在当代中国，我们的民族、我们的国家应该坚守什么样的核心价值观？这个问题，是一个理论问题，也是一个实践问题。经过反复征求意见，综合各方面认识，我们提出要倡导富强、民主、文明、和谐，倡导自由、平等、公正、法治，倡导爱国、敬业、诚信、友善，积极培育和践行社会主义核心价值观。富强、民主、文明、和谐是国家层面的价值要求，自由、平等、公正、法治是社会层面的价值要求，爱国、敬业、诚信、友善是公民层面的价值要求。这个概括，实际上回答了我们要建设什么样的国家、建设什么样的社会、培育什么样的公民的重大问题。

中国古代历来讲格物致知、诚意正心、修身齐家、治国平天下。从某种角度看，格物致知、诚意正心、修身是个人层面的要求，齐家是社会层面的要求，治国平天下是国家层面的要求。我们提出的社会主义核心价值观，把涉及国家、社会、公民的价值要求融为一体，既体现了社会主义本质要求，继承了中华优秀传统文化，也吸收了世界文明有益成果，体现了时代精神。

富强、民主、文明、和谐，自由、平等、公正、法治，爱国、敬业、诚信、友善，传承着中国优秀传统文化的基因，寄托着近代以来中国人民上下求索、历经千辛万苦确立的理想和信念，也承载着我们每个人的美好愿景。我们要在全社会牢固树立社会主义核心价值观，全体人民一起努力，通过持之以恒的奋斗，把我们的国家建设得更加富强、更加民主、更加文明、更加和谐、更加美丽，让中华民族以更加自信、更加自强的姿态屹立于世界民族之林。

建设富强民主文明和谐的社会主义现代化国家,实现中华民族伟大复兴,是鸦片战争以来中国人民最伟大的梦想,是中华民族的最高利益和根本利益。今天,我们13亿多人的一切奋斗归根到底都是为了实现这一伟大目标。中国曾经是世界上的经济强国,后来在世界工业革命如火如荼、人类社会发生深刻变革的时期,中国丧失了与世界同进步的历史机遇,落到了被动挨打的境地。尤其是鸦片战争之后,中华民族更是陷入积贫积弱、任人宰割的悲惨状况。这段历史悲剧决不能重演!建设富强民主文明和谐的社会主义现代化国家,是我们的目标,也是我们的责任,是我们对中华民族的责任,对前人的责任,对后人的责任。我们要保持战略定力和坚定信念,坚定不移走自己的路,朝着自己的目标前进。

中国已经发展起来了,我们不认可"国强必霸"的逻辑,坚持走和平发展道路,但中华民族被外族任意欺凌的时代已经一去不复返了!为什么我们现在有这样的底气?就是因为我们的国家发展起来了。现在,中国的国际地位不断提高、国际影响力不断扩大,这是中国人民用自己的百年奋斗赢得的尊敬。想想近代以来中国丧权辱国、外国人在中国横行霸道的悲惨历史,真是形成了鲜明对照!

中华文明绵延数千年,有其独特的价值体系。中华优秀传统文化已经成为中华民族的基因,植根在中国人内心,潜移默化影响着中国人的思想方式和行为方式。今天,我们提倡和弘扬社会主义核心价值观,必须从中汲取丰富营养,否则就不会有生命力和影响力。比如,中华文化强调"民惟邦本""天人合一""和而不同";强调"天行健,君子以自强不息""大道之行也,天下为公";强调"天下兴亡,匹夫有责",主张以德治国、以文化人;强调"君子喻于义""君子坦荡荡""君子义以为质";强调"言必信,行必果""人而无信,不知其可也";强调"德不孤,必有邻""仁者爱人""与人为善""己所不欲,勿施于人""出入相友,守望相助""老吾老以及人之老,幼吾幼以及人之幼""扶贫济困""不患寡而患不均",等等。像这样的思想和理念,不论过去还是现在,都有其鲜明的民族特色,都有其永不褪色的时代价值。这些思想和理念,既随着时间推移和时代变迁而不断与时俱进,又有其自身的连续性和稳定性。我们生而为中国人,最根本的是我们有中国人的独特精神世界,有百姓日用而不觉的价值观。我们提倡的社会主义核心价值观,就充分体现了对中华优秀传统文化的传承和升华。

价值观是人类在认识、改造自然和社会的过程中产生与发挥作用的。不同民族、不同国家由于其自然条件和发展历程不同,产生和形成的核心价值观也各有特点。一个民族、一个国家的核心价值观必须同这个民族、这个国家的历史文化相契合,同这个民族、这个国家的人民正在进行的奋斗相结合,同这个民族、这个国家需要解决的时代问题相适应。世界上没有两片完全相同的树叶。一个民族、一个国家,必须知道自己是谁,是从哪里来的,要到哪里去,想明白了、想对了,就要坚定不移朝着目标前进。

我为什么要对青年讲讲社会主义核心价值观这个问题?是因为青年的价值取向决定了未来整个社会的价值取向,而青年又处在价值观形成和确立的时期,抓好这一时期的价值观养成十分重要。这就像穿衣服扣扣子一样,如果第一粒扣子扣错了,剩余的扣子都会扣错。人生的扣子从一开始就要扣好。"凿井者,起于三寸之坎,以就万仞之深。"青年要从现在做起、从自己做起,使社会主义核心价值观成为自己的基本遵循,并身体力行大力将其推广到全社会去。

广大青年树立和培育社会主义核心价值观,要在以下几点上下功夫。

一是要勤学,下得苦功夫,求得真学问。知识是树立核心价值观的重要基础。古希腊哲学家说,知识即美德。我国古人说:"非学无以广才,非志无以成学。"大学的青春时光,人生只有一次,应该好好珍惜。为学之要贵在勤奋、贵在钻研、贵在有恒。鲁迅先生说过:"哪里有天才,我是把别人喝咖啡的工夫都用在工作上的。"大学阶段,"恰同学少年,风华正茂",有老师指点,有同学切磋,有浩瀚的书籍引路,可以心无旁骛求知问学。此时不努力,更待何时?要勤于学习、敏于求知,注重把所学知识内化于心,形成自己的见解,既要专攻博览,又要关心国家、关心人民、关心世界,学会担当社会责任。

二是要修德,加强道德修养,注重道德实践。"德者,本也。"蔡元培先生说过:"若无德,则虽体魄智力发达,适足助其为恶。"道德之于个人、之于社会,都具有基础性意义,做人做事第一位的是崇德修身。这就是我们的用人标准为什么是德才兼备、以德为先,因为德是首要、是方向,一个人只有明大德、守公德、严私德,其才方能用得其所。修德,既要立意高远,又要立足平实。要立志报效祖国、服务人民,这是大德,养大德者方可成大业。同时,还得从做好小事、管好小节开始起步,"见善则迁,有过则改",踏踏实实修好公德、私德,学会劳动、学会勤俭,学会感恩、学会助人,学会谦让、学会宽容、学会自省、学会自律。

　　三是要明辨，善于明辨是非，善于决断选择。"学而不思则罔，思而不学则殆。"是非明，方向清，路子正，人们付出的辛劳才能结出果实。面对世界的深刻复杂变化，面对信息时代各种思潮的相互激荡，面对纷繁多变、鱼龙混杂、泥沙俱下的社会现象，面对学业、情感、职业选择等多方面的考量，一时有些疑惑、彷徨、失落，是正常的人生经历。关键是要学会思考、善于分析、正确抉择，做到稳重自持、从容自信、坚定自励。要树立正确的世界观、人生观、价值观，掌握了这把总钥匙，再来看看社会万象、人生历程，一切是非、正误、主次，一切真假、善恶、美丑，自然就洞若观火、清澈明了，自然就能作出正确判断、作出正确选择。正所谓"千淘万漉虽辛苦，吹尽狂沙始到金"。

　　四是要笃实，扎扎实实干事，踏踏实实做人。道不可坐论，德不能空谈。于实处用力，从知行合一上下功夫，核心价值观才能内化为人们的精神追求，外化为人们的自觉行动。《礼记》中说："博学之，审问之，慎思之，明辨之，笃行之。"有人说："圣人是肯做工夫的庸人，庸人是不肯做工夫的圣人。"青年有着大好机遇，关键是要迈稳步子、夯实根基、久久为功。心浮气躁，朝三暮四，学一门丢一门，干一行弃一行，无论为学还是创业，都是最忌讳的。"天下难事，必作于易；天下大事，必作于细。"成功的背后，永远是艰辛努力。青年要把艰苦环境作为磨炼自己的机遇，把小事当作大事干，一步一个脚印往前走。滴水可以穿石。只要坚韧不拔、百折不挠，成功就一定在前方等你。

　　核心价值观的养成绝非一日之功，要坚持由易到难、由近及远，努力把核心价值观的要求变成日常的行为准则，进而形成自觉奉行的信念理念。不要顺利的时候，看山是山、看水是水，一遇挫折，就怀疑动摇，看山不是山、看水不是水了。无论什么时候，我们都要坚守在中国大地上形成和发展起来的社会主义核心价值观，在时代大潮中建功立业，成就自己的宝贵人生。

　　现在在高校学习的大学生都是20岁左右，到2020年全面建成小康社会时，很多人还不到30岁；到本世纪中叶基本实现现代化时，很多人还不到60岁。也就是说，实现"两个一百年"奋斗目标，你们和千千万万青年将全过程参与。有信念、有梦想、有奋斗、有奉献的人生，才是有意义的人生。当代青年建功立业的舞台空前广阔、梦想成真的前景空前光明，希望大家努力在实现中国梦的伟大实践中创造自己的精彩人生。

我相信，当代中国青年一定能够担当起党和人民赋予的历史重任，在激扬青春、开拓人生、奉献社会的进程中书写无愧于时代的壮丽篇章！

阅读文献三：这些年，习近平总书记对青年的青春寄语

谈理想："志当存高远"

要以国家富强、人民幸福为己任，胸怀理想、志存高远，投身中国特色社会主义伟大实践，并为之终生奋斗。心中有阳光，脚下有力量，为了理想能坚持、不懈怠，才能创造无愧于时代的人生。

——2016年4月26日，习近平在知识分子、劳动模范、青年代表座谈会上的讲话

有信念、有梦想、有奋斗、有奉献的人生，才是有意义的人生。当代青年建功立业的舞台空前广阔、梦想成真的前景空前光明，希望大家努力在实现中国梦的伟大实践中创造自己的精彩人生。

——2014年5月，习近平在北京大学师生座谈会上的讲话

历史和现实都告诉我们，青年一代有理想、有担当，国家就有前途，民族就有希望，实现中华民族伟大复兴就有源源不断的强大力量。

——2013年12月5日，习近平给华中农业大学"本禹志愿服务队"回信

当代青年必须牢固树立中国特色社会主义共同理想，为实现中华民族伟大复兴的中国梦不懈奋斗。"志当存高远"。一个人的理想志愿只有同国家的前途、民族的命运相结合才有价值，一个人的信念追求只有同社会的需要和人民的利益相一致才有意义。

历史和现实都告诉我们，青年一代有理想、有担当，国家就有前途，民族就有希望，实现我们的发展目标就有源源不断的强大力量。

——2013年5月4日习近平同各界优秀青年代表座谈时的讲话

"得其大者可以兼其小。"只有把人生理想融入国家和民族的事业中，才能最终成就一番事业。希望你们珍惜韶华、奋发有为，勇做走在时代前面的奋进者、开拓者、奉献者，努力使自己成为祖国建设的有用之才、栋梁之材，为实现中国梦奉献智慧和力量。

——2013年5月，习近平给北京大学考古文博学院2009级本科团支部全体同学回信

谈学习:"人才有高下,知物由学"

"人才有高下,知物由学。"梦想从学习开始,事业靠本领成就。广大青年要自觉加强学习,不断增强本领。广大青年要如饥似渴、孜孜不倦学习,既多读有字之书,也多读无字之书,注重学习人生经验和社会知识。

——2016 年 4 月 26 日,习近平在知识分子、劳动模范、青年代表座谈会上讲话

青年人正处于学习的黄金时期,应该把学习作为首要任务,作为一种责任、一种精神追求、一种生活方式,树立梦想从学习开始、事业靠本领成就的观念,让勤奋学习成为青春远航的动力,让增长本领成为青春搏击的能量。

——2013 年 5 月 4 日习近平同各界优秀青年代表座谈时的讲话

谈价值观:"就像穿衣服扣扣子"

广大青年要自觉践行社会主义核心价值观,不断养成高尚品格。

——2016 年 4 月 26 日,习近平在知识分子、劳动模范、青年代表座谈会上讲话

青年的价值取向决定了未来整个社会的价值取向,而青年又处在价值观形成和确立的时期,抓好这一时期的价值观养成十分重要。这就像穿衣服扣扣子一样,如果第一粒扣子扣错了,剩余的扣子都会扣错。人生的扣子从一开始就要扣好。"凿井者,起于三寸之坎,以就万仞之深。"青年要从现在做起、从自己做起,使社会主义核心价值观成为自己的基本遵循,并身体力行大力将其推广到全社会去。

——2014 年 5 月 4 日习近平在北京大学师生座谈会上讲话

广大青年要把正确的道德认知、自觉的道德养成、积极的道德实践紧密结合起来,自觉树立和践行社会主义核心价值观,带头倡导良好社会风气。

——2013 年 5 月 4 日习近平同各界优秀青年代表座谈时的讲话

谈创新:"苟日新,日日新,又日新"

要敢于做先锋,而不做过客、当看客,让创新成为青春远航的动力,让创业成为青春搏击的能量,让青春年华在为国家、为人民的奉献中焕发出绚丽光彩。

——2016 年 4 月 26 日,习近平在知识分子、劳动模范、青年代表座谈会上讲话

青年是国家和民族的希望,创新是社会进步的灵魂,创业是推动经济社

会发展、改善民生的重要途径。青年学生富有想象力和创造力，是创新创业的有生力量。

——2013年11月08日，习近平致2013年全球创业周中国站活动组委会的贺信

创新是民族进步的灵魂，是一个国家兴旺发达的不竭源泉，也是中华民族最深沉的民族禀赋，正所谓"苟日新，日日新，又日新"，青年人是社会上最富活力、最具创造性的群体，理所当然应该走在创新创造的前列，做锐意进取、开拓创新的时代先锋。

——2013年5月，习近平同各界优秀青年代表座谈时的讲话

谈笃实："道不可坐论，德不能空谈"

踏踏实实做事，踏踏实实做人。

——2016年4月26日，习近平考察中国科技大学时与大学生对话

道不可坐论，德不能空谈。于实处用力，从知行合一上下功夫，核心价值观才能内化为人们的精神追求，外化为人们的自觉行动。

青年有着大好机遇，关键是要迈稳步子、夯实根基、久久为功。心浮气躁，朝三暮四，学一门丢一门，干一行弃一行，无论为学还是创业，都是最忌讳的。

——2014年5月4日习近平在北京大学师生座谈会上讲话

广大青年要牢记"空谈误国、实干兴邦"，立足本职、埋头苦干，从自身做起，从点滴做起，用勤劳的双手、一流的业绩成就属于自己的人生精彩。要不怕困难、攻坚克难，勇于到条件艰苦的基层、国家建设的一线、项目攻关的前沿，经受锻炼，增长才干。要勇于创业、敢闯敢干，努力在改革开放中闯新路、创新业，不断开辟事业发展新天地。

——2013年5月，习近平同各界优秀青年代表座谈时的讲话

三、典型案例

案例1：蔷薇花与人生态度

老师在上课，津津有味地讲着路边开满了带刺的蔷薇花。讲完了老师问学生说，你们印象最深刻的是什么。同学一说是可怕的刺，同学二说是美丽的花，同学三说，我想我们应当培育出一种不带刺的蔷薇花。多年之后，前

两个学生都无所作为，只有第三个学生成就突出，远近闻名。

人生就像一朵带刺的蔷薇花，你看到了花，还是看到了刺，你想摘花，还是因为有刺就放弃了。人生有花的美好，也有刺所带来的痛苦，任何人的一生都不可能一帆风顺，会有坦途，也会有逆境。

案例2：2016感动中国人物：秦玥飞——耶鲁村官

秦玥飞，男，1985年出生在重庆，耶鲁大学毕业，现任湖南省衡山县福田铺乡白云村大学生村官、黑土麦田公益(Serve for China)联合发起人。大学毕业时，秦玥飞选择回到祖国农村服务。为吸引更多优秀人才服务乡村，秦玥飞与耶鲁中国同学发起了"黑土麦田公益"项目，招募支持优秀毕业生到国家级贫困县从事精准扶贫和创业创新。

秦玥飞自小就是孩子王，读书时善于创新。帅气的他在同学中很有名，是重庆第二外国语学校初中部2001级毕业生，重庆南开中学2005级毕业生。2005年取得美国耶鲁大学的全额奖学金，赴美留学。2011年，在耶鲁大学完成了经济学和政治学两个专业的学习，取得文科学士学位。

20岁，秦玥飞以优异成绩考入耶鲁大学，许多人以为这是一条穿西装、拿高薪的富贵路。26岁，秦玥飞从耶鲁大学毕业后，却来到湖南一个小山村，走上一条进基层、当村官的实干路。

他是一个喝过"洋墨水"的城里孩子：重庆长大的他，高中毕业时，以托福满分的成绩考入美国耶鲁大学，享受全额奖学金，成为重庆第一个被世界一流名校直接录取的学生。

获得双学士学位、以优异成绩毕业的他，没有去跨国公司做都市白领，而是来到湖南衡山脚下的一个小山村，做了一名大学生村官，仅仅一年，无钱无背景的他，帮村民引进80万元现金，建起了新敬老院等多个公共项目。村民亲昵地称他"耶鲁哥"。

自2011年8月担任大学生村官以来，他立足农村实际，心系村民群众，动员多方社会资源，积极募集资金，倾心公益事业，在帮助硬化村级道路、安装路灯、改善农田灌溉设施、引进信息化教育设备、改扩建敬老院、提供校车安全保障等方面积极努力，无私奉献，为当地谋取民生福祉作出了较大贡献，深受乡村干部和广大群众的一致好评。因工作业绩突出，2012年5月底，秦玥飞被评选为"湖南省优秀共青团员"；10月底，他又光荣当选为衡山县第十二届人大代表。

正式上岗的第一天，早上起床后秦玥飞像在大学时一样准备去洗澡，在从宿舍到澡堂的路上，他热情地和碰到的每一个人打招呼。但这天下午，有村民就议论起来："留过洋的人是嫌我们这里脏不咯？""早上洗澡，好浪费水呀。"这让心思细腻的秦玥飞惶恐不安，他开始明白"村民不会关心我从哪所学校毕业，他们只关心我是不是自己人。"秦玥飞说，从那以后最想做的就是"尽快成为村民中的一份子"，他也再没有一天洗两次澡。他还开始长期穿着老乡送的一双解放胶鞋。夏天的T恤稍微花哨，便反过来穿。为了能让村里的老人记住自己，秦玥飞还会尽量以固定颜色和样式的穿着出现在老人面前。一个月后，开始有村民上门找他修电器。接着，有人找他写信，甚至有村民让秦玥飞到地里帮忙干活，秦玥飞成了贺家山的人。

有朋友形容秦玥飞是理想主义者，他自己则更正为是"有理想的践行者"。困难再多，一个个去克服，找对方法，杜绝一切拍脑袋的决定。村里准备修水渠，因为涉及各自利益，几个村民小组争得不可开交。秦玥飞自己掏钱买了几包烟，一次次上门做工作，张口一声伯伯，闭口一声叔叔，最后说通了。

"农村社会的复杂性超乎我的想象，但我觉得这是个大课堂，我不能把它看做是不正常的现象。在村里做事遇到困难是正常的，只要学会去适应、学习、分析，就有可能找到解决方案。"秦玥飞说。

除了修水渠，秦玥飞所做的事还包括敬老院改造、街道硬化和照明、为村里几所学校搭建信息化教学平台。他说，任何一个项目都会做好详尽的预算和规划。他不自作主张替村民做任何决定，但只要是村民要办的事，绝不允许自己办不到。

如今"耶鲁哥"已小有名气，但他说，在耶鲁大学的学习只是人生的一个阶段，"面对基层，面对村民，我仍是一个学生，所有的一切，都需要学习"。

2016年，秦玥飞被村民直选为县人大代表，代表证和当选通知书被他挂在书桌上方。在他看来，这两样东西的意义不亚于耶鲁大学的录取通知书。

村民陈春桃说："小秦跟我们处得好，又为我们干了这么多事。如果光挂个名，尾巴翘得老高，是没人选他当代表的。"

在当选代表后，秦玥飞在县人大会上提交了有关农村校车安全的议案，并且会继续推进乡里校车项目的实施。

如今，自己"要在公共服务领域干点事儿"的追求已经小有成绩，这个梦想也越来越坚定。"村官生涯还有一年多就结束了，这是千金不换的经历。还没想过以后要干什么，但肯定会在公共服务的路上一直走下去。"秦玥飞说。

案例3：2016感动中国人物：扎根乡村36年的最美教师支月英

支月英，女，汉族，1961年5月出生，中共党员，江西省宜春市奉新县澡下镇白洋教学点教师。她几十年坚守在偏远的山村讲台，从"支姐姐"到"支妈妈"，教育了大山深处的两代人。她努力创新教学方法，总结出适合乡村教学点的动静搭配教学法。她关爱孩子，资助贫困生，不让一个孩子辍学。她走得最多的是崎岖山路，想得最多的是如何教好深山里的孩子。曾获全国模范教师、全国岗位学雷锋标兵、江西省"龚全珍式好干部"、江西省"三八"红旗手等荣誉。

1980年，江西省奉新县边远山村教师奇缺，时年只有十九岁的南昌市进贤县姑娘支月英不顾家人反对，远离家乡，只身来到离家两百多公里，离乡镇45公里，海拔近千米且道路不通的泥洋小学，成了一名深山女教师。

一到白洋教学点，她发现这里条件比想象中还要艰苦。学校地处江西省奉新县和靖安县两县交界的泥洋山深处，交通不便，离最近的车站都要二十多里地，师生上学全靠两条腿在崇山峻岭间爬行。山村生活条件异常艰苦，食品稀缺。支月英像当地人一样，自己动手种菜。当地老百姓十分疑虑：这外地姑娘能坚持下来吗？是不是想过渡一下，过不久就溜掉？这话不假，山旮旯太偏太穷，前些年，教师如同走马灯似的来了又走。但过了一年又一年，乡亲们不但看到支月英坚持了下来，还看到无论刮风下雨、结冰打霜，她都一个个送孩子回家，像自己亲人一般对待。于是乡亲们议论开了："这位老师靠得住，肯定会用心思教好我们的孩子！"但也有不同声音，"莫想啊，顶多再过两年就会走掉，我们这地方哪能留住这般好老师啊！"冬去春来，寒来暑往，这位外乡的女教师，用自己36年的倾心守望，兑现了自己的承诺，成为深山乡村人人尊敬的人民教师。

在白洋山村，支月英与一双双渴望知识眼睛相伴。她教孩子们读书识字，唱歌跳舞，认识大千世界。但贫穷的山村并不是世外桃源，山村的教育更显落后。可是艰苦的条件并没有难倒支月英。刚参加工作时，她的工资只有几十块钱，有些孩子交不起学费，家长不让孩子上学，支月英经常为学生垫付学费，垫着垫着，有时买米买菜的钱都不够，她只得去借，家人不理解，劝她赶紧离开，她总是笑着说："日子会好起来的！"后来，支月英被任命为校长，肩上的担子更重了，工作也更忙了。她既要承担教育教学任务，还要做好教学点的管理服务工作。

穷山村的学校破烂不堪,她买了材料,把教室修好,把冬日刺骨的寒风拒之窗外,学生在教室里暖洋洋的。学校不通班车,每逢开学,孩子们的课本、粉笔等都是支老师和其他几位同事步行二十多里的山路肩挑手提运上山的,一趟下来,腰酸腿疼,筋疲力尽,浑身瘫软。山村的家长重男轻女,不让女孩读书,支月英走门串户,与家长促膝谈心,动员家长把孩子送来学校,没让一个山村孩子辍学在家。

母亲从老家来学校看她,看到女儿步行二十多里到山下接自己,心疼不已。支月英对母亲说:"这里山好,水好,村民朴实善良。"母亲心疼地说:"你就净说好!"她只是望着母亲笑。其实她心里装满了对亲人深深的愧疚,她何尝不想尽享天伦之乐,但她更愿意把爱意播撒在这青山绿水,让这份爱生根发芽,承载起贫瘠山村的绿色希望。在颁奖现场,当记者连线支月英时,她用朴素的语言告诉记者:"我就是一个非常平凡的人,做着一件平凡的事,我不是因为看到希望才坚守,而是因为只有坚守才能有希望。"

36年来支月英坚守在偏远的山村讲台,从"支姐姐"到"支妈妈",教育了大山深处的两代人。她跋涉了许多路,总是围绕着大山;她吃了很多苦,但给孩子们的都是甜。坚守才有希望,这是她的信念。三十六年,绚烂了两代人的童年,花白了她的麻花辫。

案例4:人民的好公仆——廖俊波

廖俊波同志生前是福建省南平市委常委、副市长,武夷新区党工委书记,曾任政和县县委书记,2015年6月被中央组织部授予"全国优秀县委书记"称号。2017年3月18日,廖俊波同志在赶往武夷新区主持召开会议途中不幸发生车祸,因公殉职。

廖俊波同志1968年8月出生于浦城县;1990年8月在邵武市大埠岗中学任教;1992年7月加入中国共产党;同月任邵武市大埠岗镇文化技术学校教导主任、党办主任(其间,1993年8月至1995年12月参加中央党校函授学院本科班经济管理专业学习);1995年12月任邵武市政府办公室科员;1996年7月任邵武市政府办公室副主任科员;1998年4月任邵武市委办公室副主任;1998年11月任邵武市拿口镇党委副书记、镇长;2002年8月任邵武市拿口镇党委书记(其间,2002年8月至2002年10月在浙江省衢州市挂职锻炼);2003年10月任邵武市政府助理调研员、拿口镇党委书记;2004年2月任邵武市政府副市长；2006年5月任南平市政府副秘书长；2007年10月任荣华山产业组团管理委员会主任（正处级）（其间，2005年9月至2008年7月参加中央党校研究生院经济学专业学习）；2011年6月任政和县委书记；2015年11月任南平市政府副市长、党组成员，兼任政和县委书记；2016年7月兼任武夷新区党工委书记；2016年10月至去世前任南平市委常委，市政府副市长、党组副书记、武夷新区党工委书记。

  廖俊波同志立场坚定，用毕生心血诠释对党的绝对忠诚。入党25年来，他始终牢记入党誓言，不忘初心，砥砺前行，无论是在乡镇、园区、县委、还是市里，他牢记党性原则，坚定理想信念，严守政治纪律和政治规矩，在大是大非面前立场坚定、旗帜鲜明，始终做到"心中有党、心中有民、心中有责、心中有戒"，以党和人民的事业为最高追求，为党的事业鞠躬尽瘁，为百姓福祉任劳任怨。他顾全大局，大事讲原则、小事讲风格，无论在哪个岗位，都与班子同志精诚团结，合作共事，从不计较个人得失。在邵武拿口、在荣华山组团、在政和、在武夷新区担任一把手，他是好班长、好带头人；在南平市委、市政府任职后，他不折不扣落实市委、市政府的各项决策部署，是好参谋、好助手。他曾如此表述自己的从政心语：恪守肝胆、干净干事，在实践中积累，在担当中锤炼，在奉献中提升，用发展的实际成效来诠释对党的忠诚、对事业的执着、对百姓的热爱。他是这样说的，也是这样做的。

  廖俊波同志担当尽责，用毕生心血书写对事业的执着追求。他经历市、县、乡多个重要岗位，经验丰富，思路清晰，组织领导能力强，履职尽责，克己奉公，敢于担当，真抓实干，有着强烈的事业心和责任感；他勤学善思、视野开阔，不论在哪个岗位，都能迅速进入角色，打开局面。担任邵武市拿口镇镇长、党委书记期间，谋划"强化工业园区建设，致力打造工业重镇"的新思路，规划建成千亩工业园区，为当地经济社会又好又快发展打下了坚实基础，拿口镇创业竞赛、绩效考评始终保持在邵武前列，他被南平市委、市政府评为"优秀乡镇长"。担任荣华山产业组团管委会主任期间，善于抓核心、抓关键、抓要害，围绕规划设计、征地拆迁、基础设施建设、招商引资、资金运作五条主线，组团式推动园区开发建设，建成首期工业平台，签约项目50余个，总投资28亿余元，全面推进荣华山组团开发建设。担任政和县委书记期间，他始终把推动发展作为第一要务，把造福一方百姓作为己任，团结带领全县 23 万干部群众，勇于拼创，担当作为，创造了"政和速度"，硬是在一个传统农业县建起了省级工业园区，掀起一场改写农业历史的"工业革命"。短短四年，政和在建设"百姓富、生态美"的新苏区中山乡巨变，2010—2014 年，政和财政总收入从 1.6 亿元增加到 4.9 亿元，GDP、固定资产投资、规模工业总产值翻番，2012 年县域经济发展指数在全省提升 35 位，2013 年首次进入全省县域经济发展"十佳"。他在市里任职以来，致力于提高群众归属感，加强城市规划建设，推进生态创建，宜居环境建设成效显著；全力保障项目用地需求，有力支撑南平经济社会发展。特别是兼任武夷新区党工委书记期间，紧紧围绕新区开发建设，恪尽职守、攻坚克难、呕心沥血，带领新区党员干部投入到"新区建设攻坚战"，项目建设、征地拆迁等一线留下了他不辞辛劳的身影，办公室那盏灯在深夜里亮了一晚又一晚，工作协调会议开了一场又一场，马不停蹄地奔波在一个又一个项目工地现场，曾经 3 天跑了 4 个省份、会见了 6 批客商，用 69 天拿下了别的城市 1 年多都没有拿下的项目，创造了"新区速度"，2016 年武夷新区固投增幅跃居全市第二。为了加快新区建设，他一刻都舍不得停歇，一直奔波忙碌到生命的最后一刻。

　　廖俊波同志心系群众，用毕生心血展示让百姓过上好日子的为民情怀。他曾说："能够当一个领头人，让 23 万政和百姓过上更好的生活，这是一件美妙的事情。"他一心装着百姓，坚持执政为民、心系群众，在加快发展的同时着力改善民生，努力为群众做好事、办实事、解难事，实打实地给群众一个又一个惊喜，把群众的满意当作最大的政绩。在政和工作期间，他始终心里想着"如何让老区人民尽快脱贫增收"，夜不能寐、殚精竭虑。为落实精准扶贫，他带头深入贫困村驻村蹲点调研，把脉问诊，分类施策，全力推进脱贫攻坚。三年多时间，全县贫困人口减少 3 万多人，脱贫率达 69.1%；农民人均纯收入年均增长 12.7%。在市委、市政府工作期间，他坚持以群众需求为出发点，时常向工作、生活中遇到的群众征询意见建议，从群众最关心、反映最强烈、与群众生活最密切的宜居环境建设、保障房建设、城市管理等热点难点问题入手，尽心尽力为老百姓办实事、谋利益，真真切切提升群众的幸福感和获得感；在武夷新区开发建设涉及的大量征地拆迁工作中，他始终把群众利益放在第一位，大力推行"先安后迁"，选择条件好的区域用于被征迁群众的安置，切实解决好被征迁群众的后顾之忧。

　　廖俊波同志律己从严，用一言一行树立清正廉洁的良好形象。他一身正气,光明磊落,为政清廉,自觉践行"三严三实",始终做到自重、自省、自警、自励,要求别人做到的、自己带头做到,要求别人不做的、自己坚决不做,对部下、亲属、子女和身边工作人员从严要求、不搞特殊,为党员干部作出了表率。工作中,他恪守原则,带头正风肃纪,下乡出差轻车简从,绝不允许超标准接待;在武夷新区他曾公开表态:"谁要是打着我的旗号搞工程,你们要马上拒绝,我没有这样的亲戚。"并带头说到做到;生活中,他时常叮嘱家人,要多付出、多奉献,不仅不能搞特殊,还要以更高的标准严格要求自己,踏实做事,干净做人,充分展示了共产党员的高风亮节。

案例5:大学生名牌崇拜多棱镜

从一座闭塞的山城考入京城著名大学的杏子,怎么也闹不明白:品牌有那么重要吗?甚至会影响到人际交往?勤奋简朴的良好习惯怎么在这里就被视为封闭愚昧?知晓一点儿名牌一下子就变成了眼界开阔?

从刚入学,杏子就和室友的关系不怎么好,尽管她极力想改善,但就是难以融入其中。别的女孩子都来自大城市,见多识广、时尚前卫,只有杏子一个人来自农村,没吃过麦当劳,也不知道必胜客。平日里大家大谈特谈的一些话题,杏子都很陌生,就连晚上的"卧谈"都插不上一句话。

起初,杏子满是好奇地听她们谈论,觉得这也是在长知识,心想总有一天自己会像她们一样对那些陌生的品牌如数家珍。可时间久了,别人似乎已经形成一个语境,她更是难以插入。

每天临睡前,寝室都有一番热火朝天的卧谈,话题涉及服装、化妆品、院系文艺演出、篮球赛上的帅哥、英语角的邂逅等,不胜枚举。而杏子对服装品牌一无所知,也不用什么化妆品。她不善长什么运动、跳舞,更不知道什么休闲娱乐。在农村,她最大的娱乐就是进城逛书店翻免费书看。中学时在班里,她有一个绰号叫"万事通",把书上看来的东西讲给同学们听,大家都夸她见多识广,有时候连老师不晓得的东西她都知道,这让她很是得意。可当她把这些告诉室友们时,大家满脸鄙夷:"这就是你的青春啊?"

有一次,大家一起逛商场,几个女生热热闹闹、唧唧喳喳,兴奋地楼上楼下到处转。在化妆品区,杏子一脸迷茫地望着那些陌生的英文名,然后指着一个 L'OREAL 问旁边的女生:"这是什么意思?怎么英文书上没有学过啊?"女生骄傲地说:"这是欧莱雅,法国的牌子。那边是 SK-Ⅱ,Dior……"杏子虽然记不住同学到底念了什么,但是那个女生的神态她却牢牢记住了——

飞扬跋扈。以后再到图书馆时，杏子不再只是去看《小说月报》《读书》了，而有意去翻一些时尚杂志，如《上海服饰》《时尚健康》《女友》等。她发现，确实，那些商场里陌生的名字在这里都能找到出处。为了积累谈资，她不仅默记，还做了笔记：品牌、出产国、风格、适合人群等。

如此做了一段时间，杏子心里踏实多了。至少在别人议论时，她不像外星人一样什么都听不懂了。有时，大家争论得相持不下时，她还会故作高深地发表一番自己的高见。起初大家都没在意杏子的变化，后来发现她的造诣已经到了一定程度，才纳闷地问："咦？杏子，你不是'名牌盲'吗？怎么眼界一下变开阔，成了'名牌通'了？"

杏子也学商场里那个女生的表情，骄傲地扬起头："呵，这不是小意思吗？"

杏子还说，是校园的名牌崇拜影响了她，改造了她。她也不明白自己为什么要这样，为什么会从一个淳朴女孩变得过于关注物质，而且这种关注在她看来真的毫无意义。后来发生的一件糗事终于宣告了杏子"名牌崇拜生涯"的结束。

有一天在街头，一个小贩拦住杏子兜售化妆品，杏子一看，精美的包装，鲜红的瓶子，正是寝室女孩向往已久，但都没钱买的SK-Ⅱ系列化妆品。杏子停下来，小贩一看她有兴趣，马上滔滔不绝吹嘘开了："这是面膜，这是眼霜，商场里都卖好几百块呢，我这儿50。绝对是真货，从香港那边免税过来的。"

杏子拿起来看了看，还挤出一点膏体搽在手背上，用食指和中指均匀抹开，就像商场里的小姐拿试用品在顾客手上试用一样。小贩又叫开了："一看小姐就是识货的主儿。"

杏子看看手上的膏体，感觉就是不一样。想想父母在家挣钱不容易，花50块买这玩意儿，非被老爸打一顿不可。可脚就是不听使唤，因为她又想到同学羡慕的目光，想起扬眉吐气的那一刻。

最终她还是买了一支面部精华液，砍了价，45元。杏子还很得意，又省了两顿饭钱。

回到寝室，大家一片哗然：杏子居然买SK-Ⅱ了，这可是爆炸性新闻。杏子一一应对跑来观摩"新货"的同学，问到价钱，她泰然自若地告诉她们商场里的实价。她可不好意思说是街边买来的。

杏子开始了自己的幸福旅程，每天早晚洗完脸，兴奋地涂抹那小瓶里的东西，每次都用一点点。她甚至还计划着这瓶东西要用多久才划算。

可刚用过的第二天，杏子脸上就开始出现凹凸不平的红斑，还奇痒无比。

和同学一起去校医院检查——是皮肤过敏。医生追问了半天,杏子才说出来龙去脉。

事情传到班里,成为大家的笑谈。杏子尴尬极了,都是自己盲目崇尚名牌惹来祸端。

一种观念一种选择,一种选择一种生活。大千世界,芸芸众生,一个人、一件事是身若蒿草,还是灵如碧玉,很多时候是看评价者的眼光。大学生名牌崇拜现象的背后是人生观的潜在指导。

四、单元小测

(一) 单项选择题

1. 承载着一个民族、一个国家的精神追求,体现着一个社会评判是非曲直价值标准的是(　　)。

　　A. 价值　　　　　　　　　B. 价值观
　　C. 核心价值观　　　　　　D. 核心价值体系

2. 回答我们要建设什么样的国家的重大问题,揭示当代中国在经济发展、政治文明、文化繁荣、社会进步等方面的价值目标,从国家层面标注社会主义核心价值观的时代刻度,这一价值追求是(　　)。

　　A. 富强、民主、文明、和谐　　B. 自由、平等、公正、法治
　　C. 爱国、敬业、诚信、友善　　D. 价值、奉献、为公、利民

3. 回答我们要建设什么样的社会的重大问题,与实现国家治理体系和治理能力现代化的要求相契合,揭示社会主义社会发展的价值取向,这一价值追求是(　　)。

　　A. 富强、民主、文明、和谐　　B. 自由、平等、公正、法治
　　C. 爱国、敬业、诚信、友善　　D. 价值、奉献、为公、利民

4. 回答我们要培育什么样的公民的重大问题,涵盖社会公德、职业道德、家庭美德、个人品德等各个方面,是每一个公民都应当遵守的道德规范,这一价值追求是(　　)。

　　A. 富强、民主、文明、和谐　　B. 自由、平等、公正、法治
　　C. 爱国、敬业、诚信、友善　　D. 价值、奉献、为公、利民

5. (　　)是一定社会形态社会性质的集中体现,在一个社会的思想观念体系中处于主导地位,体现着社会制度、社会运行的基本原则和社会发展的基本方向。

　　A. 主流价值观　　　　　　　B. 核心价值观
　　C. 社会思潮　　　　　　　　D. 主流社会思潮

6. (　　)是社会主义核心价值体系的精神内核,它体现了社会主义核心价值体系的根本性质和基本特征,反映了社会主义核心价值体系的丰富内涵和实践要求,是社会主义核心价值体系的高度凝练和集中表达。

　　A. 马克思主义指导思想　　　B. 社会主义先进文化
　　C. 社会主义主流价值观　　　D. 社会主义核心价值观

7. 习近平说:"我国是一个有着13亿多人口、56个民族的大国,确立反映全国各族人民共同认同的价值观'最大公约数',使全体人民同心同德、团结奋进,关乎国家前途命运,关乎人民幸福安康。"其中的"最大公约数"是指(　　)

　　A. 理论认同　　B. 理论认同　　C. 价值共识　　D. 观念共识

8. (　　)是中国特色社会主义道路自信、理论自信、制度自信和文化自信的价值内核。

　　A. 坚定的理想自信　　　　　B. 坚定的信念自信
　　C. 坚定的思想自信　　　　　D. 坚定的核心价值观自信

9. 深深地根植于(　　),是社会主义核心价值观历史底蕴的集中体现。

　　A. 中国精英文化　　　　　　B. 中国革命文化
　　C. 中华优秀传统文化　　　　D. 中国特色社会主义先进文化

10. 社会主义核心价值观的实践根据是(　　)。

　　A. 中国特色社会主义政治　　B. 中国特色社会主义建设
　　C. 中国特色社会主义文化　　D. 中国特色社会主义经济

11. 作为人类社会最为先进社会制度的本质规定在价值层面的集中反映,代表着当今时代人类社会的价值制高点的是(　　)。

　　A. 社会主义核心价值观　　　B. 社会主义核心价值体系
　　C. 共产主义核心价值观　　　D. 共产主义核心价值体系

12. 决定着未来整个社会价值取向的是(　　)。

　　A. 工人的价值取向　　　　　B. 农民的价值取向
　　C. 知识分子的价值取向　　　D. 青年的价值取向

13. 习近平指出:"这就像穿衣服扣扣子一样,如果第一粒扣子扣错了,剩余的扣子都会扣错。人生的扣子从一开始就要扣好。"这段话讲的是(   )。
    A. 儿童价值观养成问题   B. 少年价值观养成问题
    C. 青年价值观养成问题   D. 中年价值观养成问题

14. 韦编三绝、悬梁刺股、凿壁借光、囊萤映雪等故事讲的是(   )。
    A. 勤学   B. 修德   C. 明辨   D. 笃实

15. 报效祖国、服务人民,"见善则迁,有过则改",讲的都是(   )。
    A. 勤学   B. 修德   C. 明辨   D. 笃实

16. "道不可坐论,德不能空谈"讲的是(   )。
    A. 勤学   B. 修德   C. 明辨   D. 笃实

17. 培育和践行社会主义核心价值观是(   )的共同责任。
    A. 全社会   B. 全党   C. 各级政府   D. 各民族

18. 社会主义核心价值体系是全党全国各族人民团结奋斗的(   )。
    A. 共同思想基础   B. 共同理想
    C. 共同纲领   D. 理论基础

19. 社会主义核心价值体系是(   )在价值层面的本质规定。
    A. 社会意识形态   B. 社会主义制度
    C. 社会主义意识形态   D. 中国特色社会主义

20. 在社会主义核心价值观践行中,增智是通过(   )实现的。
    A. 勤学   B. 修德   C. 明辨   D. 笃实

21. 在社会主义核心价值观践行中,立身是通过(   )实现的。
    A. 勤学   B. 修德   C. 明辨   D. 笃实

22. 在社会主义核心价值观践行中,正心是通过(   )实现的。
    A. 勤学   B. 修德   C. 明辨   D. 笃实

23. 党的十九大报告指出,中国共产党人的初心和使命,就是为中国人民谋幸福,为中华民族谋复兴。体现了社会主义核心价值观的(   )特征。
    A. 先进性   B. 纯洁性   C. 人民性   D. 真实性

24. (   )是文化软实力的灵魂、文化软实力建设的重点,是决定文化性质和方向的最深层次要素。
    A. 核心价值观   B. 民族精神   C. 开拓创新   D. 先进文化

(二) 多选题

1. 党的十八大提出的社会主义核心价值观的主要内容包括(　　)。

A. 倡导富强、民主、文明、和谐

B. 倡导自由、平等、公正、法治

C. 倡导爱国、敬业、诚信、友善

D. 倡导价值、奉献、为公、利民

2. 社会主义核心价值体系主要包括(　　)。

A. 马克思主义指导思想

B. 中国特色社会主义共同理想

C. 以爱国主义为核心的民族精神和以改革创新为核心的时代精神

D. 社会主义荣辱观

3. 社会主义核心价值观涉及(　　)三个层面。

A. 国家　　　B. 社会　　　C. 集体　　　D. 公民

4. 培育和践行社会主义核心价值观,是有效(　　)的重大举措,是保证我国经济社会沿着正确的方向发展、实现中华民族伟大复兴的价值支撑。

A. 整合我国社会意识　　　B. 凝聚社会价值共识

C. 解决和化解社会矛盾　　　D. 聚合磅礴之力

5. 社会主义核心价值观(　　)为我们坚定核心价值观自信提供了充分的理由。

A. 多样的理论来源　　　B. 丰厚的历史底蕴

C. 坚实的现实基础　　　D. 强大的道义力量

6. 社会主义核心价值观的道义力量体现在它的(　　)。

A. 先进性　　　B. 纯洁性　　　C. 人民性　　　D. 真实性

7. 社会主义核心价值观的人民性体现在它(　　)。

A. 所代表的最广大人民的根本利益

B. 反映的最广大人民的价值诉求

C. 实现着最广大人民对美好生活的期待

D. 引导着最广大人民为实现美好社会理想而奋斗

(三) 判断题

1. 社会主义核心价值观与社会主义核心价值体系具有内在的一致性,都体现了社会主义意识形态的本质要求,体现了社会主义制度在思想和精神层面的质的规定性,是建设中国特色社会主义现代化强国、实现中华民族伟大复兴中国梦的价值引领。(   )

2. 核心价值观的养成可以通过突击来实现。(   )

3. 中华优秀传统文化是涵养社会主义核心价值观的重要源泉,是中华民族的精神命脉。(   )

4. "民惟邦本""天人合一""和而不同""天行健,君子以自强不息""大道之行也,天下为公"等思想和理念,是古人智慧的体现,与社会主义核心价值观没有关联。(   )

5. 鲜明的人民性,使得社会主义核心价值观具有强大的道义感召力。(   )

6. 社会主义核心价值观是当代中国精神的集中体现,凝结着全体人民共同的价值追求。(   )

7. 社会主义核心价值观涉及国家、社会和集体三个层面。(   )

8. 社会主义核心价值观的提出,鲜明确立了当代中国的核心价值理念,生动展现了中国共产党和中华民族高度的价值自信与价值自觉。(   )

9. 核心价值观就是核心价值体系,二者是同一个问题的不同说法。(   )

10. 社会主义核心价值观生成于中国特色社会主义建设实践,同当今中国最鲜明的时代主题相适应,是当代中国精神的集中体现,是中国特色社会主义本质规定的价值表达。(   )

第五章
明大德,守公德,严私德

一、目的要求

1. 了解道德的本质和变化发展，正确把握道德的功能和作用。

2. 了解中华传统美德的基本精神，熟悉中国革命道德的主要内容，用正确的态度和科学的方法借鉴和吸收人类文明优秀道德成果。

3. 明确社会主义道德的核心和原则，养成自觉遵守社会公德、职业道德、家庭美德、个人品德的习惯。

4. 投身崇德向善的道德实践，向道德模范学习、积极参与志愿服务活动，不断引领社会风尚，提升道德品质。

二、阅读文献

阅读文献一：毛泽东邓小平江泽民论社会主义道德建设（节选）

1. 积极引导

毛泽东认为，社会主义道德建设重在宣传，重在教育，同时也要辅以必要的思想斗争。他指出："劳动人民中的缺点或者错误，是能够经过适当的政治工作，使他们加以克服或者改正的。"应坚定不移地宣传社会主义的道德观念。毛泽东强调，社会舆论应该发挥积极的导向作用，要弘扬正气，批评落后，要赞扬真善美，鞭挞假恶丑，要爱憎分明，公正公道，这样才能形成良好的社会主义道德风尚。

2. 把道德教育同党建结合起来

在社会主义道德建设实践中，毛泽东把无产阶级政党自身的道德建设作为整个社会道德建设的重心，这是毛泽东对马克思主义道德教育理论的一个重大贡献。第一，结合党的思想建设进行道德教育，是毛泽东建党思想的显著特色。党的思想建设，从根本意义上讲，就是包括道德品质的培养在内的思想理论建设。纵观毛泽东关于党的思想建设的全部论述和实践可以看出，进行马克思主义道德教育，培养党员和党的干部的良好道德品质，提高全党的道德水平，是党的思想建设中不可缺少的内容。第二，结合党风建设进行道德教育。毛泽东在马克思主义建党史上，第一个提出了"党风"这一概念。并且指出，要搞好革命和建设事业，就要有一个好的党风、好的军风、好的民风，归根到底要有一个好的党风。因为"只要我们党的作风正派了，全国人民就会跟我们学"。党风正派，就会带动全国道德风气朝着健康的方向发展；党风不正，就会把全民族的风气搞糟。毛泽东在党的七届二中全会上的报告中及时地告诫全党，中国革命胜利以后的路程更长，工作更伟大、更艰苦，因此务必保持党的优良作风。1956年，在党的八大的开幕词中，毛泽东又一次指出，在我们的许多同志中，仍然存在着一些违反马克思主义的观点和作风的现象，必须用加强党内的思想教育的方法，发扬党的优良传统和作风。在党的这次大会上，"遵守共产主义道德"被当作党员的义务写进党章。

3. 批评和自我批评

毛泽东指出："我们有批评和自我批评这个马克思列宁主义的武器。我们能够去掉不良作风，保持优良作风。"明确指出批评和自我批评的性质及其在道德教育和道德修养中的作用及其道德意义。其性质是"马克思列宁主义的武器"，因为这个武器只有马克思主义者才能具备和掌握，"也是我们和其他政党互相区别的显著标志之一"。这是因为："共产党是不怕批评的，因为我们是马克思主义者，真理是在我们方面，工农基本群众是在我们方面。"它的道德意义也十分明显，能使我们"去掉不良作风，保持优良作风"。

怎样运用批评和自我批评来开展道德教育和进行道德修养呢？毛泽东提出的两条宗旨是必须注意的：第一是"惩前毖后"，第二是"治病救人"。他说："对以前的错误一定要揭发，不讲情面，要以科学的态度来分析批判过去的坏东西，以便使后来的工作慎重些，做得好些。这就是'惩前毖后'的意思。但是我们揭发错误、批判缺点的目的，好像医生治病一样，完全是为了救人，而不是为了把人整死。"因此，"对待思想上的毛病和政治上的毛病，决不能采用鲁莽的态度，必须采用'治病救人'的态度，才是正确有效的方法"。

批评和自我批评最重要的就是要正确认识自己，做到有自知之明，并对自己提出严格的要求。其次要敢于承认自己的缺点错误，能够认真地解剖自己。同时，在自我批评中要有毫不隐瞒、严于责己、闻过则喜的精神。被毛泽东称赞为中国第一等圣人的鲁迅先生说过："我的确时时解剖别人，然而更多的是无情面地解剖自己。"对于共产党人来说，只有以共产党道德原则和规范作为自己一切言论行动的准则，严格要求自己，严于解剖自己，才能不断发现和改正自身的弱点、缺点和错误，求得道德上的不断完善和不断进步。

4. 树立道德模范

毛泽东深知榜样的作用，在不同时期，他都非常注重适时推出道德楷模。早在1936年12月，毛泽东在总结第二次国内革命战争的经验时，就充分肯定和高度评价了中国共产党人的模范行动对全国人民的教育作用，指出："中国共产党以自己艰苦奋斗的经历，以几十万英勇党员和几万英勇干部的流血牺牲，在全民族几万万人中间起了伟大的教育作用。"在社会主义建设时期，毛泽东又指出："应将各地典型的好人好事加以调查分析和表扬，使全党都向这些好的典型看齐，发扬正气，压倒邪气。"这些论述，充分反映了毛泽东对榜样的教育作用的高度重视。

革命战争年代，刘胡兰、张思德、白求恩等一批与革命事业结合在一起的英雄模范被树立起来。毛泽东为刘胡兰题词："生得伟大，死得光荣。"号召人们学习张思德全心全意为人民服务、勇于为人民利益献身的崇高精神，学习国际主义战士白求恩"毫不利己，专门利人"的高贵品质。和平建设年代，毛泽东向全国人民发出"向雷锋同志学习"的号召，高度评价焦裕禄、时传祥、王进喜等社会主义建设各条战线上的英雄模范人物。另外，毛泽东还赞扬过孙中山、鲁迅、朱自清、吴玉章、徐特立等人的高风亮节：他们或者表现出生命不息、战斗不止的奋斗精神；或者表现出"横眉冷对千夫指、俯首甘为孺子牛"的人格力量；或者表现出宁可饿死的爱国主义精神；或者表现出挖山不止的艰苦奋斗精神，一个人就是一个方面的榜样，就是一种道德标准。通过典型的事例和榜样人物的宣传，把抽象的说理变为生动的形象教育，向全国人民进行思想道德教育，对于培养人们高尚的道德品质，提高全社会的道德水平，具有不可估量的巨大推动作用。

新中国成立后，毛泽东提出了一系列符合中国国情的社会主义道德教育思想：一是用民族的科学的大众的共产主义道德教育人民；二是党风建设是社会主义道德教育事业的中心环节；三是树立大众化的道德榜样和造成广泛的社会舆论是社会主义道德教育的主要方法；四是广泛的政治改造和政治动员是社会主义道德教育的必要条件。这些思想，在社会主义建设中得到较好实践，并收到巨大的社会效果，具有深远的历史影响。

阅读文献二：毛泽东邓小平江泽民论社会主义道德建设（节选）

　　党章草案要求，每一个党员严格地遵守党章和国家的法律，遵守共产主义道德，一切党员，不管他们的功劳和职位如何，都没有例外。在这里，中央认为，关于有任何功劳、任何职位的党员，都不允许例外地违反党章、违反法律、违反共产主义道德的规定，这在今天具有特别重要的意义。

　　要树立好的风气。讲风气，无非是党风、军风、民风、学风，最重要的是党风。好的党风也要体现在教育中，这才能培养出好的学风。现在我们的青少年中，有些人有些坏的风气。改变这种风气，要从小学教育开始。建国以后相当一段时间，整个社会的风气、秩序和纪律是好的。学生自觉地遵守纪律，可以经常看到红领巾拿着喇叭，维持交通秩序。后来由于"四人帮"的破坏，风气变差。要数罪状，把一些青少年带坏，是"四人帮"的一条很大的罪状。我们现在要把风气扭转过来，这就要求学校培养好的风气。要有爱劳动、守纪律、求进步等好风气、好习惯。教师有责任把这些好风气带动起来。教师要成为学生的朋友，与学生的家庭联系，互相配合，共同做好教育学生的工作。

　　革命的理想，共产主义的品德，要从小开始培养。我们党的教育事业历来有这样的优良传统。革命战争年代，儿童团员、共青团员创造了可歌可泣的英雄业绩。全国解放以后，我们的教育工作，我们的青年团、少先队的工作，发扬了过去的优良传统。在很长的一段时间里，广大青少年好好学习，天天向上，爱祖国，爱人民，爱劳动，爱科学，爱护公共财物，英勇机智地同敌人、破坏分子作斗争，树立了一代新风。学校风气的革命化促进了社会风气的革命化。这种风气不仅是中国历史上从来没有过的，而且受到了世界人民的赞誉。我们希望从事教育工作的同志，各个有关部门的同志，整个社会的家家户户，都来关心青少年思想政治的进步，把被"四人帮"破坏了的优良革命传统恢复和发扬起来。毛泽东同志说："思想政治工作，各个部门都要负责任。共产党应该管，青年团应该管，政府主管部门应该管，学校的校长教师更应该管。"尤其是中小学教师和幼儿教育工作者，负有培养革命接班人的幼苗的重任。我们要在青少年中大力提倡勤奋学习、遵守纪律、热爱劳动、助人为乐、艰苦奋斗、英勇对敌的革命风尚，把青少年培养成为忠于社会主义祖国，忠于无产阶级革命事业，忠于马克思列宁主义、毛泽东思想的优秀人才，将来走上工作岗位，成为有很高的政治责任心和集体主义精神，有坚定的革命思想和实事求是、群众路线的工作作风，严守纪律，专心致志地为人民积极工作的劳动者。

我们一定要在全党和全国范围内有领导、有计划地大力提倡社会主义道德风尚，热爱社会主义祖国，提高民族自尊心，还要进行坚持社会主义道路、反对资本主义腐蚀的革命品质教育。现在有一部分青年有忽视政治的倾向，全党必须看到这个问题的严重性，一定要分析原因，找出办法，认真有效地加以解决。

要教育全党同志发扬大公无私、服从大局、艰苦奋斗、廉洁奉公的精神，坚持共产主义思想和共产主义道德。我们要建设的社会主义国家，不但要有高度的物质文明，而且要有高度的精神文明。所谓精神文明，不但是指教育、科学、文化（这是完全必要的），而且是指共产主义的思想、理想、信念、道德、纪律，革命的立场和原则，人与人的同志式关系，等等。学习和培养这些革命精神，并不需要多么好的物质条件，也不需要多么高的教育程度。我们不是靠马克思主义的科学理论和上述的革命精神参加革命到现在吗？从延安到新中国，除了靠正确的政治方向以外，不是靠这些宝贵的革命精神吸引了全国人民和国外友好人士吗？没有这种精神文明，没有共产主义思想，没有共产主义道德，怎么能建设社会主义？

开放、搞活，必然带来一些不好的东西，不对付它，就会走到邪路上去。所以，开放、搞活政策延续多久，端正党风的工作就得干多久，纠正不正之风、打击犯罪活动就得干多久，这是一项长期的工作，要贯穿在整个改革过程之中，这样才能保证我们开放、搞活政策的正确执行。

阅读文献三：习近平谈思想道德建设——为实现中国梦提供强大精神力量（节选）

习近平总书记考察山东时指出，国无德不兴，人无德不立。必须加强全社会的思想道德建设，激发人们形成善良的道德意愿、道德情感，培育正确的道德判断和道德责任，提高道德实践能力尤其是自觉践行能力，引导人们向往和追求讲道德、尊道德、守道德的生活，形成向上的力量、向善的力量。只要中华民族一代接着一代追求美好崇高的道德境界，我们的民族就永远充满希望。

在颁发中国人民抗日战争胜利70周年纪念章仪式上，习近平总书记说，一个有希望的民族不能没有英雄,一个有前途的国家不能没有先锋。包括抗战英雄在内的一切民族英雄,都是中华民族的脊梁。毫无疑问,他们也是当代国人学习的道德典范。

习近平总书记指出,认真汲取中华优秀传统文化的思想精华和道德精髓,大力弘扬以爱国主义为核心的民族精神和以改革创新为核心的时代精神,深入挖掘和阐发中华优秀传统文化讲仁爱、重民本、守诚信、崇正义、尚和合、求大同的时代价值,使中华优秀传统文化成为涵养社会主义核心价值观的重要源泉。

习近平总书记在全国道德模范表彰活动作出重要批示：隆重表彰全国道德模范,对展示社会主义思想道德建设的丰硕成果,彰显中华民族昂扬向上的精神风貌,凝聚全国各族人民团结奋进的力量,具有重要意义。他强调,道德模范是道德实践的榜样。要深入开展宣传学习活动,创新形式、注重实效,把道德模范的榜样力量转化为亿万群众的生动实践,在全社会形成崇德向善、见贤思齐、德行天下的浓厚氛围。要持续深化社会主义思想道德建设,弘扬中华传统美德,弘扬时代新风,用社会主义核心价值观凝魂聚力,更好构筑中国精神、中国价值、中国力量,为中国特色社会主义事业提供源源不断的精神动力和道德滋养。

三、典型案例

案例1：校园内的"诚信驿站"

在山东交通学院无影山校区内的一条道路旁,我们找到了这家"诚信驿站"。说是驿站,其实就是一个5层的铁皮柜,里面摆放着笔芯、橡皮、本子等十几种学习用品,没有收银台,也没人看管,只是放置了一个用来收钱的箱子和一本"顾客"留言册。小店里的所有的商品都标有价格,购物者在挑选商品后,完全凭着自觉,将钱投进箱子里并找零。在驿站里,我们看到一位女同学正挑选着自己需要的笔芯,按笔芯上的价钱把钱投入盒内并找零,然后离开。挑选、付款、找零……熟练的动作,显得如此自然。

时间追溯到2010年4月,山东交通学院无影山校区学生生活区内,一张简易的木制电脑桌、少量的文具用品、一个收钱的盒子和一张介绍自主购物的宣传板,汽车工程学院2008级学生孙凤慧的无人看管小店就这样开张了。

因为无人收银，无人介绍，挑选、付款、找零全由顾客自行办理，所以孙凤慧给小店取名为"诚信小店"。起初，孙凤慧开办"诚信小店"是为了创业，之所以选择这种经营模式，是她坚信在当今社会中，新时期的大学生依然是拥有诚信与良知的。

诚信团队的李志欣向我们介绍了"诚信驿站"的发展轨迹："没人看管，没人收钱，付费找零全凭同学们自觉，小店开张后，前来光顾的同学越来越多。今年4月，我们又在学院长清校区开设了分店。许多同学都积极要求加入我们这个诚信团队，现在我们这个诚信团队已经有5位同学，有的负责进货，有的负责开门关门，各项工作做得有条不紊。考虑到小店诚信经营的特殊性，几经考虑，店员们写下这样一副对联'诚吾心与君大同之信，驿交院供君周便之站'，并把'诚信小店'改名为'诚信驿站'。目前，长清分店的平均营业额在每天四五十元左右，无影山校区的收入在每天七八十元左右。"

从"诚信小店"到"诚信驿站"，再到开设分店，我们对他们这些大学生的大胆创新精神报以称赞。李志欣向我们介绍到，现在的"诚信驿站"已经步入了良性发展状态，但在这个过程中也是惊险不断，在小店成立之初就遭受了一次"洗劫"，如果不坚持就不会有现在的"诚信驿站"了。

原来，"诚信驿站"在刚开张的几天里，凭借着全校师生的诚信一切运转良好。但是意外出现了，一天晚上孙凤慧回来收摊时，发现桌上空空如也。一位目击者告诉她是一位校外的老大爷把东西全部提走了。当时算下来损失了178.5元，这对于刚刚开始创业的孙凤慧来讲，无疑是当头一棒。但孙凤慧坚信大学生是讲诚信的，所以这件事还要继续干。第二天，她一如既往地摆上了商品，然后去上课，晚上来收摊。此后，她又不断增加物品的种类，优化"小店"购物环境，并积极寻找合作者，壮大诚信团队，将这种诚信播撒到学校的每一个角落。

钱财是人格的试金石，驿站是道德的加油站。"诚信驿站"在营业的18个月期间，在"无人监考"的情况下，山东交通学院近17 000名大学生的诚信经住了考验，没有出现过一次学生失信事件，向社会交出了一份满意的答卷，这也更加坚定了孙凤慧坚持做下去的决心。

案例点评：你尊重我，所以我必须自尊；你信任我，所以我不能失信。我们每一个大学生都要能经得起"诚信驿站"的考验，从小见大，从五角钱的本子和几块钱的笔来折射出我们的素质。诚信并不是多么难的事情，诚信与我们的距离也并没有多么遥远,它就是"诚信驿站"卖出的一支笔、一块橡皮。这是一种慎独自律,在没有任何监督的环境下,用自己的举手之劳完成诚信之举。

案例 2:两则中国留学生的故事

故事一　在德国逃票之后

在德国,一些城市的公共交通系统是自助售票的,也就是你想到哪个地方,根据目的地自行买票。没有检票员,甚至连随机性的抽查都非常少。一位中国留学生发现了这个管理上的漏洞,很庆幸自己可以不用买票而坐车,在几年的留学生活中,他一共因逃票被抓过 3 次。

毕业后,他试图在当地找工作。他向许多跨国公司投了自己的资料,虽然这些公司都在积极地开发亚太市场,可他都被拒绝了。一次次的失败使他愤怒,他认定这些公司有种族歧视的倾向,排斥中国人。最后一次,他冲进了人力资源部经理的办公室,要求经理对于不予录用他给出一个让人信服的理由。下面的一段对话很令人寻味。

"先生,我们并不是歧视你,相反我们很重视你。因为公司一直在开发中国市场,我们需要一些优秀的本土人才来协助我们完成这个工作。所以你来求职的时候,我们对你的教育背景和学术水平很感兴趣,老实说,从工作能力上你就是我们所要找的人。"

"那为什么要拒绝我?"

"因为我们查了你的信用记录,发现你有 3 次乘公共交通逃票被处罚的记录。"

"我不否认这个,但谁会相信,你们就为这点小事而放弃一个自己急需的人才?"

"小事?我们并不认为这是小事。我们注意到,第一次逃票是在你来到这里后的第一个星期,检查人员相信了你的解释,因为你说自己还不熟悉自助售票系统,因此只是给你补了票。但在这之后,你又两次逃票。"

"那时刚好我口袋中没有零钱。"

"不,先生,我不同意你这种解释。我有理由相信你在被查获前,你可能有数百次逃票的经历。"

"干吗那么较真?我以后改还不行?"

"不,先生。此事证明了两点:一是你不尊重规则,不仅如此,你还善于发现规则中的漏洞并恶意使用;二是你不值得信任,而我们公司的许多工作是必须依靠信任进行的，如果你负责了某个地区的市场开发，公司将赋予你许多职权。为了节约成本，我们没有办法设置复杂的监督机构，正如我们的公共交通系统一样。所以我们没有办法雇佣你，可以确切地说，在这个国家甚至整个欧盟，你可能找不到雇佣你的公司，因为没人会冒这个险。"

最后，这位留学生只能无奈地离开了德国。

故事二　修养是人的第二身份

张君和在英国布里斯托尔的大多数中国留学生一样，借住在当地一户居民家中，这样既省钱，生活条件又好。房东姓坎贝尔，是一对老年夫妇。坎贝尔夫妇待人热情大方，他们不仅很快让整个社区的人都知道这件事，还打电话告诉了远在曼彻斯特和伦敦的儿女。

为了实现张君出国留学的梦想，他父母欠了十几万元的债，所以他非常珍惜这得来不易的学习机会，白天刻苦用功自不待言，晚上在图书馆一直待到闭馆时才离开也是常有的事。每天张君回到"家"里，可口的饭菜在等着他，每隔四五天，坎贝尔太太就会逼着他换衣服，然后把换下的脏衣服拿去洗净熨好。可以说，他们就像对待亲儿子一样待张君。

可是，过了没多久，张君感觉坎贝尔先生对他的态度有些转冷，看他的眼神有些异样。好几次吃饭的时候，坎贝尔先生都好像有什么话要对张君说，但是看看太太，又把话咽了回去。张君开始猜测，他们是不是嫌收我的房租太少，想加租又不好意思说？

一天晚上11点多张君从学校回来，洗漱完毕刚想脱衣睡觉，坎贝尔先生蹑手蹑脚地走进张君的房间。寒暄两句后，坎贝尔先生坐到椅子上，一副谈话的架势。张君心里早有准备，只要在我的承受能力之内，他加租多少我都答应，毕竟这样的好东家不是到哪儿都能找到的。

"孩子"，坎贝尔先生开口道，"在你中国的家里，你半夜回家时，不管你的父母睡没睡，你都使劲关门、噼噼啪啪地走路和大声咳嗽吗？"

张君愣住了：难道这就是憋在他心里的话？

张君说："我说不清，也许……"真的，长这么大还从没有人问过张君类似的问题，他自己也根本没有注意过这些细节。

"我相信你是无心的。"坎贝尔先生微笑着说，"我太太有失眠症，你每次晚上回来都会吵醒她，而她一旦醒来就很难再睡着。因此，以后你晚上回来如果能够安静些，我们将会非常高兴。"坎贝尔先生停顿了一下，接着说："其实我早就想提醒你，只是我太太怕伤你的自尊心，一直不让我说。你是一个懂事的孩子，你不会把我善意的提醒视为伤害你的自尊吧？"

张君很勉强地点头，他并不是觉得坎贝尔先生说得不对，或者有伤自尊，而是觉得坎贝尔先生有些斤斤计较。张君和父母一起生活了二十几年，父母从没跟孩子计较过这种事，如果自己也因此打扰过他们的话，他们肯定会容忍自己的，充其量把他们的卧室门关紧而已。张君心里感叹：到底不是自己家呀！

尽管张君心里有牢骚，但还是接受了坎贝尔先生的提醒，以后晚上回屋尽量轻手轻脚。然而，不久后的一天中午，张君从学校回来刚在屋里坐定，坎贝尔先生就跟了进来。张君注意到，他的脸阴沉着，这可是很少有的。

"孩子，也许你不高兴，但是我还得问：你小便的时候是不是不掀开马桶垫子？"张君的心里"咯噔"一声，他承认，有时尿憋得紧，或者偷懒，小便时就没有掀开马桶垫子。

"偶尔……"张君嗫嚅。

"这怎么行？"坎贝尔先生大声说，"难道你不知道那样会把尿液溅到垫子上吗？这不仅仅是不卫生，还是对别人的不尊重！"

张君辩解："我完全没有不尊重别人的意思，只是不注意……"

"我当然相信你是无心的，可是这不应当成为这样做的理由！"

看着坎贝尔先生涨红的脸，张君嘟囔："这么点儿小事，不至于让你这么生气吧？"

坎贝尔先生越发激动："替别人着想、顾及和尊重别人，这是一个人最起码的修养，而修养正是体现在小事上的。孩子，考取学位和谋得一个好的职位固然重要，但与人相处时良好的习惯和修养同样重要。如果说学位、职位代表了一个人的身份的话，那么习惯和修养就是人的第二身份，人们同样会以此去判断一个人。"

张君觉得坎贝尔先生过于苛刻，这种事如果在咱们国内，那还算是事吗？晚上张君躺在床上考虑良久，决定离开坎贝尔家。既然他们对我看不上眼，那我就另找一户比较"宽容"的人家居住。

第二天张君就向坎贝尔夫妇辞别，全然不顾他们的极力挽留。然而接下来的事情却令他始料未及。他一连走了五六户人家，他们竟然都以同样的问话接待张君："听说你小便时不掀开马桶垫子？"那口气、那神情，让张君意识到这在他们任何一个人看来都是一件不可思议的、很严重的事情。面对这样的问话，张君只有满面羞惭地返身逃走。至此，他才真正明白了坎贝尔先生说的"习惯和修养是人的第二身份"这句话。在人们眼里，张君是一个浅陋的、缺乏"修养"的人。

张君一点儿也不怨坎贝尔夫妇把他的"不良习性"到处传播，相反，张君对他们的怨气反而消失了，甚至非常感激他们。如果没有他们，没有那段尴尬的经历，张君不知道自己是否还是那样令人生厌地"不拘小节"。

案例点评：讲道德、讲诚信、讲文明、讲礼仪是每个公民应该具备的基本素质，也是当代青年大学生走向社会安身立命的起码条件。正如坎贝尔先生所说："替别人着想、顾及和尊重别人，是一个人最起码的修养，而修养正是体现在小事上的。考取学位和谋得一个好的职位固然重要，但与人相处时良好的习惯和修养同样重要。如果说学位、职位代表了一个人的身份的话，那么习惯和修养就是人的第二身份，人们同样会以此去判断一个人。"我们应该学会尊重社会规则，注重个人修养，从点滴的小事做起，从身边的细节入手，去提升自身的道德品质。

案例3：特殊考试

有个女孩，从医学院护理系毕业，就在她刚刚走出校门的时候，积劳成疾的父亲查出肺癌。她走进一家蜚声医界的私立医院找工作，她哭着诉说了自己的困境，恳请能马上工作，拯救危在旦夕的父亲。女孩的孝心感动了院方，医院破例留下了她，试用期一个月。女孩拼命地工作，希望能顺利通过试用期，四千元的月薪不仅维系父亲生的希望，也是她美好未来的开端。

她的勤恳努力赢得了信任，半个月后，护士长便分派她做高级病房的护士，独立承担一位肝癌患者的治疗护理。执行医嘱时，女孩惊呆了，医生曾经给父亲开出的，就是这样一张相同的处方：一种进口的化疗药物，三百多元一支，每日一次，静注三支。

女孩镇静地忙碌着，谁也看不出她心里掀起了怎样的惊涛骇浪：那种粉末状的药物溶入生理盐水后仍然是无色透明的，一瓶澄净的液体，谁也看不出配药前后的区别！而治疗室内，只有她一个人。三支药紧紧地攥在女孩儿手里，她觉得那就是父亲的性命。只要她每天下班后回家执行化疗，她那慈爱的父亲就有活下去的希望，而这一切都可以神不知鬼不觉。

"爸，护士给你换药来了"。陪护的是一位和她年龄相仿的女孩，一声轻唤，让她的心一颤：躺在床上的，也是命悬一线的父亲。女孩端着治疗盘的手微微地颤抖了,她用颤抖的手,将输液管从滴空的药瓶内拔出来,插到了那瓶盐水里。她硬着心肠想:只耽误一个疗程,他们发现没有效果,马上会换另一种药物,反正病人有的是钱。

可是一回到治疗室,女孩就瘫坐在椅子上。只是几分钟,却仿佛挣扎了一个世纪。女孩鼓足勇气叫来了护士长,嗫嚅着承认:"12床正在滴注的盐水里,我、我没有配药……"

护士长绽开了一个欣喜的笑靥:"真的吗?你连这个经验都有呀?我正想提醒你呢,化疗之前如果患者正在输液,必须用盐水冲净滴管中的残留药物。"没容女孩再说什么,护士长向她竖起了大拇指:"你真棒!"女孩的试用期就在那一天提前结束了,院方同她签订聘用合同的同时,还预支了半年的工资让她给父亲治病。女孩欣喜若狂热泪盈眶,向着决定她命运、成全她孝心的人们,深深地鞠躬致谢!

后来女孩才知道,那其实是一场特殊的考试。所有的一切都被护士长尽收眼底,只要女孩儿将那三支药放进自己的手包,等着她的,必将是被辞退的命运。

案例点评:慎独,是每一个人都应具备的道德素养。因为有许许多多的时刻,监督着我们一举一动的,只有我们自己的良心。一方是至爱亲情,一方是责任所在,如何权衡,这是一个道德两难问题,对这样的问题如何解决,可以衡量一个人的道德水准。"慎"就是小心谨慎,随时戒备;"独"就是独处,独自行事。慎独作为修养方法,就是注意在没有外在监督的情况下坚持自己的道德信念,自觉按道德要求行事,不因为无人监督而恣意妄行。其特点在于它强调要从"微处"和"隐处"下功夫。它是有相当难度和高度的道德修养方法,是一种很高的境界,是真正的"表里如一""言行一致",是有坚定价值目标的试金石。

案例4:拾金不昧,完璧归赵

2012年2月14日晚上19点30分左右,天津城市职业学院计算机管理系学生郭乃瑞参加完同学聚会回家,在金钟河大街的全聚德饭店门口发现了一个黑塑料袋。郭乃瑞打开塑料袋一看,里面竟然放着两沓钞票,足足有2万多元!当时左右都没有人,他便独自站在刺骨的寒风中等待失主来寻,一站就是将近1小时。夜色渐浓,见失主迟迟未到,郭乃瑞只好打电话报警,将钱交给了民警,由民警继续等待。20时45分左右,郭乃瑞还没到家就接到了民警打来的电话:"小郭,失主找到了!"

原来,这天傍晚,做生意的刘女士准备将收到的货款存入银行,用来给正在住院的婆婆交医药费。前往银行时,忙乱中口袋里的 2 万多元现金滑落到了地上。刘女士告诉记者,当她发现 2 万元不翼而飞后,心里顿时一凉,但她转念一想:"咱天津人实诚,我坚信世上还是好人多,没准儿就能把钱找回来。"结果,当她回到现场,正碰见拿着钱等待失主的民警。

当晚,郭乃瑞赶到派出所,与刘女士见了面。刘女士当即拿出 500 元要感谢他,郭乃瑞婉言谢绝了。记者从学校了解到,郭乃瑞出生于普通的双职工家庭,父母都是普通职工。

案例点评:一沙一世界,一花一天堂,一滴水折射的是整个大海。也许,这只是一个"诚信"的个案,郭乃瑞也没做什么惊天动地的大事,但是他所发出的道德之光,反映了一个高职院校学生道德品质的高尚,各方面素质同样过硬。莫以善小而不为,莫以恶小而为之。华中科技大学校长李培根院士对学生们说:"未来的幸福在自身的安宁,在自身的和谐。堂堂正正做人,踏踏实实做事,你就能守住内心的安宁。"人无信不立。诚信是我们中华民族的优良传统,即便是在今天,诚信依然是为人之本、行事之基。

案例 5:大爱和大义——树起"90 后"精神坐标

2011 年 3 月 12 日,春寒料峭。这天下午,宁夏第一工业学校初中机电101 班学生沈桐和孙志帅前往南沙窝,途经石嘴山市星海湖南域附近。16 时左右,一阵呼救声传来,3 个小男孩在湖中央的冰面上玩耍,忽然冰面破碎塌陷,3 个小孩瞬时掉入冰窟窿里,湖水淹没了他们的头顶。

情势危急,3 个孩子命悬一线。沈桐、孙志帅见状,拨开围观的人群,立即踏上冰面,奔向湖中,刚跑几步,冰面塌裂,他俩也掉进冰冷刺骨的湖水中。孩子的呼救声越来越弱,沈桐和孙志帅心急如焚,用拳头砸着冰面朝呼救声奋力游去,湖底的淤泥粘着鞋子,浮冰划破了双手,刺骨的寒冷和疼痛钻心,身子逐渐变沉……往前……再往前……近了……更近了……终于,他们游到了孩子身边,沈桐伸手把两个挣扎的孩子托起揽到怀里,孙志帅把另一个孩子托了起来。3 个孩子浮出水面,脱离了危险。

沈桐让孙志帅先送一个孩子上岸,自己则试探着找到了一处刚刚没胸的浅水域站稳,紧紧抱住另外两个孩子,等待孙志帅返回营救。泡在冰水中的手脚被冻得麻木失去了知觉,沈桐依然使劲地抱着孩子,丝毫不敢松手。孙志帅游回来了，他俩交换了一个眼神，孙志帅就从沈桐手中接过一个孩子，一同向岸边艰难地缓缓游去……

孩子得救了，他俩也近乎虚脱了，浑身冰凉，冻得瑟瑟发抖。眼见天将见黑，沈桐和孙志帅赶紧把脱在湖边的外套披到孩子们身上，咬紧牙关，不顾疲惫，步行3公里，把3个孩子分别送回坐落在锦林小区的家中。此时，小区亮起灯火，已经是晚上8时。

得知孩子和死神擦肩而过，3个孩子的父母喜极而泣，紧紧拉着沈桐和孙志帅的手："你们真是大英雄，为3个家庭挽回3条生命，我们怎么也报答不了你们的救命之恩……"沈桐和孙志帅连连摆手，一溜烟赶回学校。同宿舍的室友见他俩浑身透湿，冻得发抖，再三追问才得知事情经过。他们请求同学："不要声张这事，搁在你也会这么做。"

一周之后，沈桐借同学的手机给家里打电话，因为问起儿子的手机浸水损坏的原委，父亲才得知沈桐和孙志帅英勇救人的事迹。沈桐告诉家人："我们不要人家感激，做了好事自己满足就行。"

自治区领导获悉沈桐、孙志帅的英雄事迹之后，3月16日专程来到他们的学校进行慰问，要求广泛深入宣传他们的先进事迹，激励全社会特别是广大青少年学习他们热爱人民的赤子情怀，见义勇为、舍己救人的英雄气概，关爱他人、心系社会的优秀品德，进一步弘扬社会正气、树立良好风尚。共青团石嘴山市委授予他们"全市优秀共青团员"称号。宁夏第一工业学校召开表彰大会，组织向沈桐、孙志帅见义勇为、舍身救人英雄事迹学习的活动。

面对荣誉、鲜花和掌声，沈桐和孙志帅却显得腼腆害羞："没有想过要当英雄，当时唯一的念头就是救人"。他们并不认为自己是英雄，只是自然而然地做了一件应该做、想要做的事情。说起这些，两张青涩的脸庞，笼罩着做了好事之后的满足、幸福的享受。

案例点评：他们在紧要关头没有忘记责任和担当，让90后可以骄傲地说，我们不是迷失的一代、垮掉的一代！我们也懂得承担、懂得奉献，我们也崇尚正义、追求高尚！

案例6：河北大学生见义勇为　跳进深井连救6名工人

2011年10月6日下午3点半左右，衡水冀州一家私营企业的宿舍内，趁着假期来看望父母，同时也找点零工做的郝占辰正在父亲宿舍休息。突然，窗外传来一阵惊慌的脚步声，还有"快来人啊，快来人啊……"的呼喊。郝占辰迅速地跑到了屋外，顺着呼喊声，郝占辰来到出事地点——公司后院内一个直径3米、深4米的消防井旁。井边围了很多人，郝占辰拨开人群往井里一看，里面有五六个工人，有的脸朝上躺在污泥里，有的靠着井壁，躺在污泥里的几个工人都翻着白眼，他们一动不动，似乎已经昏迷。这个突发的情况令围观的人群焦急、心忧，怎么办?! 郝占辰的化学学得不错，他在匆忙中看了一下现场——消防井的井盖已打开，井底的沼气想必已经消散了一些，应该不会有生命危险。想到这里，郝占辰果断地顺着梯子下到了井里。下到井底后，郝占辰顾不上观察井底的情况，顺手把离他最近的一位躺在污泥里的工人抱起。这名工人已经昏迷了一段时间，全身软软的像一滩泥。这时，井上的群众把绳子放了下来，郝占辰把绳子套在这名工人的腰部，并把他抱起来扛在肩上，用力向上顶，井上的职工拉住绳子往上提，第一个昏迷的工人成功获救了。井边的人群一阵欢呼，此时的郝占辰想起了什么，他向着井边的人群大喊："快打120！快打120……"有人按照郝占辰的"指令"拨打了120急救电话。

之后，第二个和第三个昏迷的工人又被救起。当第三个工人升井之后，一位工人也顺着梯子下到井里，和郝占辰一起把其他三人救出了消防井。当郝占辰拖着沉重的身子最后一个顺着梯子缓慢地爬上井时，他看到了一双熟悉的手正给他扶着梯子，那是郝占辰的妈妈。爬上井的占辰，又和妈妈一起把一名昏迷的工人抬到了通风处，突然，占辰腿一软，跪到了地上……这时，救护车来了，郝占辰强打起精神，和妈妈一起将一名晕倒的工人抬上了汽车。随后，便和妈妈一起悄悄地离开了现场。

"如果不是占辰，后果不堪设想"，这家公司的董事长说，当时公司领导决定要重谢他，但是他一再拒绝并且悄然离去，后来公司领导专程赶到河北经贸大学感谢郝占辰。郝占辰救人的英雄事迹不光感动了在场的所有人，同时也被河北经贸大学的学生广泛传诵。河北经贸大学团委决定授予他"优秀共青团员"的荣誉称号，经济管理学院下发了《关于表彰郝占辰同学见义勇为先进事迹的决定》，河北经贸大学授予了郝占辰"优秀大学生"的称号，并号召全校师生向郝占辰同学学习，学习他奋不顾身、舍己救人的崇高精神，沉着冷静、机智果敢的优秀品质，朴实无华、甘于奉献的高尚境界，为构建社会主义和谐社会贡献力量。

案例点评："六名被救的工人康复出院，这是最令人欣慰的消息"，郝占辰说。见义勇为是中华民族传统美德，作为当代青年特别是大学生，要有忠于祖国、热爱人民的赤子情怀；见义勇为、舍己救人的英雄气概；关爱他人、心系社会的优良品德；沉着冷静、机智果敢的优秀品质；朴实无华、甘于奉献的高尚境界，为进一步弘扬社会正气、树立良好风尚作出表率。

案例7：身边的好人——两个感人的孝亲故事

故事一：

"看到病床上消瘦的妈妈，静静地看着她，只想记住妈妈的样子，记住她那看不腻的脸颊。""妈妈今天竟然能走两步了，我们都会陪着你，陪着你幸福地走下去。""妈呀，再睡五分钟吧，就一会儿，一小会，乖啊！""妈妈要幸福哦，因为看到你幸福就是我最大的幸福！"这是一位22岁大四女生的微博，里面记载着自己带偏瘫母亲上学的点点滴滴。真实的倾诉、朴实的孝心感动了网友。许多网友感慨，一双稚嫩的手和单薄的肩，让瘫痪的母亲活得如此尊严体面、如此开心幸福，这个女孩也该是天下最幸福的女孩。

微博的博主叫樊雅婧，出生在江西省余干县农村，从小父母离异。随后，她随母亲与继父组建了新的家庭，但生活一直很艰辛。樊雅婧后来考进湖北师范学院美术学院油画专业。突然有一天，母亲突然昏倒在地，邻居急忙将其送往医院，后被诊断为脑溢血。面对高昂的医疗费，仓皇失措的继父默默地离开了，原本坚持治疗的舅舅也逐渐失去了信心。急忙赶到的樊雅婧擦干了眼泪后，寸步不离地守在床前，紧握住母亲冰凉的手，不停地呼唤："妈，你忍心抛下我们吗？妈，你快醒醒，女儿好想跟你说说话……"奇迹真的发生了，樊雅婧感觉到母亲的手指动了一下，她欣喜若狂，飞奔跑去叫来医生。一个月后，母亲终于脱离了生命危险，可是左半身完全不能动弹了，被接到江苏农村舅舅家中照顾。

7月6日，学校一放假，樊雅婧就急忙赶往舅舅家。原本想象着母亲正在愉快地接受理疗，但她一进门却看到母亲整个身体都浸在尿液里，背上多处出现了严重的褥疮。她赶紧换掉床单，帮母亲洗澡，穿上干净的衣服。母亲这才露出一丝欣慰的笑容。樊雅婧突然意识到只有自己来照顾，母亲才能每天干干净净，开开心心。于是，她决定把母亲带到她上学的湖北黄石。"即使瘫痪在床，我也要让她活得开心，活得有尊严"。7月15日，樊雅婧推着轮椅上的母亲从江西一路辗转，在7月17日回到校园，并在校外租了一间民房安顿下来。但是当晚母亲就再度发病。在同学的帮助下，樊雅婧将母亲紧急送往医院。

偏瘫的母亲经常大小便失禁，每天樊雅婧都会耐心地为母亲擦身洗澡，一口口地喂水喂饭。病中的母亲心情波动较大，樊雅婧就像逗小孩子一样，用幽默轻快的语言逗她笑。忙完了母亲的事，樊雅婧就开始打扫病房，将衣服、食品及医疗器械等摆放整齐，然后在桌子插上一两朵鲜花，病房里完全闻不到一般病房里常有的那种难闻的气味。

"妈妈爱干净，我要让这里跟家一样"。每天樊雅婧都会把这些点滴琐事记录下来发到微博上。母亲做康复治疗的第一天，她就写到："接下来的时间或许很长，可是我并不在乎，因为至少还可以看着妈妈这样活着，开心尊严地活着就够了。不管以后的路有多艰辛，活好当下就不会有遗憾。"

为了让母亲躺在病床上也能开心，樊雅婧经常自拍和母亲的合影上传到微博上。"正陪美女娘做理疗呢，来来来，娘，亲一口，就一口嘛，别害羞嘛。"照片里的母亲，虽然一脸憔悴，面容黄瘦，但还是笑呵呵地摆出"耶"的姿势。"她很赶时髦，把她发到网上她会很高兴，也有利于治疗"。樊雅婧母女的"幸福"感动了同学，班上的同学都自发地抽空到医院，给她打下手，陪她们聊天解闷。继父也"回心转意"，主动来到黄石，协助照顾病人。

稍微轻闲一点的樊雅婧又想着做兼职赚钱，"我要给妈妈买一件新衣服，经常有同学来看她，给她穿得好看一点，她会很高兴的"。于是，她白天坚持在医院照顾母亲，晚上趁母亲休息了，就到美术培训班当老师。一直忙到晚上 11 点多再回到医院。在所有这些事情的间隙，她还要抽时间准备毕业论文。

慢慢地，樊雅婧的微博受到了许多网友的关注，每天都有近百名粉丝加入。"樊雅婧，加油！你要学会坚强！我们会一直支持你的！希望你母亲能够早日康复！"这类的祝福如潮水般涌来。网友"yuefan"说："爱的天使在萦绕，梦的奇迹在创造。感恩的你会永远坚强。"也有网友评论说："学美术的樊雅婧能够让美常在，即使面对苦难，也一样美美地生活。这种难能可贵的爱与美让人动容。"甚至还有男性网友发来了求爱留言："觉得你很美，心很美，希望能跟你交往。"同时，樊雅婧的微博也被同学在 BBS、QQ 群以及微博间频繁转发。许多同学还号召组织校内募捐，仅两天时间，美术学院学生会就收到爱心款超过 3 万元。这起爱的行动也通过网络延伸到社会，许多市民在网上看到消息后主动联系捐款，社会捐助款几天内就超过了 10 万元。樊雅婧将其中的 1 万元捐给黄石市慈善总会，成立了黄石"至孝慈善基金"。

樊雅婧告诉记者，她有个梦想，就是开一间服装店，里面配上自己的画，和妈妈一起经营。"我要妈妈将来一直都这样幸福地活着。要她看见我有了自己的事业和美满的家庭。妈妈能活多久，我就能让她幸福多久"。

故事二：

从童年时期开始，宁佳骊每个周末都陪妈妈一起送啤酒、收废报，和妈妈风里来雨里去，蹬着三轮车跑遍了大街小巷。有一次，小佳骊在帮妈妈蹬三轮车送啤酒时，小脚被卡在了车条里，伤痕累累，那年佳骊才9岁……母亲张桂敏哽咽着说："我做完手术后开始工作，佳骊心疼我身体虚弱，11岁的她竟搬起一箱啤酒说自己也能送上楼。看着女儿搬啤酒上楼时那弱小的身影，小腿一直打着哆嗦，我一句话也说不出来，只有眼泪哗哗地往下流……"

小佳骊不仅对父母照顾和体贴，她还将爱心播撒到很多素不相识的孤寡老人身上。"1997年我6岁的时候，妈妈带我去东丽区二村给王爷爷和王奶奶送报，两位老人都70多岁了，王爷爷还患有胃病。妈妈帮他们做家务时，老两口坐在我身边，拉住我的手不松开，目光中流露的期盼让我心碎，从那一刻起我懂得了什么叫孤独……"宁佳骊说。回家的路上，她小心地问妈妈能不能为王爷爷每天订一袋鲜奶，她知道当时家里每月只有400元的微薄收入，让妈妈从中挤出30元钱是多么不容易，可妈妈竟爽快地答应了。有了妈妈的支持，小佳骊一有时间就去照顾老人，帮他们做些力所能及的事。两位老人在小佳骊的关心下日渐开朗起来，王爷爷喝了一年的鲜奶，身体也好了很多。1998年，宁佳骊又结识了无儿无女的刘奶奶。为治好刘奶奶因白内障而失明的双眼，佳骊和妈妈带刘奶奶到处扎针灸、按摩，小佳骊还每天坚持早中晚三次给奶奶上眼药，经过一年半的努力，刘奶奶恢复了视力。

佳骊从小到大没买过一件新衣服，但每次去看望老人都要带些礼物，经常将自己画的画、做的风铃送给老人。佳骊长大一点后又走进了养老院，给老人们洗头、洗脸、洗脚、剪指甲，为老人们唱歌、讲故事，用捡拾废品的钱为老人买食品。平时老人们的一个手势、一个眼神，佳骊都知道他们在想什么，需要什么，佳骊已和老人们形成了默契，彼此建立了深厚的感情。

宁佳骊多次被评为社区好少年、三好学生、文明学生、十佳中学生等，曾两次当选河东区十佳敬老之星，2008年12月还被全国敬老爱老助老主题教育活动组委会授予"中华孝亲敬老之星"的荣誉称号。升入初中后，宁佳骊带动身边同学加入助老的行列，并成立了志愿者小分队，为老人带去欢乐，用爱温暖老人孤寂的心。11年来，养老院里的老人换了一批又一批，佳骊也从小学生变成了大学生，但她对老人的爱从没动摇过。

朴实、文静的宁佳骊用几句简单实在的话道出了她乐于助人的"原动力"："我虽然生长在特困家庭，但清贫中的我生活得很充实，母亲自强不息、乐于奉献的精神感染了我。是家庭的困境让我自强，是好心人的帮助给了我信心和勇气，是敬老院里爷爷奶奶们的笑脸让我在平凡的付出中收获着快乐！帮助别人，对我是份责任，也是一种幸福！"

案例 8：品德也能创造财富

有个人想成为大富翁，便到上帝那里乞求。上帝一时心热，便给了他一篮子品德。那个人苦恼地说：上帝呀，我要的是金钱呀！上帝说：没错呀！我给你的是品德，因为品德能使你换来金钱呀！那个人不解地回到人间，广泛散布上帝给他的东西。几年后，他果然成为一位大富翁。这是人们杜撰的故事，但它也说明了一个道理，就是品德能够创造财富。

一家军工企业生产民用家具，在一批货发出后，发现有一张桌子少涂了一遍漆。经查找，这张桌子已经被顾客买走了。于是厂方便通过电台连续广播了半个月，寻找那位买主。没想到，此项举措虽然没找到买主，却引来了 12 家商场愿意包销该厂产品的好事。这家军工企业的良好信誉使其得到了一笔不小的意外收获。

一位中国母亲到日本去看望儿子，住在儿子的寓所里。有一段时间，儿子出差在外，母亲天天都收到一份通知。母亲看不懂上面写着什么，很焦急。儿子回来后，她把一叠通知单交给了儿子，问他上面写着什么。儿子查看过所有的通知单后，笑着告诉母亲这是自来水厂寄来的通知，上面写着："尊敬的用户，我们发现您在这个月的用水量激增，可能是水管漏水了，只要您通知，我们会前来检查，并按照往常的用水量收取水费。"儿子解释说，以前我总是深夜才回家，现在母亲住在这，天天需要用水，当然用水量会增加了。他的母亲听后，感慨万分。后来才知道，因为这家自来水厂服务好、信誉佳，收费合理，大家都愿意用他们供的水。

一位妻子听说××牌 UPS 电源能够稳定电压、保护电器，就信以为真地来到电脑用品商店购买，想用做新买的电冰箱的电源保护器。这家电脑用品商店的老板详细问清妻子的来意后心想：卖还是不卖？卖，这种电源保护器对保护电冰箱是毫无用处；不卖，到手的"肥肉"就会丢掉。犹豫再三，商店老板的良心战胜了贪欲。他向妻子仔细讲解了该电源的用途和电冰箱的耗电原理，劝妻子不要去花几百元钱买一个对自己来说无用的东西。

妻子先是不解，当明白商店老板确实是一片好心时，便由衷地感到敬佩。第二天，夫妻两人就从这家商店购买了一台价值不菲的电脑，因为觉得从这里购买商品放心。并且逢人便讲这家商店老板的良好品德，他们的几位亲戚、同学也从他那里购买了不少东西。具有良好品德的人不仅能赢得对方的心，而且还能赢得周围人的心，凡是知道他具有良好品德的人都愿意与他交往。

案例 9：尊重不仅仅是一种美德

那年秋天，揣着一张普通大学的本科毕业证，她跟着一群硕士和博士去竞聘某跨国公司的两个驻外营销员的职位。几番考试下来，她已明显地感到，自己的综合实力的确逊色于同去的对手，成功之门不可能向自己敞开了。

最后一轮考试结束，她和众应聘者走出那幢漂亮的办公大楼，走在洒满阳光的小径上。有几位考得很理想的应聘者已是满面春风了，她却落寞地垂头走在后面。

没有走出多远，小径中间出现一个衣衫褴褛的乞丐，伸出一双脏兮兮的手，向他们这群衣着光鲜的求职者乞讨。

"去去去，别在这里煞风景了"，有人不耐烦地挥挥手；"远点儿站着，没钱！"有人厌恶地呵斥着；"就这么赚钱，也太容易了吧？"有人丢下一句嘲讽；也有把头偏向一旁快步躲避过去的；也有动了恻隐之心的，从兜里掏出一元两元钱扔到地上，便昂头走过去的……

在形形色色的目光和言语的包围中，那位乞丐前倾着身子，一脸的沧桑和漠然无以掩饰。她走到乞丐跟前，停下来，微笑着把手伸进了随身携带的手提包，但她立刻窘住了——因为早上走得太匆忙，她忘带钱包了，又是临时换了一套新衣服，翻遍了所有的口袋，她也没有找到一分钱。她满脸歉意，很坦诚地把手伸过去，在那个乞丐的惊愕中，握住了那只沾满油泥的手，愧疚地说："对不起，我忘带钱了。"

"不，小姑娘，我要永远感谢你，你给了我比金钱还宝贵的东西，你是我行乞这么长时间以来，遇到的第一个懂得我也在乎我尊严的人。"一瞬间，几滴浊泪模糊了那位乞丐的双眼。

一周后，她惊讶地收到了那家大公司的聘用通知，得到了那份梦寐以求的工作。

她带着疑虑，问负责招聘的人为何录用了并非十分优秀的她。对方笑着答道："你就是最优秀的营销人员，也许别的职业并非如此，但我们这份职业，最重要的品质就是尊重别人，无论他的身份，地位如何卑微，你都能平等相待。"

原来，那天在小径上发生的一幕，也是公司精心组织的一次考核。

没错，一个懂得时时、处处尊重别人的人，自然会赢得别人加倍的尊重，无论是在潮起潮落的商海中，还是在日常的人际交往中，予人以尊重，都远远不止是一种美德。

四、单元小测

(一) 单选题

1. 道德是以（　　）为评价方式，主要依靠社会舆论、传统习俗和内心信念来发挥作用的行为规范的总和。
    A. 真假　　　　B. 善恶　　　　C. 是非　　　　D. 美丑
2. 道德产生的主观条件是（　　）。
    A. 个人利益与集体利益的矛盾　　B. 人的自我意识
    C. 社会分工的不同　　　　　　　D. 社会关系
3. 道德赖以产生的客观条件是（　　）。
    A. 社会关系　　　　　　　　　　B. 人的自我意识
    C. 生产实践　　　　　　　　　　D. 人类的自我进化
4. （　　）创造了人和人类社会，是人类道德起源的第一个历史前提。
    A. 劳动　　　　B. 自然　　　　C. 宗教　　　　D. 合作
5. 道德的产生、发展和变化，归根到底根源于（　　）。
    A. 社会经济关系　　　　　　　　B. 在法律上的反映
    C. 全体人民的意愿　　　　　　　D. 统治阶级的意志
6. （　　）是指道德通过评价等方式，指导和纠正人们的行为和实践活动，协调社会关系和人际关系的功效与能力。
    A. 道德的认识功能　　　　　　　B. 道德的规范功能
    C. 道德的调节功能　　　　　　　D. 道德的导向功能
7. 在道德的历史发展中出现了多种历史类型，其中出现最早的是（　　）。
    A. 原始社会的道德　　　　　　　B. 奴隶社会的道德

C. 封建社会的道德　　　　　　D. 资本主义的道德

8.《诗经》提出"夙夜在公"的道德要求，《尚书》也有"以公灭私，民其允怀"的思想，两者都体现了中华传统美德中的（　　）的基本精神。

A. 重视整体利益，强调责任奉献

B. 推崇"仁爱"原则，注重以和为贵

C. 提倡人伦价值，重视道德义务

D. 追求精神境界，向往理想人格

9. 孔子强调"己欲立而立人，己欲达而达人"，墨子提出"兼相爱，交相利"，体现的是中华传统美德中（　　）的基本精神。

A. 重视整体利益，强调责任奉献

B. 推崇"仁爱"原则，注重以和为贵

C. 提倡人伦价值，重视道德义务

D. 追求精神境界，向往理想人格

10. 中国革命道德萌芽于（　　）前后，发端于中国共产党成立以后蓬勃发展的伟大工人运动和农民运动，经过土地革命战争、抗日战争、解放战争以及社会主义革命、建设、改革的长期发展，逐渐形成并不断发扬光大。

A. 义和团运动　　　　　　　　B. 太平天国运动

C. 五四运动　　　　　　　　　D. 一二·九运动

11. 社会主义道德区别和优越于其他社会形态道德的显著标志是（　　）。

A. 集体主义原则　　　　　　　B. 正确的义利观

C. 恪守诚信　　　　　　　　　D. 以为人民服务为核心

12. 社会主义道德的核心是（　　）。

A. 集体主义　　B. 为人民服务　　C. 共产主义　　D. 爱国主义

13.（　　）是社会主义道德的原则。

A. 爱国主义　　B. 集体主义　　C. 为人民服务　　D. 遵纪守法

14. 下列不属于公共生活的特征的是（　　）。

A. 活动范围的广泛性　　　　　B. 活动内容的开放性

C. 交往对象的复杂性　　　　　D. 活动方式的一致性

15.（　　）是指人们在社会交往和公共生活中应该遵守的行为准则。

A. 职业道德　　B. 社会公德　　C. 家庭美德　　D. 个人品德

16. 下列不属于社会公德的主要内容的是（　　）。

A. 文明礼貌　　　B. 助人为乐　　　C. 爱护公物　　　D. 勤俭持家

17. 应该遵守公德的场合不包括(　　)。

A. 图书馆　　　B. 卧室　　　C. 公交车　　　D. 电影院

18. 下列内容中不属于网络生活中的道德要求的是(　　)。

A. 正确使用网络工具　　　　　B. 健康进行网络交往
C. 实名制登记上网　　　　　　D. 加强网络道德自律

19. 我国公民道德建设的重点是(　　)。

A. 爱岗敬业　　B. 诚实守信　　C. 办事公道　　D. 奉献社会

20. "干一行爱一行，爱一行钻一行"体现了职业道德中(　　)的要求。

A. 爱岗敬业　　B. 诚实守信　　C. 办事公道　　D. 奉献社会

21. (　　)是社会主义职业道德中最高层次的要求，体现了社会主义职业道德的最高目标指向。

A. 爱岗敬业　　B. 诚实守信　　C. 办事公道　　D. 奉献社会

22. 下列道德要求中属于职业道德的是(　　)。

A. 遵纪守法　　B. 文明礼貌　　C. 男女平等　　D. 爱岗敬业

23. 青年马克思在谈到选择职业的理想和价值时曾经写道："如果我们选择了最能为人类福利而劳动的职业，那么重担就不能把我们压倒，因为这是为大家而献身；那时我们所感到的就不是可怜的、有限的、自私的乐趣，我们的幸福将属于千百万人，我们的事业将默默地、但是永恒发挥作用地存在下去，面对我们的骨灰，高尚的人们将洒下热泪。"这体现了正确的择业观中(　　)的要求。

A. 树立崇高的职业理想　　　　B. 服从社会发展的需要
C. 做好充分的择业准备　　　　D. 培养创业的勇气和能力

24. 下列不属于正确的创业观的内容是(　　)。

A. 积极创业的思想准备　　　　B. 敢于创业的勇气
C. 创业的能力　　　　　　　　D. "学历本位"的观念

25. 下列规范中不属于家庭美德主要内容的是(　　)。

A. 尊老爱幼　　B. 乐于助人　　C. 男女平等　　D. 邻里团结

26. 恋爱中的道德规范不包括(　　)。

A. 自觉承担责任　　　　　　　B. 尊重人格平等
C. 文明相亲相爱　　　　　　　D. 不与他人交往

27.（　　）是家庭关系的核心。
   A. 亲子关系　　　B. 婆媳关系　　　C. 夫妻关系　　　D. 父子关系

28. 个人品德是个体对某种道德要求认同和践履的结果，集中体现了道德认知、道德情感、道德意志、道德信念和（　　）的内在统一。
   A. 道德实践　　　B. 道德行为　　　C. 道德表现　　　D. 道德内容

29.（　　）是个体人格完善的重要标志。
   A. 社会公德　　　B. 职业道德　　　C. 家庭美德　　　D. 个人品德

30. 道德修养是一个循序渐进的过程，古人云："不积跬步，无以至千里；不积小流，无以成江海。"下列名言中与这段话在含义上近似的是（　　）。
   A. 仁远乎哉？我欲仁，斯仁至矣
   B. 勿以善小而不为，勿以恶小而为之
   C. 君子求诸己，小人求诸人
   D. 有能一日用其力于仁矣乎？我未见力不足者

（二）多选题

1. 道德主要依靠（　　）来发挥作用。
   A. 社会舆论　　　B. 传统习俗　　　C. 内心信念　　　D. 自我意识

2. 道德的主要功能包括（　　）。
   A. 导向功能　　　B. 认识功能　　　C. 规范功能　　　D. 调节功能

3. 下列关于道德的社会作用的表述正确的有（　　）。
   A. 道德为经济基础的形成、巩固和发展服务，是一种重要的精神力量
   B. 在阶级社会中，道德是调节阶级矛盾和对立阶级之间开展阶级斗争的重要工具
   C. 道德是提高人的精神境界、促进人的自我完善、推动人的全面发展的内在动力
   D. 道德通过调整人们之间的关系维护社会秩序和稳定

4. 人类道德进步的主要表现是（　　）。
   A. 道德在社会生活中所起的作用越来越重要
   B. 道德对于促进社会和谐与人的全面自由发展的作用越来越突出
   C. 道德调控的范围不断扩大，调控的手段或方式不断丰富，更加科学合理

D. 道德的发展和进步成为衡量社会文明程度的重要尺度

5. 中华传统美德的基本精神包括( )。
A. 重视整体利益，强调责任奉献　　B. 强调道德修养，注重道德践履
C. 提倡人伦价值，重视道德义务　　D. 追求精神境界，向往理想人格

6. 中国革命道德的主要内容包括( )。
A. 全心全意为人民服务
B. 为实现社会主义和共产主义理想而奋斗
C. 始终把革命利益放在首位
D. 修身自律，保持节操

7. 以下关于中国革命道德当代价值的表述正确的有( )。
A. 有利于培养良好的社会道德风尚
B. 有利于引导人们树立正确的道德观
C. 有利于培育和践行社会主义核心价值观
D. 有利于加强和巩固社会主义和共产主义的理想信念

8. 不忘初心，方得始终。中国共产党人的初心和使命，就是( )。
A. 为中国人民谋幸福　　　　　B. 建设中国特色社会主义
C. 为中华民族谋复兴　　　　　D. 为共产主义理想而奋斗

9. 为人民服务的具体要求不可能是完全一致的，对于不同层次的人们应该有不同的要求。以下选项中属于"为人民服务"的有( )。
A. 毫不利己、专门利人、无私奉献
B. 顾全大局、先公后私、爱岗敬业、办事公道
C. 热心公益、助人为乐、见义勇为、扶贫济困、帮残助残
D. 遵纪守法、诚实劳动、获取正当的个人利益

10. 私人生活的特点是具有( )。
A. 开放性　　B. 透明性　　C. 封闭性　　D. 隐秘性

11. 公共生活的特点是具有( )。
A. 开放性　　B. 透明性　　C. 封闭性　　D. 合法性

12. 当今世界公共生活的特征主要表现在( )。
A. 活动范围的广泛性　　　　　B. 活动内容的公开性
C. 交往对象的复杂性　　　　　D. 活动方式的多样性

13. 社会公德的主要内容包括( )。

A. 文明礼貌　　　B. 尊老爱幼　　　C. 爱护公物　　　D. 乐于助人
14. 下列属于社会公德的主要内容的是(　　)。
A. 文明礼貌　　　B. 助人为乐　　　C. 爱护公物　　　D. 勤俭持家
15. 社会公德的主要内容包括(　　)。
A. 文明礼貌　　　B. 助人为乐　　　C. 爱护公物　　　D. 遵纪守法
16. 职业道德的主要内容包括(　　)。
A. 爱岗敬业　　　B. 奉献社会　　　C. 爱护公物　　　D. 诚实守信
17. 家庭是指在(　　)基础上产生的亲属之间所构成的社会生活单位。
A. 婚姻关系　　　B. 血缘关系　　　C. 收养关系　　　D. 继承关系
18. 下列属于家庭美德主要内容的是(　　)。
A. 尊老爱幼　　　B. 男女平等　　　C. 诚实守信　　　D. 办事公道
19. 家庭生活中的男女平等表现为(　　)。
A. 夫妻权利和义务上的平等　　　B. 夫妻人格地位上的平等
C. 平等地对待自己的子女　　　　D. 夫妻话语权的平等
20. (　　)是积极有效的道德修养方法。
A. 学思并重　　　B. 省察克治　　　C. 慎独自律　　　D. 积善成德

第六章
遵法,学法,守法,用法

一、目的要求

1. 了解社会主义法律的特征和运行，理解以宪法为核心的中国特色社会主义法律体系的地位、基本原则和确立的制度，并熟悉其主要法律部门。

2. 认识建设中国特色社会主义法治体系的重大意义，熟悉建设中国特色社会主义法治体系的主要内容，理解全面依法治国的基本格局。

3. 认识和把握中国共产党的领导、人民的主体地位及法律面前人人平等的基本要求，明确依法治国与以德治国相结合及从中国实际出发的必要性。

4. 正确理解法治思维的含义和特征，认识和把握法治思维的基本内容，理解、尊重和维护法律权威的重要意义和基本要求，培养良好的法治思维。

5. 了解法律权利与法律义务的含义与特征，理解法律权利与法律义务的关系，熟知依法行使法律权利与履行法律义务的法律问题。

二、阅读文献

阅读文献一：更加注重发挥宪法重要作用，把实施宪法提高到新的水平

中共中央政治局2月24日下午就我国宪法和推进全面依法治国举行第四次集体学习。中共中央总书记习近平在主持学习时强调，决胜全面建成小康社会、开启全面建设社会主义现代化国家新征程、实现中华民族伟大复兴的中国梦，推进国家治理体系和治理能力现代化、提高党长期执政能力，必须更加注重发挥宪法的重要作用。要坚持党的领导、人民当家作主、依法治国有机统一，加强宪法实施和监督，把国家各项事业和各项工作全面纳入依法治国、依宪治国的轨道，把实施宪法提高到新的水平。

中国社会科学院学部委员、研究员李林同志就这个问题作了讲解，并谈了意见和建议。

习近平在主持学习时发表了讲话。他强调，中国共产党登上中国历史舞台后，在推进中国革命、建设、改革的实践中，高度重视宪法和法制建设。从建立革命根据地开始，我们党就进行了制定和实施人民宪法的探索和实践。

新中国成立后，在我们党领导下，1954年9月召开的第一届全国人民代表大会第一次会议通过了《中华人民共和国宪法》，为巩固社会主义政权和进行社会主义建设发挥了重要保障和推动作用，也为改革开放新时期我国现行宪法的制定和完善奠定了基础。

习近平指出，党的十一届三中全会开启了改革开放历史新时期，发展社会主义民主、健全社会主义法制成为党和国家坚定不移的方针。我国现行宪法即1982年宪法就是在这个历史背景下产生的。这部宪法深刻总结了我国社会主义建设正反两方面经验，适应我国改革开放和社会主义现代化建设、加强社会主义民主法制建设的新要求，确立了党的十一届三中全会之后的路线方针政策，把集中力量进行社会主义现代化建设规定为国家的根本任务，就社会主义民主法制建设作出一系列规定，为改革开放和社会主义现代化建设提供了有力法制保障。我国宪法是治国理政的总章程，必须体现党和人民事业的历史进步，必须随着党领导人民建设中国特色社会主义实践的发展而不断完善发展。

习近平强调，回顾我们党领导的宪法建设史，可以得出这样几点结论。一是制定和实施宪法，推进依法治国，建设法治国家，是实现国家富强、民族振兴、社会进步、人民幸福的必然要求。二是我国现行宪法是在深刻总结我国社会主义革命、建设、改革的成功经验基础上制定和不断完善的，是我们党领导人民长期奋斗历史逻辑、理论逻辑、实践逻辑的必然结果。三是只有中国共产党才能坚持立党为公、执政为民，充分发扬民主，领导人民制定出体现人民意志的宪法，领导人民实施宪法。四是我们党高度重视发挥宪法在治国理政中的重要作用，坚定维护宪法尊严和权威，推动宪法完善和发展，这是我国宪法保持生机活力的根本原因所在。宪法作为上层建筑，一定要适应经济基础的变化而变化。

习近平指出，我国宪法实现了党的主张和人民意志的高度统一，具有显著优势、坚实基础、强大生命力。宪法是国家根本法，是国家各种制度和法律法规的总依据。我们坚定中国特色社会主义道路自信、理论自信、制度自信、文化自信，要对我国宪法确立的国家指导思想、发展道路、奋斗目标充满自信，对我国宪法确认的中国共产党领导和我国社会主义制度充满自信，对我国宪法确认的我们党领导人民创造的社会主义先进文化和中华优秀传统文化充满自信。

习近平强调，宪法具有最高的法律地位、法律权威、法律效力。我们党首先要带头尊崇宪法，把领导人民制定和实施宪法法律同党坚持在宪法法律范围内活动统一起来。任何组织或者个人都不得有超越宪法法律的特权。一切违反宪法法律的行为，都必须予以追究。要加快形成完备的法律规范体系、高效的法治实施体系、严密的法治监督体系、有力的法治保障体系，形成完善的党内法规体系，用科学有效、系统完备的制度体系保证宪法实施。要完善宪法监督制度，积极稳妥推进合宪性审查工作，加强备案审查制度和能力建设。

习近平指出，要加强宪法学习宣传教育，弘扬宪法精神、普及宪法知识，为加强宪法实施和监督营造良好氛围。宪法法律的权威源自人民的内心拥护和真诚信仰，加强宪法学习宣传教育是实施宪法的重要基础。要在全社会广泛开展尊崇宪法、学习宪法、遵守宪法、维护宪法、运用宪法的宣传教育，弘扬宪法精神，弘扬社会主义法治意识，增强广大干部群众的宪法意识，使全体人民成为宪法的忠实崇尚者、自觉遵守者、坚定捍卫者。要坚持从青少年抓起，把宪法法律教育纳入国民教育体系，引导青少年从小掌握宪法法律知识、树立宪法法律意识、养成遵法守法习惯。要完善国家工作人员学习宪法法律的制度，推动领导干部加强宪法学习，增强宪法意识，带头尊崇宪法、学习宪法、遵守宪法、维护宪法、运用宪法，做遵法学法守法用法的模范。

（来源：人民日报，2018 年 2 月 26 日）

阅读文献二：新知新觉——用法治提升公平正义获得感

党的十九大报告指出，我国社会主要矛盾已经转化为人民日益增长的美好生活需要和不平衡不充分的发展之间的矛盾。这意味着，在中国特色社会主义新时代，人民的美好生活需要日益广泛，不仅对物质文化生活提出了更高要求，而且在民主、法治、公平、正义、安全、环境等方面的要求日益增长。努力满足人民群众日益增长的公平正义要求，是解决好我国社会主要矛盾、推动中国特色社会主义事业发展的现实需要。

带领人民创造美好生活是我们党始终不渝的奋斗目标。我们党始终把人民利益摆在至高无上的地位，努力让改革发展成果更多更公平惠及全体人民，朝着实现全体人民共同富裕不断迈进。法治是治国理政的基本方式，公平正义是社会主义法治的重要追求。习近平同志指出，"全面依法治国，必须紧紧围绕保障和促进社会公平正义来进行。公平正义是我们党追求的一个非常崇高的价值,全心全意为人民服务的宗旨决定了我们必须追求公平正义,保护人民权益、伸张正义。"在满足人民日益增长的公平正义要求方面,法治发挥着不可替代的重要作用。

用制度促进机会平等。习近平同志指出,"生活在我们伟大祖国和伟大时代的中国人民,共同享有人生出彩的机会,共同享有梦想成真的机会,共同享有同祖国和时代一起成长与进步的机会。"为此,有必要进一步完善保障机会平等的法律制度,为每一位社会成员提供创业发展、奉献社会、追求幸福、实现人生价值的机会。例如,在教育上,从"中华民族伟大复兴的基础工程"的高度出发,把教育事业放在优先位置,努力让每个孩子都能享有公平而有质量的教育;在劳动就业方面,破除妨碍劳动力、人才社会性流动的体制机制弊端,使人人都有通过辛勤劳动实现自身发展的机会。

以良法提升社会治理水平。在社会生活中感受到公平正义,是人们能够拥有美好生活的重要前提。良法是符合公平正义要求的法律制度。只有充分发挥制度优势,按社会运行规律办事,依据良好的法律制度实施社会治理,在法治轨道上统筹社会力量、平衡社会利益、调节社会关系、规范社会行为、化解社会矛盾,才能创造公平正义的社会环境,更好促进人的全面发展。其中,关键是要提升社会治理法治化水平,推动严格执法、公正司法、全民守法,促进社会治理现代化。以良法提升社会治理水平,人民群众的获得感、幸福感、安全感才能更加充实、更有保障、更可持续。

为民生改善提供有效保障。民生问题是衡量公平正义的标尺之一。为了保障人人都有追求美好生活的权利,法律有必要为年老者、患病者或者丧失劳动能力者等各类困难群众提供特别保护。党的十九大报告提出,必须多谋民生之利、多解民生之忧,在发展中补齐民生短板、促进社会公平正义,在幼有所育、学有所教、劳有所得、病有所医、老有所养、住有所居、弱有所扶上不断取得新进展。目前,我国已经制定了社会保险法、老年人权益保障法、未成年人保护法、残疾人保障法、社会救助暂行办法等法律法规,以法治方式帮助那些需要帮扶的群众,使改革发展成果更多更公平惠及全体人民。

(来源:人民网,2018年05月22日,作者:胡云鸿)

阅读文献三:最高法六个"决不"凸显法律权威

"决不让国外成为腐败分子的'避罪天堂'""决不允许网络成为法外之地"

"决不允许任何人享有法外特权,决不允许对任何人法外开恩""决不允许对当事人诉求相互推诿,决不允许让群众为立案来回奔波"。在最高人民法院的工作报告中,这六个"决不"引起全国人大代表们的高度关注。他们认为,这份报告的"态度"及其背后的"硬度""温度",折射了未来一段时期国家的法制"新常态"(2015年3月12日新华网)。

众所周知,国无法不治,民无法不立。一个国家的繁荣进步,离不开法治的支撑;一个社会的和谐稳定,离不开法治的保障。而一个法治国家的重要标志就是"法律面前人人平等",无论什么人,无论其职务多高,都没有超越宪法和法律的特权。一切违反宪法和法律的行为,都要受到法律的追究制裁。这既是群众的期盼,也是依法治国的必然要求,更是中国梦的应有之义。

实践也早已证明,治理一个国家、一个社会,关键是要立规矩、讲规矩、守规矩。党纪国法是治国理政的最大规矩。要跳出"历史周期律"、实现长期执政,要走好"中国道路"、实现党和国家长治久安,就必须唱响"党纪国法面前人人平等"这一最高旋律,绝不能让"特殊的党员""特殊的干部""特殊的领导""特殊的公民"存在。最高人民法院工作报告、最高人民检察院工作报告显示,2014年法院、检察院"老虎""苍蝇"一起打,保持了惩治腐败的高压态势。其中,检察机关查办的省部级以上干部犯罪达到了28名,创历史最高纪录,就是最好的例证和见证,更是这种法治精神的具体体现,给我们提出了"治国当治腐,治腐必先治权"的考题。

腐败是改革发展稳定的"天敌","权大于法"现象不除,反腐败斗争就永远不划休止符。也正因如此,今年的全国两会,在李克强总理所作的政府工作报告中,"依法治国"和"依法治权"始终是一个绕不开的词;张德江委员长所作的全国人大常委会工作报告也提出,要加强重点领域立法,从经济社会发展实际需要出发,科学确定立法项目,其中就包括推进反腐败国家立法。这既是对依法治国精神的诠释,也是对全国人民期盼正义的回应,更是对进一步推进制度反腐、法治反腐的重要宣示。

特别是在最高人民法院工作报告中,提出了六个"决不",强化的是法制理念,弘扬的是法治精神,体现的是法律权威,无疑给想搞腐败的人敲响了警钟、给搞了腐败的人敲响了丧钟,极大地振奋了党心、民心,极大地增强了全党、全民反腐必胜的信心。

当前,中央铁腕反腐力度前所未有,"老虎""苍蝇"一起打,成绩前所未有，但腐败分子和腐败利益集团仍在负隅顽抗，想要在腐败"群体化、高官化、巨额化、期权化、智能化、国际化"等复杂新趋势下打赢"反腐之战"，六个"决不"正当其时，这是对反腐无禁区，反腐无上限，反腐正在进行时最现实的解读，也是对没有不受查处的"铁帽子王"的最真实的宣告，意味着，法律的尊严和权威不容践踏，任何人都不能干扰法律的实施，任何犯了法的人都不能逍遥法外。所以，最高法院的六个"决不"值得点赞，更值得期待。

（来源：中国法院网，2015年3月13日，作者：林伟）

阅读文献四："劝阻吸烟猝死案"改判，司法理应为正义撑腰

2018年1月23日，备受各界关注的"电梯劝阻吸烟猝死案"在郑州市中级人民法院二审公开宣判。法院不但驳回了原告方的全部诉讼请求，还在被告人没有上诉的情况下，撤销了一审中要求被告人补偿1.5万元的判决，被告人无需承担任何赔偿责任。

这个判决结果一经公开，立刻获得舆论的普遍赞扬。很多人认为，这个判决结果弘扬了正气，回击了极端利己者的蛮横逻辑，对引导社会公平正义具有风向标式的意义。

老人在电梯中吸烟，同处一梯的医生杨先生上前劝阻，这是公民基本的权利和义务，法律怎么可以让劝阻吸烟者付出代价呢？尽管吸烟的老人此后不久猝死，但令人同情的结果，并不能成为混淆对错的原因啊！

吸烟有害健康，这已成为妇孺皆知的常识。关于论述吸烟危害的书籍或者其他信息，可谓是汗牛充栋，也早已被写入教科书，每个现代社会的成员或多或少都接触过，在此无需赘述。

如果说在相关的规章制度建立起来之前，一个人在公共场合吸烟还可以归为个人习惯问题的话，如今，公共场所禁止吸烟的规定已经进入了我国各地的"控制吸烟条例"之中，还公然在电梯这种封闭的公共场所吸烟，就是对社会道德和政府规章赤裸裸的挑战。对于这样的行为，当然应该义正辞严地坚决劝阻，实在不应该留有退让的余地。

在2014年国家卫计委向国务院上报的《公共场所控制吸烟条例（送审稿）》中，也明确提到要引导公民主动不吸烟，劝阻他人吸烟、拒绝吸二手烟的控烟理念。该条例虽然还未正式实施，但各地政府纷纷升级的"控制吸烟条例"已全面体现了这一精神。也就是说，在公共场合拒绝吸二手烟本身就是一个

人的基本健康权益，吸烟者没有任何不接受的理由。

要扎实地做好控烟工作，还必须要倚仗那些敢于在公共场合对吸烟者大声说"不"的个人。这是因为吸烟是非常个人化、随机性的行为，很难留存证据，如果不能现场及时制止，很难事后进行追罚。面对违规吸烟行为，敢于说"不"，其实是在维护规则的严肃性。这不仅是简单的个人权益之间的争执，还是对制度的维护，也体现了公民责任。

如果法律因为违规者自身的原因，让正义一方承担不合理的代价，无疑会对人们心底最朴素的正义感造成沉重的打击。每个不合情理的法院判例，都可能对社会行为造成负面影响。如果以和稀泥的心态，各打几十大板，表面上谁的利益都兼顾了，实际上却对一些不良诉求开了方便之门，伤害了社会正义。

明明是我伤害了你，可是你还不能批评我，因为这会让我生气，让我的疾病加重，你要承担责任——这样的逻辑一旦成为定式，不但人们不敢劝阻违规吸烟者，很多损害他人利益的行为，都可能无法得到正义力量的呵斥。

（来源：中国青年报，2018 年 1 月 26 日，作者：善水）

阅读文献五：英烈不容诋毁，法律不容挑衅

银川网民蒋某在网上侮辱、诋毁英烈并肆意挑衅，被警方依法行政拘留。这起事件的快速处理大快人心，也再次表明：英烈不容诋毁，法律不容挑衅。

蒋某的言论无知又无耻，他称："董存瑞活该炸死，黄继光活该被枪打死，因为这样是没有意义的。"丧心病狂的他甚至公然挑衅："我看看我发这个话会不会被抓，要是把我抓了说明公民就没有言论自由了。"这一帖子发布后，引发网民极大愤慨。有网友说，这种诋毁英烈、藐视法律的小丑，绝不容许其逍遥法外。

英烈是什么？是"拿出自己的生命去殉我们的事业"的人。祖国的万里江山，离不开英烈的鲜血浸染；人民的幸福安宁，离不开英烈的慷慨付出。对于英烈，我们只有尊崇和捍卫的义务，绝无淡忘和诋毁的权利。英烈是民族的价值标杆、精神脊梁，"过河拆桥"只会撕裂社会的主流价值，蛀空民族的精神支柱。为什么遇到亵渎英烈的丧德言行、伤害民族情感的丑陋表演、拿民族伤痕开玩笑的歪风邪气，舆论总会揪住不放？这正说明，人民群众不乏历史清醒和文化自觉。

英烈不受诋毁，这是中华民族的情感底线。近年来，像蒋某这般触碰底线的事，时有发生。这些人不遗余力将民族正能量的符号污名化，大抵是因为远离了战火硝烟、过惯了衣食无忧的生活而忘乎所以，以至于民族身份认知错乱、价值观颠倒扭曲，忘干净了"我是谁""我从哪里来"等根本问题。这类卑劣行径无异于自毁长城，他们也不经意间充当了敌对势力的帮凶。

对那些道德管不住、内心无敬畏的人而言，没有什么比凛然国法的约束更管用了。5月1日起正式施行的《中华人民共和国英雄烈士保护法》，明确了侵害英烈行为的民事、行政、刑事责任，为有效惩治歪曲历史事实、诋毁亵渎英雄烈士等各种行为提供了清晰的法律依据。有了这部法律，"想说啥就说啥，谁都管不着"的情况不会再有，英烈的声誉任何人都不能闹着玩。这次蒋某所受的教训，也告诫那些心怀侥幸的人：法律似铁，谁碰谁流血。

蒋某还提到"言论自由"这个词。事实上，打着"言论自由"的幌子诋毁英烈、虚无历史的人，蒋某不是第一个。何为自由？孟德斯鸠给过一个解释："自由是做法律所许可的一切事情的权利。"这个时代观点多元，人人都有麦克风。但是，自由有边界，言论自由也不例外。每个人发表意见的权利受到保护，但不意味着能够借这种权利胡言乱语、胡作非为，搞没有边界和底线的"言论狂欢"。在英烈声誉的问题上，冲击社会共识、挑战正义良知，违了法、犯了罪，还说不得、动不得，岂非咄咄怪事！

美学家朱光潜先生曾指出，崇拜英雄是一种好善，也是一种审美。从个人层面讲，我们不妨与英烈走得更近些，结合国家和民族的发展变迁读懂他们，进而树立正确的历史观、民族观和文化观。从国家和社会层面讲，应进一步营造崇尚英烈、学习英烈的良好氛围，将英烈事迹和精神纳入国民教育体系，对民族底线的挑衅者高扬利剑。把英烈精神注入血脉、融入灵魂，我们就一定能筑牢信仰的基石、挺起精神的脊梁，在强国强军的征途上一往无前。

（来源：解放军报，2018年5月25日）

阅读文献六：充分认识颁布实施民法典重大意义，依法更好保障人民合法权益（习近平，2020年5月29日）

5月28日，十三届全国人大三次会议审议通过了《中华人民共和国民法典》，这是新中国成立以来第一部以"法典"命名的法律，是新时代我国社会主义法治建设的重大成果。安排这次集体学习，目的是充分认识颁布实施民法典的重大意义，推动民法典实施，以更好推进全面依法治国、建设社会主义法治国家，更好保障人民权益。

在我国革命、建设、改革各个历史时期，我们党都高度重视民事法律制定实施。革命战争年代，我们党在中央苏区、陕甘宁边区等局部地区就制定实施了涉及土地、婚姻、劳动、财经等方面的法律。新中国成立后，我国相继制定实施了婚姻法、土地改革法等重要法律和有关户籍、工商业、合作社、城市房屋、合同等方面的一批法令。我们党还于1954年、1962年、1979年、2001年4次启动制定和编纂民法典相关工作，但由于条件所限没有完成。

改革开放以来，我国民事商事法制建设步伐不断加快，先后制定或修订了中外合资经营企业法、婚姻法、经济合同法、商标法、专利法、涉外经济合同法、继承法、民法通则、土地管理法、企业破产法、外资企业法、技术合同法、中外合作经营企业法、著作权法、收养法、公司法、担保法、保险法、票据法、拍卖法、合伙企业法、证券法、合同法、农村土地承包法、物权法、侵权责任法等一大批民事商事法律，为编纂民法典奠定了基础、积累了经验。

党的十八大以来，我们顺应实践发展要求和人民群众期待，把编纂民法典摆上重要日程。党的十八届四中全会作出关于全面推进依法治国若干重大问题的决定，其中对编纂民法典作出部署。之后，我主持3次中央政治局常委会会议，分别审议民法总则、民法典各分编、民法典3个草案。在各方面共同努力下，经过5年多工作，民法典终于颁布实施，实现了几代人的夙愿。

民法典在中国特色社会主义法律体系中具有重要地位，是一部固根本、稳预期、利长远的基础性法律，对推进全面依法治国、加快建设社会主义法治国家，对发展社会主义市场经济、巩固社会主义基本经济制度，对坚持以人民为中心的发展思想、依法维护人民权益、推动我国人权事业发展，对推进国家治理体系和治理能力现代化，都具有重大意义。

民法典系统整合了新中国成立70多年来长期实践形成的民事法律规范，汲取了中华民族5000多年优秀法律文化，借鉴了人类法治文明建设有益成果，是一部体现我国社会主义性质、符合人民利益和愿望、顺应时代发展要求的民法典，是一部体现对生命健康、财产安全、交易便利、生活幸福、人格尊严等各方面权利平等保护的民法典，是一部具有鲜明中国特色、实践特色、时代特色的民法典。实施好民法典，重点要做好以下工作。

第一，加强民法典重大意义的宣传教育。要讲清楚，实施好民法典是坚持以人民为中心、保障人民权益实现和发展的必然要求。民法典调整规范自然人、法人等民事主体之间的人身关系和财产关系，这是社会生活和经济生活中最普通、最常见的社会关系和经济关系，涉及经济社会生活方方面面，同人民群众生产生活密不可分，同各行各业发展息息相关。民法典实施得好，人民群众权益就会得到法律保障，人与人之间的交往活动就会更加有序，社会就会更加和谐。要讲清楚，实施好民法典是发展社会主义市场经济、巩固社会主义基本经济制度的必然要求。民法典把我国多年来实行社会主义市场经济体制和加强社会主义法治建设取得的一系列重要制度成果用法典的形式确定下来，规范经济生活和经济活动赖以依托的财产关系、交易关系，对坚持和完善社会主义基本经济制度、促进社会主义市场经济繁荣发展具有十分重要的意义。要讲清楚，实施好民法典是提高我们党治国理政水平的必然要求。民法典是全面依法治国的重要制度载体，很多规定同有关国家机关直接相关，直接涉及公民和法人的权利义务关系。国家机关履行职责、行使职权必须清楚自身行为和活动的范围和界限。各级党和国家机关开展工作要考虑民法典规定，不能侵犯人民群众享有的合法民事权利，包括人身权利和财产权利。同时，有关政府机关、监察机关、司法机关要依法履行职能、行使职权，保护民事权利不受侵犯、促进民事关系和谐有序。民法典实施水平和效果，是衡量各级党和国家机关履行为人民服务宗旨的重要尺度。

第二，加强民事立法相关工作。民法典颁布实施，并不意味着一劳永逸解决了民事法治建设的所有问题，仍然有许多问题需要在实践中检验、探索，还需要不断配套、补充、细化。有关国家机关要适应改革开放和社会主义现代化建设要求，加强同民法典相关联、相配套的法律法规制度建设，不断总结实践经验，修改完善相关法律法规和司法解释。对同民法典规定和原则不一致的国家有关规定，要抓紧清理，该修改的修改，该废止的废止。要发挥法律解释的作用，及时明确法律规定含义和适用法律依据，保持民法典稳定性和适应性相统一。

"法与时转则治。"随着经济社会不断发展、经济社会生活中各种利益关系不断变化，民法典在实施过程中必然会遇到一些新情况新问题。这次新冠肺炎疫情防控的实践表明，新技术、新产业、新业态和人们新的工作方式、交往方式、生活方式不断涌现，也给民事立法提出了新课题。要坚持问题导向，适应技术发展进步新需要,在新的实践基础上推动民法典不断完善和发展。

第三,加强民法典执法司法活动。严格规范公正文明执法,提高司法公信力,是维护民法典权威的有效手段。各级政府要以保证民法典有效实施为重要抓手推进法治政府建设,把民法典作为行政决策、行政管理、行政监督的重要标尺,不得违背法律法规随意作出减损公民、法人和其他组织合法权益或增加其义务的决定。要规范行政许可、行政处罚、行政强制、行政征收、行政收费、行政检查、行政裁决等活动,提高依法行政能力和水平,依法严肃处理侵犯群众合法权益的行为和人员。

民事案件同人民群众权益联系最直接最密切。各级司法机关要秉持公正司法,提高民事案件审判水平和效率。要加强民事司法工作,提高办案质量和司法公信力。要及时完善相关民事司法解释,使之同民法典及有关法律规定和精神保持一致,统一民事法律适用标准。要加强涉及财产权保护、人格权保护、知识产权保护、生态环境保护等重点领域的民事审判工作和监督指导工作,及时回应社会关切。要加强民事检察工作,加强对司法活动的监督,畅通司法救济渠道,保护公民、法人和其他组织合法权益,坚决防止以刑事案件名义插手民事纠纷、经济纠纷。

民法典专业性较强,实施中要充分发挥律师事务所和律师等法律专业机构、专业人员的作用,帮助群众实现和维护自身合法权益,同时要发挥人民调解、商事仲裁等多元化纠纷解决机制的作用,加强法律援助、司法救助等工作,通过社会力量和基层组织务实解决民事纠纷,多方面推进民法典实施工作。

第四,加强民法典普法工作。民法典共7编1260条、10万多字,是我国法律体系中条文最多、体量最大、编章结构最复杂的一部法律。民法典要实施好,就必须让民法典走到群众身边、走进群众心里。要广泛开展民法典普法工作,将其作为"十四五"时期普法工作的重点来抓,引导群众认识到民法典既是保护自身权益的法典,也是全体社会成员都必须遵循的规范,养成自觉守法的意识,形成遇事找法的习惯,培养解决问题靠法的意识和能力。要把民法典纳入国民教育体系,加强对青少年民法典教育。

民法典专业术语很多,要加强解读。要聚焦民法典总则编和各分编需要把握好的核心要义和重点问题,阐释好民法典关于民事活动平等、自愿、公平、诚信等基本原则,阐释好民法典关于坚持主体平等、保护财产权利、便利交易流转、维护人格尊严、促进家庭和谐、追究侵权责任等基本要求，阐释好民法典一系列新规定新概念新精神。

第五，加强我国民事法律制度理论研究。改革开放以来，我国民法理论研究和话语体系建设取得了明显成效，但同日新月异的民法实践相比还不完全适应。要坚持以中国特色社会主义法治理论为指导，立足我国国情和实际，加强对民事法律制度的理论研究，尽快构建体现我国社会主义性质，具有鲜明中国特色、实践特色、时代特色的民法理论体系和话语体系，为有效实施民法典、发展我国民事法律制度提供理论支撑。

各级党和国家机关要带头宣传、推进、保障民法典实施，加强检查和监督，确保民法典得到全面有效执行。各级领导干部要做学习、遵守、维护民法典的表率，提高运用民法典维护人民权益、化解矛盾纠纷、促进社会和谐稳定能力和水平。

——习近平总书记2020年5月29日在十九届中央政治局第二十次集体学习时的讲话

（来源：新华网，2020年6月15日，转载于《求是》2020年第12期）

三、典型案例

（一）公民权利

案例1：人身自由

被告人王某和被害人陈某系多年的同学和好友。2016年5月12日下午，王某给陈某打电话，邀他到第五大街去玩。他们骑着摩托车来到第五大街后，王某对陈某说："我认识一个女孩，可漂亮，就在这个厂里上班。"说着，王某指指身后不远处的一个工厂，"走，咱俩找她去！"二人开着摩托车快到那个工厂门口时，天突然要下雨了。为了避雨，陈某就赶快把摩托车开到附近的一个机井房内。车刚停好，被告人王某便要借被害人陈某的手机，说是给认识的那个女孩打个电话，让她出来见面。见王某打完电话没有归还手机的意思，陈某就多次向王某催要。可是，任凭陈某怎样索要，王某也不愿意交出手机了。无奈，陈某就对王某说："你要不交还手机，就把手机卡掏出来给我。"王某一听，暗里高兴起来，忙把手机后盖打开掏出手机卡扔给了陈某，跑得无踪无影了。一晃，时间过去快一年了，直到2017年4月23日，陈某突然听说王某在家里，便赶快找他去要手机。谁知，王某说陈某的手机是陈某早已默认给自己的，且已摔坏卖废品了，仍无归还之意。陈某眼看自己花了1500元买的手机要不回来，实在忍无可忍，遂以王某抢夺手机为由到司法机关报了案。检察机关认为构成抢夺罪，对被告人王某作出批捕的决定。

《中华人民共和国宪法》（以下简称《宪法》）第三十七条规定："中华人民共和国公民的人身自由不受侵犯。任何公民，非经人民检察院批准或者决定或者人民法院决定，并由公安机关执行，不受逮捕。"根据我国法律规定，逮捕是公安机关、人民检察院和人民法院依法剥夺犯罪嫌疑人、被告人的人身自由、予以羁押，并进行审查的一种最严厉的强制措施或方法。由于人身自由是公民的基本权利，逮捕又是对人身自由最严厉的限制，因此为了正确使用逮捕手段，最大限度地防止错捕错押，切实保障公民的人身自由不受非法侵犯，法律又对实施逮捕规定了严格的条件。批准逮捕，是检察机关依照法律有关规定和程序对公安机关提请逮捕的犯罪嫌疑人、被告人进行审查，对符合逮捕条件的所作出的决定。《中华人民共和国刑事诉讼法》规定："逮捕犯罪嫌疑人、被告人，必须经过人民检察院批准或者人民法院决定，由公安机关执行。"对于公安机关移送要求审查批准逮捕的案件，人民检察院有批准权。人民检察院在侦查及审查起诉中，认为犯罪嫌疑人符合法律规定的逮捕条件，应予逮捕的，依法有权自行决定逮捕。人民法院受理的自诉案件中，对被告人需要逮捕的，人民法院有决定权。对于人民检察院提起公诉的案件，人民法院在审判阶段发现需要逮捕被告人的，有权决定逮捕。公安机关无权自行决定逮捕，逮捕的执行权属于公安机关。法院审理认为，根据我国相关法律规定，犯罪是指一切危害国家主权、领土完整和安全，分裂国家、颠覆人民民主专政的政权和推翻社会主义制度，破坏社会秩序和经济秩序，侵犯国有财产或者劳动群众集体所有的财产，侵犯公民私人所有的财产，侵犯公民的人身权利、民主权利和其他权利，以及其他危害社会、依照法律应当受刑罚处罚的行为，而情节显著轻微危害不大的行为，不认为是犯罪。本案被告人王某的危害行为轻微，一是被告人和被害人的关系不一般（老同学）；二是情节不严重；三是案值不大；四是案发时间太长，被害人陈某事后近一年才报案，显然与真正的刑事案情有出入；五是被害人陈某有"你要不交还手机，就把手机卡掏出来给我"的默认，默认将手机送人的行为。据此，法院审理认为，被告人王某的抢夺行为属于熟人之间的纠纷，为一般的违法行为，行为情节较轻微，对社会的危害不大，不宜以犯罪定罪处理。

案例2：人格尊严

河南省内乡县师岗镇农民贾文生及其弟贾文杰，听其侄儿说其母张某外出未回，便怀疑张某生活作风不正，遂守候在张某门前，想等张某归来时问个明白。当夜22时许，张某乘坐租雇的三轮车回家，贾文生、贾文杰兄弟二人不由分说，将张某及送张某回家开三轮车的林某拉下车，不听张某解释，也不顾群众围观和劝阻，进行殴打、辱骂，逼迫张某与林某承认有不正当男女关系，威逼林某写下"若张某发生死亡等意外，一切责任由自己负责"的保证书后才让其离开。贾文生及其弟贾文杰无端当众猜疑张某"不守妇道"，使张某气愤交加，无颜见人，遂拿起一瓶农药一饮而尽，人们发现后送医院抢救无效死亡。

我国《宪法》第三十八条规定："中华人民共和国公民的人格尊严不受侵犯。禁止用任何方法对公民进行侮辱、诽谤和诬告陷害。"本案例中，贾文生、贾文杰两兄弟，在公众场合，凭空捏造张某与他人有不正当男女关系，且使用暴力手段，威逼张某及他人违心承认，不仅在主观上故意毁损他人名誉，给张某的人格尊严造成极大伤害，而且客观上造成"使张某无颜见人服毒自杀"的严重后果，其行为已构成侮辱罪。

案例3：男女平等

2017年6月，某市国税局到当地各高校发布招聘通知，招聘应届大学本科毕业生，所需专业是计算机、法学和会计。其中有个岗位是该局的法制科，需要招两名法学毕业生。招聘要求是：①在校期间成绩优秀，通过大学英语六级考试；②限招男生。某大学法律系毕业生刘某（女），看到招聘启示后，认为除了招聘中的女生限制条件外，自己所有的条件都符合，而且自己非常渴望到税务机关工作，于是前去报名。但招聘工作人员说法制科不招女生。刘某认为国税局的行为违反了我国《宪法》和法律规定的男女平等原则，要求国税局纠正自己的错误行为，同意让她报名参加考试。

《宪法》第四十二条规定"中华人民共和国公民有劳动的权利和义务"；《中华人民共和国妇女权益保护法》第二十二条规定"国家保障妇女享有与男子平等的劳动权利和社会保障权利"，第二十三条规定"各单位在录用职工时，除不适合妇女的工种或岗位外，不得以性别为由拒绝录用妇女或提高对妇女的录用标准"。本案例中，刘某依据《宪法》规定的平等权和劳动权的要求是对的。国税局的行为违反了《宪法》关于公民平等权的规定，也侵犯了刘某的劳动权。因此，国税局的这项要求违反了法律规定，构成了对刘某劳动权的侵犯。

案例4：平等就业

中职毕业的何维青，根据招聘广告，参加了杭州华融机械设备有限公司的车工岗位招聘考试，成功地通过了笔试、面试、复试。随后，招聘单位叫他去公司定点医院做一次体检。几天后招聘单位通过体检结果知道何维青是一名乙肝病毒携带者，于是拒绝录用。在随后的几次应聘中，何维青都通过了考试，但最后都因为何维青是一名乙肝病毒携带者而没被录用。"乙肝病毒携带者"成了他找工作的最大障碍，何维青非常苦恼，他希望自己能得到平等的就业机会。

根据我国有关法律，除饮食、食品、供水、宾馆、托幼机构等行业外，对于乙肝患者和乙肝病毒携带者的就业，并没有硬性的禁止规定。用人单位招用人员，除国家禁止乙肝病毒携带者从事的工作外，不得强行将乙肝病毒血清学指标作为体检标准。各级各类医疗机构在对劳动者开展体检过程中要注意保护乙肝病毒携带者的隐私权。在本案例中，何维青仅因为是一名乙肝病毒携带者，而被招聘单位屡次拒用，这是侵犯公民平等权的行为。根据《就业服务与就业管理规定》（2018年修订）第六十八条的规定，可由劳动保障行政部门责令改正，并可处以1000元以下的罚款，对当事人造成损害的，应当承担赔偿责任。

案例5：劳动者休息权

张某住在河南油田家属楼6楼，楼下住着牛某。张某一有不顺心的事就拿地板出气，有时用脚踩，有时用铁掀拍，有时用棍棒砸，搞的牛某一家人不得安宁。在劝说无效的情况下，牛某将张某告上法庭。2017年1月22日，县人民法院公开审理此案，认为休息权和健康权是劳动者的基本权利，张某的行为在客观上侵犯了牛某及其家人的休息权和健康权，因此判决张某立即停止侵权行为，并支付牛某精神慰抚金1000元。

《宪法》第四十三条规定："中华人民共和国劳动者有休息的权利。"《宪法》中的休息权是劳动者在进行一定的劳动之后为消除疲劳、恢复正常的劳动能力所必需的条件。在这种意义上说，休息权既是劳动权存在的一个前提条件，又是劳动权的一个派生形态。本案中，被告张某有气撒到地板上，搞的楼下住户难安宁，侵犯了劳动者休息的权利。法院以被告侵犯了原告的休息权和健康权为理由，判决被告赔偿受害者1000元，维护了张某应该享有的《宪法》基本权利。

案例6：受教育权

2015年12月，某医科大学作出一项决定，从2016年起该学校不招收吸烟学生，其理由是：吸烟是当今世界公认的三大不良生活习惯之一，为保护公共洁净环境和人类健康，应该积极提倡不吸烟，而培养健康卫士的医学院更应该带头。

本案中，某医科大学拒收吸烟学生这一决定，尽管其出发点是好的，积极提倡不吸烟的理由也是充分的，但是这一决定的实质性内容，却是与《宪法》规定公民的受教育权和平等权相违背，仅以吸烟这一不良生活习惯为由剥夺了这一类公民的受教育权，从根本上说是违宪的行为。

案例7：出版自由

谢朝平在纪实文学《大迁徙》中记录了三门峡移民的一些历史遗留问题，渭南地区的移民是作品主角。谢朝平在作品中揭露了真实的情况和腐败的问题，批评了当地的公务员。陕西渭南警方以涉嫌"非法经营罪"对其进行追捕和拘留。

《宪法》明确规定公民的人身自由不受侵犯。《宪法》还规定了公民出版自由的权利。在本案例中，陕西渭南警方因为谢朝平的作品披露了真相，就对作者进行打击报复，这明显侵犯了谢朝平的批评、建议等监督的权利，侵犯了谢朝平的出版自由权。

案例8：申诉权

2010年，一家名为"安元鼎"的保安公司在北京保安业悄然做大。越来越多的调查表明，安元鼎公司的主业为关押、押送到北京上访的民众。这家时间短却发展迅猛的保安公司在京设立多处"黑监狱"，向地方政府收取佣金，限制上访者的自由并将其押送返乡，甚至对上访者施暴。

在本案例中，安元鼎公司的行为严重侵犯了公民申诉权。北京警方以涉嫌"非法经营"和"非法拘禁"对安元鼎公司立案侦查，该公司董事长和总经理被刑拘。

案例9：检举权

王鹏任甘肃省图书馆助理馆员，曾多次发帖举报大学同学马晶晶在公务员招考中作弊。2010年11月23日，宁夏回族自治区吴忠市公安局利通分局民警赴甘肃将王鹏刑拘。因马晶晶父亲时任宁夏回族自治区扶贫办副主任，母亲时任吴忠市委常委、市政协主席。

我国《宪法》明确规定公民检举权、公民人身自由依法受到保护。本案例中，将本应属于自诉法律程序的案件按照公诉案件办理，属于错案。本案例显然是一个公权力侵犯公民权利的事件。在其背后，则隐含着警察执法时是依法行政还是依权力行政，以及警察是对法律负责还是对权力负责的问题。

案例10：通信自由

刘某与王某均经营高档服装，刘某的服装生意很好，每月盈利十几万元，而王某每月盈利仅万元。刘某经营的红福牌服装很畅销，每次进一批货不到几天就销售一空，王某也想经销该服装，但该服装销往哪里却摸不到门路，王某很想从刘某处打听销路，但刘某看出了其意图而守口如瓶。一天，王某与刘某一块吃饭，王某谎称自己没有带手机，便借用刘某的手机打一个电话，王某从刘某手机上查找到红福服装是售往福州一家客商，并迅速将此商业信息转发到自己的手机上。王某获得此信息后，抢先一步去红福厂调回一批服装到福州转手销售，一次盈利10万元。当刘某把货送到福州时，客商以已进货为由，没有接收刘某送来的红福牌服装。刘某从客商的谈话中了解到这次抢先送货的人是王某。刘某找到王某询问这件事时，王某当众承认了自己转接了刘某的信息。刘某要求王某赔偿因此造成的损失，王某认为谁都可以经营红福牌服装，自己没有责任赔偿。由于两人协商不成，刘某将王某告上法庭。

我国《宪法》第四十条规定："中华人民共和国公民的通信自由和通信秘密受法律保护。除因国家安全或追查刑事犯罪的需要，由公安机关或检察机关依照法律规定的程序对通信进行检查外，任何组织或个人不得以任何理由侵犯公民的通信自由和通信秘密。"法院审理认为，王某私自转接别人的手机信息，侵犯了刘某通信自由权利。王某获得福州客商需要进货的信息是从刘某的手机上获得，而王某是背着刘某将其手机信息转接到自己的手机上，实际上是窃取别人的商业信息。这种非法行为侵犯了他人的商业秘密。根据《中华人民共和国反不正当竞争法》第九条第四款规定："本法所称的商业秘密，是指不为公众所知悉,能为权利人带来经济利益,具有实用性并经权利人采取保密措施的技术信息和经营信息。"国家工商行政管理局发布的《关于禁止侵犯商业秘密行为的若干规定》(以下简称《若干规定》)第二条就商业秘密构成条件进行了解释:"不为公众所知悉,是指该信息是不能从公开渠道直接获取的。"《若干规定》还就"技术信息""经营信息"进行了解释:"技术信息和经营信息,包括设计、程序、产品配方、制作工艺、制作方法、管理诀窍、客户名单、货源情报、产销策略、招标中的标底及标书内容等信息。"从本案看,王某窃取刘某手机上的信息,此信息是不能从公开的渠道直接获取的,如福州客商并没有在其他媒体公开此次进货数量、价格等,而刘某有保守自己手机信息秘密的权利,符合商业秘密的构成要件。王某私自窃取刘某手机上的商业信息构成侵权,已构成侵犯刘某的商业秘密和通信自由的权利,应当对刘某的损失进行赔偿。法院判决王某赔偿刘某10万元的经济损失。

案例11:未成年保护

2017年5月26日下午,杨新宇(16岁)因故未上第二节课,班主任王斌趁杨新宇不在教室,随意翻弄杨新宇的书包,从钱夹里翻出校外女生给杨新宇的信件,并将信件和书包拿到办公室。杨新宇得知后,前去索要,王斌令杨新宇将信件说清楚,否则不给杨新宇书包。为防信件内容扩散,杨新宇拿起信和书包欲走,王斌不让走。学校团委书记陈利民赶来,揪住杨新宇抢夺信件。杨新宇急忙将信塞入口中。陈利民当即拳击杨新宇面部,并抠杨新宇嘴,因未能抢到信,便将杨新宇挟持到三楼阅览室内,反锁屋门。为摆脱教师对杨新宇的殴打,杨新宇跃上窗台,想从窗户逃脱。此时,听到一教师惊叫,杨新宇慌忙间从三楼窗户坠落楼外,造成多处骨折、肺出血等严重后果。

法院审理认为,在校学习的学生,应当遵守校规校纪,如有违犯,应当给予批评教育直至纪律处分。但学生依法享有的各种合法权益受法律保护,教师和学校不得以任何借口予以侵害,否则即为侵权行为,并应依法承担侵权的法律责任。同时,杨新宇属于限制行为能力的未成年人,应当对越窗逃脱可能有的损害后果有所预见,但仍坚持越窗逃脱,致使摔伤,因而杨新宇本人也是有一定责任的。

其一,在事故发生时,杨新宇虽是未成年人,但依法享有通信自由和通信秘密权。我国《宪法》第四十条规定:"中华人民共和国公民的通信自由和通信秘密受法律保护。除因国家安全或者追查刑事犯罪的需要,由公安机关或者检察机关依照法律规定的程序对通信进行检查外，任何组织或者个人不得以任何理由侵犯公民的通信自由和通信秘密。"本案杨新宇的信件不涉及国家安全和刑事犯罪，班主任也不是享有通信检查权机关的工作人员，在杨新宇不在场的情况下，班主任无权拆开并检查其信件内容。如为防止杨新宇的书包和其他物品丢失，可以让同班其他同学代为看管，或拿到办公室代为保管，但绝不能在当事人未同意又不在场的情况下，擅自翻弄、检查其书包、物品，更不能开拆和检查其信件。开拆和检查他人信件，侵犯了信件所有人的通信自由和通信秘密权。

其二，老师在拆开杨新宇的信件后，阅看了信件的内容，知道了杨新宇的信件是他人写来的恋爱信件。对此，老师本应向其讲明早恋的影响，提醒其注意即可。但老师却让其说清楚早恋情书的问题，杨新宇不说就不让走，也不将信件交还杨新宇，从而使其他老师也知道了杨新宇早恋的问题。另一老师赶来抠原告塞入口中的信件，实际上是想让杨新宇交出信件。这些行为侵犯了杨新宇的隐私权。

其三，老师为拿到杨新宇的信件，在杨新宇将信塞入口中的情况下，用手去抠杨新宇口中的信件，在抠不出来的情况下，与杨新宇撕扯并将杨新宇带入另一房间，强迫其吐出信件并烧掉，这是侵犯杨新宇人身自由权的行为。

案例 12：禁止破坏社会主义制度

王某在初中读书时，由于好打架斗殴，不思进取，成绩不佳，多次被老师批评，2018 年初中毕业没有考上高中，赋闲在家。此期间，其父因犯强奸罪被判刑。2019 年其父托人将他送入职中，因为父亲犯罪，他受到连累，被同学骂。同时，又因学习不好、好斗，老师也歧视他。这使他心理受压抑而不满，乃至怨恨这个社会不公平。于是他偷偷写了一张攻击社会主义的大字报，并连夜贴在县政府大门口的墙上，三天后王某被捕。

王某由于家庭和个人的问题，因怨恨而迁怒于政府，进而仇视社会主义。《宪法》第一章第一条规定："社会主义制度是中华人民共和国的根本制度。中国共产党领导是中国特色社会主义最本质的特征。禁止任何组织或个人破坏社会主义制度。"王某的行为构成了破坏社会主义制度的行为，为了维护宪法的尊严和保卫社会主义制度，王某理应受到法律的惩罚。

案例 13：禁止破坏民族团结

林甲（17 岁，汉族）、林乙（15 岁，汉族）二人系同乡同村同姓叔伯兄弟，是某县中学高三年级学生，并住校。1988年春的一天，林甲因个人卫生不好，被班级同学、班卫生委员田某（回族）指出，并要求他在三天内将个人卫生搞好，不要因为一个人影响班级评比。林甲对此很不满，认为田某故意使其难堪，待田某离开林甲宿舍后，大骂田某，并有侮辱回民的言论。林甲辱骂田某的事，当天晚上就传到田某的耳朵里，田某火冒三丈，立即去责问林甲，于是两人大吵起来，后被同学们劝住，从此两人结仇。田某因为是班干部，过后没有把这件事放在心上。林甲则不然，过后时时想报复。于是他去找林乙，两人商讨报复的方法。经过一番密谋，由林乙放哨，林甲找来一块熟猪肉皮，给田某的饭碗擦上猪油。田某吃饭时总觉得味道不对，但头一两次他没有在意，第三次觉得不对劲，于是田某就暗中留意，在某天下午课外活动时间，他发现了林甲、林乙两人鬼鬼祟祟地溜进宿舍，往饭碗上抹什么东西，他立即冲进去，看见二林正在拿猪肉皮擦他的碗。田某怒发冲冠，冲上去狠狠打了林甲一拳，于是二对一地撕打起来。田某吃了亏，又发现二林是侮辱回族，他跑到各年级，把回民同学叫在一起，并把二林侮辱回族的言行叙述一遍。回民同学激情奋起，立即去找二林，把二林痛打一顿。当天晚上同宿舍的同学，发现林甲鼻青脸肿，就问他是谁打的。林甲添油加醋地说是田某带领全校的回民同学打的。于是有几个好斗的"仗义之士"出头联络汉族同学，并煽动说："回族结伙打汉族。"一些不明真相的学生，一哄而起，追打回民同学。第二天回民同学罢课，并要求学校保护。学校经过调查发现，事件是因为林甲、林乙的行为造成的，学校给了他们应有的处罚。

我国《宪法》第四条规定："禁止对任何民族的歧视和压迫，禁止破坏民族团结和制造民族分裂的行为。"法院审理认为，林甲、林乙两个人由于对田某同学不满进而发展成为歧视回民、谩骂回民和向田某饭碗上抹猪油是侵犯他人信仰自由的行为。林甲、林乙两个人的言论和行为，在主观动机和客观效果上都构成了破坏民族团结的行为，应受到必要的处罚。

案例14：女职工权益保护

欧某与某劳务派遣公司签订劳动合同，期限为2018年7月1日至2019年6月30日，岗位为内勤，平均工资3321.72元/月。后欧某被派遣至某供应链公司工作，2019年6月4日，某劳务派遣公司以其违反规章制度为由与其解除劳动关系，欧某于2019年6月19日签收解除劳动合同证明书。欧某认为其正处于孕期，且将相关事实告知用人单位，用人单位系非法解除劳动关系，遂申请劳动仲裁，要求恢复劳动关系，仲裁机构裁决不支持恢复劳动关系的请求。欧某不服仲裁裁决，向法院提起诉讼，请求判令恢复劳动关系，继续履行劳动合同。

法院经审理认为，某劳务派遣公司以原告严重违反用人单位的规章制度为由解除劳动合同，但其向法院提交的微信聊天记录、考勤管理制度等证据，系其他公司考勤制度，并非实际用人单位考勤制度，不能以此证明用人单位已将考勤制度公示，应承担举证不能后果。而欧某提交的诊断证明、孕产妇保健手册节选、聊天截屏等证据可以证明，某劳务派遣公司在与原告解除劳动合同时，对原告怀孕的相关事实已知悉，因此被告在欧某怀孕期间解除与其劳动合同的决定，侵犯了原告合法权益。故判决撤销《解除劳动合同证明书》，要求被告某劳务派遣公司继续履行劳动合同。

本案例是人民法院通过判决撤销企业违法解除劳动合同行为，保护孕期女职工合法权益的典型案例。近年来，随着社会主义市场经济体制不断完善，各类市场主体迅猛发展，企业女性从业人员比例不断增长，但个别企业任意扩大用人自主权，针对女职工提出苛刻的歧视性要求，为妇女平等就业设置障碍。该案例的判决保障了女职工的合法权益，提高女职工的法律意识和维权能力，对于提高用人单位法律意识，督促其遵守法律法规，健全企业内部管理制度，规范用工行为有积极意义，也有利于营造全社会关心女职工权益的良好氛围，实现了法律效果与社会效果的统一。

案例 15：居住权

王某与王某某系母子关系。王某某与周某原系夫妻关系，双方于 2011 年登记结婚，于 2018 年协议离婚。离婚协议中约定离婚后，女方可以暂时居住在男方母亲王某名下坐落于天津市开发区的房屋内，居住期限为三年，自双方办理离婚登记手续之日起计算。居住期限到期后另行商议。如在居住期限内房屋出现动迁或变卖的情况，男方需向女方提供住处，至期限截止日。其间如若出现女方再婚，与他人同居，未经男方同意擅自将该房屋出租或允许他人居住使用，对该房屋室内装饰装修进行破坏等情形之一的，女方则立刻丧失对该房屋的居住权，男方可随时要求女方腾离该房屋，并有权要求女方赔偿男方经济损失，否则居住期限内，男方不可无故要求女方腾离该房屋。2020 年 10 月，王某以对离婚协议内容不知晓为由，要求法院判令周某立即搬离王某房产处，将房产归还给王某使用。

法院经审理认为，王某作为案涉房屋所有权人，其在知晓周某与王某某离婚情况下，对于周某仍在案涉房屋内居住近一年之久的行为并未提出异议，且其自述虽对协议内容不认可，但也未做出任何反对表示，故认定王某对周某与王某某离婚协议内容知晓并同意，应受协议约束，即王某对案涉房屋享有所有权，但该物权的行使受协议中所设居住权的限制，周某有权占有使用案涉房屋。遂判决驳回王某的全部诉讼请求。

本案是保障离婚后无房妇女居住权的典型案例。近年来，随着离婚率持续攀升，保障离婚妇女的居住权成为无法回避的现实问题。本案中，由于王某某与周某在婚姻关系存续期间没有共同房产，因此女方在离婚后将面临没有住处的困境。尽管案涉房屋所有权不属于周某所有，但王某某与周某的离婚协议中约定离婚后女方可以暂时居住在男方母亲名下的房屋内，而且设定了三年居住期限。由此为女方设立居住权，保障了处于弱势地位的妇女的居住权益。需要指出的是，本案在《中华人民共和国民法典》（以下简称《民法典》）施行前裁判，具有一定的前瞻意义，一方面符合家庭成员之间扶持照顾的伦理道德观念；另一方面也契合《民法典》中具有扶助、关怀性质的居住权制度的设计初衷。《民法典》第三百六十六条规定，居住权人有权按照合同约定，对他人的住宅享有占有、使用的用益物权，以满足生活居住的需要。第三百六十七条规定，设立居住权，当事人应当采用书面形式订立居住权合同。

案例 16：人格权

网络时代明星人格侵权纠纷多发。广州一家化妆及护肤品销售公司，在未获得中国台湾艺人林志玲授权的情况下，在其产品品牌名称、微信公众号的 13 篇微信文章中分别使用了林志玲的名字、照片等相关信息作为广告推广。林志玲方面起诉称，广州该化妆品公司在网络上使用其姓名和肖像宣传推广产品，侵害了其姓名权、肖像权，故诉请广州互联网法院判令该公司赔偿经济损失和精神损害。

互联网法院于 2019 年 1 月 15 日作出一审判决，该化妆品公司向林志玲赔偿经济损失 5 万元，并需公开赔礼道歉。互联网经济环境下，利用网络侵害他人人格权特别是演艺明星人格权的纠纷案件越来越多，但目前在责任承担方面差异较大。本案一定程度确立了经济损失赔偿及维权费用判赔标准，提供了合理适用精神损害赔偿的裁判思路，防止权利人滥用请求精神损害赔偿的权利，充分考虑了人格权保护与侵权责任承担之间的平衡。

(二) 行政争议

案例 1：监管职责

李养明在普宁县看守所羁押期间，同监室在押人员张厚华、张涛等人以各种借口对李养明多次用拳头、拖鞋进行殴打，致使其头部、胸部多处受伤。2月8日17时许，张厚华等人又以玩游戏为名，对其进行殴打，猛烈拳击后，李养明撞墙倒地昏迷，送医院经抢救无效死亡。法医鉴定李养明死亡的结论是"多次钝性外力打击致严重颅脑损伤死亡"。这是一起在押犯罪嫌疑人以"躲猫猫"为名，殴打、施暴致使李养明身亡的事件。李养明身亡后，张厚华等人为逃避责任、逃避法律的制裁，编造了李养明在游戏中不慎自己撞墙死亡的事实，而且订立了攻守同盟，对抗侦查。普宁县公安机关在没有深入调查取证的情况下，公布了李养明是在游戏中不慎死亡的情况。

在本案例中张厚华、张涛、普华永等人殴打李养明，已由侮辱上升为随意剥夺他人的生命权，是犯罪行为。看守所没有尽到保护的职责，没有履行宪法规定的"国家尊重和保护人权"的义务，应当承担责任。

案例 2：行政行为

某大学在校生李某在2017年1月27日的考试过程中，携带一些与考试相关的资料被监考教师发现，监考教师认为其携带资料是考试作弊行为，将他带到考务办公室，当即对他作出处理。事后李某不服，到教室找监考教师，要求拿回试卷，撤销作弊处罚。在遭到拒绝后，李某动手打了监考教师，公安局作出行政处罚决定书，决定对李某拘留三日。某大学决定给予李某开除学籍处分。李某不服处分决定提出申诉，校方于3月10日召开了学生申诉处理委员会会议，15人参加投票表决，13人认为处分决定正确，作出维持决定。李某又向省教育厅提出申诉，省教育厅作出了维持处分的决定。李某不服，向法院提起诉讼。

受教育权是宪法规定的一项公民的基本权利。学校依法招收学生后，即与学生之间形成了教育和受教育的权利义务关系，这一关系受到法律的保护。《中华人民共和国教育法》第二十九条规定，学校及其他教育机构对受教育者进行学籍管理，实施奖励或者处分；第四十四条规定，受教育者应当履行义务，遵守所在学校或者其他教育机构的管理制度。学校开除学生，正是通过自己的意思表示履行与学生之间的这种权利义务。法院认定，某大学的具体行政行为不违法，维持了某大学的行政行为。

案例3：行政处罚的合法性

某校初中学生马超，学习成绩不佳，守纪情况亦差。一天，他在教学楼内玩球，故意将一个价值300元的吊灯打坏。学校在查明事实经过后，依据学校有关"损坏公物要赔偿和罚款"的规章制度，对马超作出三点处理决定：①给予警告处分；②照价赔偿吊灯；③罚款300元。对此，学校、教师、学生和学生家长都没有感到不妥。该校校长还在全校师生大会上以此事为案例，大谈依法治校、从严治校的重要性。

本案例中，学校对马超的处理意见并不都是合法的。给予警告处分和要求照价赔偿吊灯是合法的，而对学生罚款则是一种典型的违法行为。因为行政制裁包括行政处分和行政处罚两个方面，学校有对学生予以处分（纪律处分）的权力，但却没有对学生进行行政处罚的权力。罚款是行政处罚的一种，只有国家特定的行政机关才有行政处罚权，学校对学生予以罚款没有任何法律依据。《中华人民共和国行政处罚法》(2021年修订)第七十六条规定，行政机关实施行政处罚，有下列情形之一，由上级行政机关或者有关机关责令改正，对直接负责的主管人员和其他直接责任人员依法给予处分：①没有法定的行政处罚依据的；②擅自改变行政处罚种类、幅度的；③违反法定的行政处罚程序的……在本案例中，学校对学生予以罚款的依据、以"法"治校的依据是学校所制定的规章制度，而这些规章制度中有些内容本身就是违法的。学校管理者如果把"违法治校"当成是"依法治校"，将会造成更大的错误。

案例4：行政处罚的合理性

李某系从事饮食业的个体工商户，未取得食品生产经营许可而出售自制的蛋糕，其蛋糕未经有关部门进行检验，这一行为被某市场监管局查获。《中华人民共和国食品安全法》第一百二十二条规定，违反本法规定，未取得食品生产经营许可从事食品生产经营活动，或者未取得食品添加剂生产许可从事食品添加剂生产活动的，由县级以上人民政府食品安全监督管理部门没收违法所得和违法生产经营的食品、食品添加剂以及用于违法生产经营的工具、设备、原料等物品；违法生产经营的食品、食品添加剂货值金额不足一万元的，并处五万元以上十万元以下罚款；货值金额一万元以上的，并处货值金额十倍以上二十倍以下罚款。根据以上规定，市场监管局没收了李某尚未出售的蛋糕，没收其违法所得4590元，罚款10 000元；并且市场监管局认为李某曾因伤害罪而被判刑三年，一年前刚出狱，因此要重罚，又处以李某 15 000 元的罚款。李某对市场监管局行政处罚不服，向法院起诉。

法院审理认为，本案例中市场监管局的行政处罚行为是合法的，但不合理，违背了行政合理性的原则。根据法定的罚款幅度的规定，市场监管局对李某处以 10 000 元的罚款属于法定的幅度内，其行为没有超越法律，不与法律相抵触，是合法的。但市场监管局在法定幅度内的自由裁量权行使的不恰当，对李某进行 15 000 元的罚款，除以其违法事实情节等为依据外，属于一种不正当的考虑而作出的行政处罚行为，违背了行政合理性原则的要求，属不合理的行为。

案例 5：行政处罚的程序性

胡某和赵某是邻居，两家为房屋间的通道发生争吵，当胡某拉赵某到村民委员会评理时，赵某躺在地上大喊"打死人了，打死人了……"张某闻声赶来，在赵某的要求下把其搀扶回家。之后，赵某告到当地派出所，派出所根据张某听到喊声赶到，见赵某躺在地上的证词，对胡某拘留三天。胡某不服，依法申请行政复议。派出所对胡某拘留三天的行政处罚程序是否合法？

本案例中，派出所对胡某拘留三天的行政处罚程序不合法。原因是派出所在作出处罚决定时，没有遵循行政处罚法规定的公正、公开原则和查明事实、说明理由、听取当事人的陈述申辩等制度。

案例 6：工伤认定

某家具公司销售部员工张某于 2015 年 3 月 13 日 17 点 30 分下班后，先是骑摩托车绕道至某大型超市购物，用餐直至 19 点 30 分，后又到某大厦等候朋友至 20 点 30 分，与朋友见面后才共同回家。张某的摩托车在途中发生故障，便将车停在行车道，后张某在修车过程中被一辆货车撞倒，经抢救无效死亡，交警部门认定货车司机负事故的主要责任。张某家人向江苏省徐州市铜山区劳动部门申请工伤认定，劳动部门作出了不予认定工伤的决定。于是张某家属向江苏省徐州市铜山区人民法院起诉。

铜山法院认为，《工伤保险条例》虽然明确规定职工在上下班途中，受到非本人主要责任的交通事故或者城市轨道交通、客运轮渡、火车事故伤害的，应当认定为工伤，但是，该条规定的"上下班途中"应是在合理时间内经过合理路线。张某绕路去超市购物、等候朋友下班等行为耗时 4 个小时，已经明显超出了"合理时间、合理路线"的范围，不属于应当认定工伤或者视同工伤的情形。据此，法院判决驳回原告诉讼请求，收取原告诉讼费 50 元。

（三）刑事犯罪

案例 1：罪与非罪

被告人赵某，女，30 岁，系被害人孙某的妻子。因新婚，孙某决定考验妻子是否忠贞，故谎称要出差十天。第二天晚上，孙某潜回家中，上床睡觉，其妻以为是歹徒，忙拿起枕边的铁锤朝孙某头上猛击，孙某当场死亡。事后查明被告人枕边的锤子是为防备歹徒而准备的。被告人赵某的行为是否构成犯罪？

本案例中，被告人赵某的行为不构成犯罪。赵某对于危害结果的发生主观上没有罪过，因而危害结果的发生属于意外事件。即主观上既不是故意，也不是过失。被告人的行为也不是正当防卫，被告人赵某对自己行为的性质存在错误认识。因为实际上并不存在不法侵害，而被告人误认为是不法侵害。在这种情况下，赵某并没有认识到自己的行为会造成危害社会的结果，因而主观上没有故意，而且赵某的认识错误在那种情况下不可避免，她对于危害结果的发生主观上也没有过失。

案例 2：正当防卫

被告人张某，男，28 岁，某矿务局警卫。2009 年 3 月 12 日凌晨，张某与同伴执行任务时，发现有盗窃分子，他们立即上前捉拿。在捉拿过程中，张某在三人围殴的情况下，身上多处受伤。他曾发出警告：再打我就动刀子了。可无人理会，张某在此情况下将一人刺伤，一人刺死。被告人张某的行为是否属于正当防卫？

本案例中，被告人张某的行为属于正当防卫。《中华人民共和国刑法》（以下简称《刑法》）规定，正当防卫是指为了使公共利益、本人或他人的人身和其他权利免受正在进行的不法侵害，而采取的防卫行为。被告人张某的行为符合正当防卫的特征。

案例 3：特殊防卫

李某持刀将王某夫妇拦住，并欲将王某夫妇装有贵重财物的密码箱抢去，王某不答应，双手紧紧抓住自己的密码箱不放。李某见状，用刀将王某刺伤，李某拿到密码箱后准备逃窜。此时，王某的妻子冲上去将李某撞倒，夺回密码箱。李某倒地，头碰到大石头当场死亡。王某妻子的行为是否构成犯罪？

法院审理认为，本案中，王某妻子的行为不构成犯罪，属于正当防卫，是行使特殊防卫权。因为其行为符合我国《刑法》关于正当防卫的规定，也具备特殊防卫构成的几个条件，即使造成不法侵害人伤亡的，也不属于防卫过当，不负刑事责任。《刑法》第二十条规定，为了使国家、公共利益、本人或者他人的人身、财产和其他权利免受正在进行的不法侵害，而采取的制止不法侵害的行为，对不法侵害人造成损害的，属于正当防卫，不负刑事责任。正当防卫明显超过必要限度造成重大损害的，应当负刑事责任，但是应当减轻或者免除处罚。对正在进行行凶、杀人、抢劫、强奸、绑架以及其他严重危及人身安全的暴力犯罪，采取防卫行为，造成不法侵害人伤亡的，不属于防卫过当，不负刑事责任。

案例4：挑拨防卫

钱某与宁某系邻居，两家经常为楼道内堆放垃圾发生争吵，互不相让。钱某与其妻商量，决定好好教训一下宁某，让其再也不敢故意找事。但又怕自己理亏，不仅没占到便宜，反而引起众怒。其妻说，不要紧，咱们先把他们气着了，让他们先动手，然后我们再好好打他们一顿。这样，他们说不出什么。于是，钱某在中午故意在宁某家门上写上骂人的话。宁某看到后，气愤地找到钱某家评理，钱某不屑一顾的傲慢态度激怒了宁某，他上前打了钱某一拳，钱某立即用事先准备好的木棍向宁某头上打去，致使宁某脑神经受到严重损伤，成为植物人。

法院审理认为，本案中，钱某的行为属于挑拨防卫，要承担相应的刑事责任。从表面上看，挑拨防卫具有正当防卫的某些外部特征；从实质上看，其是以防卫之名而实施不法侵害，是一种特殊形式的故意犯罪。这是法律坚决禁止的，如果这种行为以正当防卫的借口得到法律的保护，势必扭曲法律的价值，导致社会的混乱。

案例5：事后防卫

无业游民徐某为还赌债于某日晚将一刚下晚自习走在回家路上的中学生王某拦住，持刀架在其脖子上要求王某把钱拿出来。在此过程中，徐某忽然想起自己年轻求学时的辛酸，遂良心发现，觉得学生可怜，便抽身离开。看着拦路抢劫者离去的背影，怒气未消的王某从地上捡起一石块将徐某砸伤。

法院审理认为，在此案中，王某的行为显然不属于正当防卫。因为正当防卫必须是针对正在进行的不法侵害，而不法侵害人徐某已经中止了侵害行为，此时王某进行防卫就属事后加害或事后防卫，不是正当防卫。

案例6：斗殴伤害与正当防卫

2017年5月4日，大学生林某到大剧院看电影。进场时，管理人员说不用对号入座。林某急忙奔进场，寻找合适的座位。当他看到第10排有几个座位时，立即走过去，恰在此时大学生黄某也看到这几个座位，几步跨过去，与林某撞在了一起。两人争吵了起来，林某声称要给黄某一点颜色看看，黄某也不服气。于是两人来到场外厮打在一起。林某顺手拣起地上的一块石头砸向黄某的头部，黄某顿时血流如注。林某见状非常慌张，急忙把黄某送到医院。黄某头部被缝合了7针，并住院观察治疗，共花去医药费5560元。黄某出院后，找到林某要求其赔偿，林某认为黄某的伤是双方厮打中自己采取防卫措施造成的，无任何过错，不同意赔偿。黄某遂向法院起诉，要求林某赔偿自己的损失5560元。

法院审理认为，本案中，林某和黄某因抢夺座位而发生了冲突，在这种情况下任何一方所实施的行为都不属于正当防卫，因此，林某有义务对黄某赔偿损失。

案例7：紧急避险

林某是煤矿局司机，当驾驶解放牌货车行至某村庄附近弯道处时，迎面高速驶来一辆卡车。由于路面又滑又窄，眼看就要相撞，林某急向右打方向盘，车撞倒一茅棚，而后又撞在供销社的墙上。尽管林某采取了紧急刹车，但是还是造成了供销社一面墙的一部分倒塌并砸坏一些商品，汽车也遭到严重损失，总计损失价值1万元，林某本人也负伤。林某的行为是否要承担相应的法律责任呢？

我国《刑法》规定："为了使国家、公共利益、本人或他人的人身、财产和其他权利免受正在发生的危险，不得已而采取的紧急避险行为，造成损害的，不负刑事责任。"在本案例中，林某为了使自己和卡车司机的人身权以及自己的货车和对方的卡车免受正在发生的危险，不得已急向右打方向盘造成损害，属于紧急避险，不负刑事责任。《民法典》第一百八十二条也作了类似规定："因紧急避险造成损害的，由引起险情发生的人承担民事责任。危险由自然原因引起的，紧急避险人不承担民事责任，可以给予适当补偿。紧急避险采取措施不当或者超过必要的限度，造成不应有的损害的，紧急避险人应当承担适当的民事责任。"

案例8：紧急避险

海轮船长郑某驾驶轮船由南美载货回国，途经公海时收到台风紧急预报。由于船远离陆地，不可能进港；而在原地抛锚或者继续前行、返航均不能避免台风的袭击。郑为减轻船的负荷，以免船毁人亡，立即命令船员将所载货物的10%（价值10余万元人民币）抛入大海。然后继续前行。10小时后，台风突然转向，该船未遭到台风袭击。

法院审理认为，本案中，郑某收到了台风紧急警报，并且从技术上来讲，在当时的情况下，郑某必须采取这样的措施才能确保船只安全，那么郑某的行为就是合法的，属于紧急避险行为，不应当承担抛弃货物而造成损失的责任。

案例9：不作为犯罪

甲夜间于海边散步时，遇到仇家乙。乙见到甲后，立即手持木棍向甲攻击。甲一边躲闪一边抵挡，退到无路可退时，乙仍持续攻击，甲便欲将木棍夺下，争夺中甲将乙推至海水中。不料乙不谙水性，大声呼救。甲听到乙呼救后，本想拉乙上来，几番思索后决定不理会乙的呼救而离去，乙因此而淹死。分析甲的行为是否构成犯罪。

本案中，甲实施了两个与刑法有关的行为：首先是与乙争夺木棍并将乙推入海中的行为，其次是将乙推入海中后，对乙的呼救置之不理导致乙淹死的行为。将乙推入海中的行为：此行为属于作为，不构成犯罪，属于《刑法》所规定的正当防卫。首先，乙持木棍持续攻击甲，甲面临正在进行的现实不法侵害，符合正当防卫的前提条件和时间条件；其次，甲夺取木棍并将乙推入海中是为了保护自己的身体利益，属于合法利益，符合正当防卫的正当目的要求；再次，甲向不法侵害者乙实施暴力，符合正当防卫对防卫对象的要求；最后，甲将乙推入海中的行为本身并没有明显超过必要限度，符合正当防卫的限度条件。甲将乙推入海中的行为与乙的死亡结果之间是有着刑法上的因果关系的，甲最起码应该认识到与他人在海边推搡可能导致他人坠海而亡的结果，因而在主观上是有过失的。但是由于甲的行为具有保护自己合法利益而反击侵害者的正当化事由，不构成过失致人死亡罪，而应认定为正当防卫。对乙不予救助的行为：此行为属于不作为。甲不予救助乙的行为是否构成犯罪，首先要考察的是甲是否对乙有《刑法》所认可的救助义务。不作为犯罪的义务来源，根据目前的通说有四种：法定义务、职业或者职务义务、法律行为引起的义务、危险的先行行为引起的义务。甲的情况与前三种义务来源无关，甲的先行行为是为了实施正当防卫而将乙推入海中，对乙的生命造成危险。先行危险行为要引起刑法上的救助义务，不仅必须具备导致结果发生的迫切危险，同时还必须是违法的行为。即合法的行为本身不能导致救助义务。甲的先行行为属于正当防卫，所以不能产生对乙的救助义务。没有救助义务则不能构成不作为犯罪。综上所述，甲不构成犯罪。

案例10：自力救济与故意伤害

2017年6月1日晚，南平的士司机黄某驾驶一辆捷达出租车，在滨江路搭载姜某和另一名青年男子。两人上车后要求黄某驾车到胜利市场，当车行至胜利市场旁时，坐在副驾驶员位置的姜某要求黄某将车停靠在医院旁边。车尚未停稳，姜某持一把长约20厘米的水果刀与同伙对黄某实施抢劫，从其身上抢走现金200元和一部手机。两人将车钥匙拔出扔在地上后逃跑。黄某拾回钥匙驾车追赶两人。由于劫匪已不知去向，黄某便在附近寻找。发现两人正准备搭乘一辆摩托车欲离开，黄某先将摩托车撞翻在地，并驾车继续追赶。这时姜某边跑边持刀回头朝黄某挥舞。随后姜某的同伙朝另一方向逃跑，黄某追至距离姜某2米处一围栏外停车与其相持。此时，姜某欲跑上不远处商业城西头楼梯逃走，黄某迅速驾车从后将其撞倒在台阶处，姜某倒地死亡。案发后，黄某拨打了110报警电话，向公安机关交代了案发经过。经法医鉴定，姜某系因巨大钝性外力作用导致肝、脾、肺等多器官裂伤引起失血性休克死亡。

法院审理认为，本案中，黄某为追回被抢财物，以驾车撞人的手段故意伤害他人身体，并致人死亡，其行为已构成故意伤害罪。

本案的发展过程可以分为两个阶段。第一阶段即劫匪正在实施抢劫黄某阶段。此时，黄某可以进行正当防卫，直至劫匪死亡，都不属于防卫过当或故意伤害。正当防卫是指为了使国家、公共利益、本人或者他人的人身、财产及其他权利免受正在进行的不法侵害，而对实施不法侵害的人所采取的必要的防卫行为。对阻止正在进行的行凶、杀人、抢劫、强奸、绑架以及其他严重危及人身安全的暴力犯罪而采取的防卫行为，造成不法侵害人伤亡的，亦属正当防卫。第二阶段即劫匪实施抢劫后逃离的阶段。此时劫匪针对黄某的不法侵害行为已经结束。此后黄某驾车寻找并追赶劫匪，劫匪一边逃跑一边持水果刀对车内的黄某挥动，其行为是为阻止黄某继续追赶，并未形成且不足以形成紧迫性的不法侵害，故黄某始终不具备正当防卫的时间条件。黄某作为普通公民可以采取抓捕、扭送犯罪嫌疑人的自救行为。但所采取的方法必须与自救行为的性质、程度相适应，其采取以交通工具高速撞人的严重暴力伤害行为，显然超出了自救行为的范畴，具有社会危害性，应承担刑事责任。黄某犯罪后，自动投案并如实供述主要犯罪事实，系自首，加上本案被害人姜某有重大过错，可酌情对黄某从轻处罚，同时相应减轻黄某的民事赔偿责任。

案例 11：犯罪预备

甲某与乙某多次密谋共同实施抢劫，并为此准备了凶器，多次于夜间在偏僻小路旁守候，欲抢劫行人财物，但均未遇见行人。一次，甲某和乙某在公安机关例行检查中，因没有身份证和暂住证而受到盘问。经公安人员教育，两人将上述情况如实供述。

法院审理认为，本案中，甲某和乙某只实施了准备工具、密谋和守候的行为，并没有着手抢劫，符合犯罪预备的构成要件。

案例 12：犯罪预备

被告人魏某，2017 年 15~18 日连续三天到工商银行某中心支行门口尾随去银行交款的多名女交款员，欲伺机用砖头打伤交款员后抢劫，均因附近工地有值班人员巡逻，未敢下手。被告人的行为属于犯罪预备，还是犯罪未遂？

本案例中，被告人魏某的行为属于抢劫罪的预备，而不是抢劫罪的未遂。犯罪预备是指为了实施犯罪准备工具、制造条件。犯罪未遂是指行为人已经着手犯罪，由于犯罪分子意志以外的原因而未得逞。二者的主要区别在于，犯罪预备是行为人尚未着手实施刑法分则规定的犯罪行为，是为了实施该种犯罪行为准备工具、制造条件；犯罪未遂是行为人已经着手实行我国刑法分则规定的犯罪行为。在本案中，被告人魏某尾随交款员的行为，属于为抢劫犯罪准备条件的行为，尚未着手实施抢劫行为。因此被告人魏某的行为是犯罪预备而不是犯罪未遂。

案例 13：犯罪预备

蒲某意图抢劫，尾随一妇女身后。当该妇女回家开门后准备关门时，蒲某以为其家中无人，强行挤进房内，该妇女被吓得惊叫一声。她的丈夫闻声起床，拉开电灯，见蒲某站在门口，便问："你是干什么的？"蒲某答不上来，该妇女的丈夫上前打了蒲某几个耳光。在邻居的帮助下，蒲某被扭送到公安机关，蒲某供认他的目的是抢钱，但没有抢成，蒲某的行为构成犯罪吗？

法院审理认为，本案中，蒲某的行为属于抢劫罪的预备。犯罪预备和犯罪未遂都是行为人因为自己意志以外的原因而被迫停止犯罪。两种犯罪未完成形态区别的根本标志，是看行为人的行为处于何种犯罪阶段。若处于着手实行具体犯罪行为之前的，一律构成犯罪预备；若处于已经着手实施具体犯罪行为之后的，一律构成犯罪未遂。本案中，蒲某尾随被害人并趁被害人不注意强行挤进房内，尚未开始实施具体的抢劫行为，仍为抢劫犯罪制造条件的阶段，因此应以抢劫罪的预备犯判处，不构成犯罪未遂。

案例 14：犯罪未遂

某厂工人沈某因赌博欠债，难以偿还，便图谋盗窃本厂财务室小保险柜里的现金。某日晚9时许，沈某撬开了财务室的房门，但因无法打开小保险柜，沈某便将小保险柜搬离财务室，隐藏在厂内仓库旁的隐蔽处，想等待时机再撬开小保险柜，窃取现金。第二天，财务室李会计发现办公室门被撬、小保险柜失踪，当即报案。公安人员在厂内仓库旁找到保险柜，柜门尚未打开，柜内人民币也原封未动。

法院审理认为，本案中，沈某的行为属于盗窃未遂。根据我国刑法理论和司法实践经验，盗窃罪的既遂是以财物的所有人、监管人失去控制和行为人实际控制为标准的。如果仅仅是行为人控制了物品，但财物的所有人、监管人尚未失去控制的，盗窃行为仍未达到既遂状态。对于保险柜这样的笨重物品，需要搬出厂区和工厂才失去控制，犯罪人才能最终取得控制。本案中，沈某因无法打开保险柜而将之移至厂内仓库旁，沈某并未取得财物的控制，工厂也尚未丧失对财物的控制。在此状态下被查获，对沈某仍应以盗窃未遂处理。

案例 15：犯罪中止

某日晚8时许，李某趁邻居陈某一人在家，闯进陈家，锁上房门，提出和陈发生性关系。陈不同意，李便按住陈的双手，骑在陈的身上。陈在反抗中抓破李的脖子，李把陈的裤子扯到臀部以下，欲行强奸。陈急中生智，说："我小姑子一会儿要来。"并看了一下手表。李闻听，恐陈告发，就罢手起身，向陈赔礼后走掉。

法院审理认为，在本案中，李某在实施强奸犯罪的过程中，之所以停止犯罪的继续实施，并非出现了意志以外的原因而不得不放弃犯罪，而是因为怕告发而起身作罢，主动停止了犯罪，属于犯罪的中止形态。

案例 16：犯罪中止

袁某婚后常遭到丈夫的打骂和婆婆的责怪。袁某认为夫妻感情不好，完全是婆婆造成的，于是产生了毒死婆婆的念头。有一天，丈夫去外地干活，袁某趁做饭之机，把毒药放入锅中。由于投毒量小，婆婆和小姑子吃饭后只略感不适，并无他恙。第二天，袁某又加大了药量投入锅中，结果，婆婆和小姑子均中毒，呕吐不止。袁某见状于心不忍，就跑去找医生抢救，婆婆和小姑子均脱险了。袁某的行为是否构成犯罪？

在本案例中，袁某第一次已经着手实行了犯罪投毒，但是由于犯罪分子意志以外的原因，投毒量小，而未得逞，所以属于犯罪未遂。袁某第二次在已经着手实行犯罪后因为心不忍，跑去找医生抢救，避免了犯罪结果的发生，属于自动有效地防止犯罪结果的发生，属于犯罪中止。

案例 17：共同犯罪

岳某夫妇有一个儿子，今年 12 岁。一天晚上，岳某夫妇带着儿子到事先观察好的一无人在家的住户陈某家中偷盗，岳某本人进入房间行窃，儿子进行运送，其妻在门口望风，结果窃取大量的财物。此一家三口是否构成盗窃罪的共犯？

本案例中，岳某夫妇的盗窃行为已构成盗窃罪的共犯，而其 12 岁的儿子却不能认定为共犯。这是因为共同犯罪，是指二人以上共同故意犯罪。岳某夫妇符合共同犯罪的构成条件为：①有二人以上的犯罪主体；②在客观方面，都具有共同犯罪的行为；③在主观方面，他们又都具有共同的犯罪故意。尽管一个入室实施偷盗行为，另一个在门口望风，没有直接实施偷盗行为，但是这只是共同犯罪中的分工不同，不影响他们共同犯罪的成立。其 12 岁的儿子因为并未达到刑事责任年龄，不能成为犯罪的主体。岳某夫妇带着他去偷盗，事实上是把他当作犯罪的工具使用。

案例 18：同时犯罪

吴青于 2017 年 4 月某日骑车到其工作的第八车间，盗得紫铜 90 公斤放在自行车后架上推出。此时，赵某正好从第五车间偷出黄铜 45 公斤正欲出门，看见吴青过来就把自己偷的黄铜一起放在后车架上。二人一起往外走，刚走到厂门口就被厂里的保卫人员抓住了。二人是不是共同犯罪？

法院审理认为，本案中二人不构成共同犯罪。因为共同犯罪是指二人以上共同故意犯罪。案例中的二人没有共同的犯罪故意，只是在分别盗窃时碰到一起了。实质上二人是犯罪未遂，因为他们盗取物资后没有出厂门就被保安人员抓住，没有脱离财产所有人的控制区。二人也没有共同的盗窃行为，属于同时犯罪。

案例 19：故意杀人罪

2013 年 3 月 31 日中午，某大学学生林某因生活琐事与黄某关系不和、心存不满，经事先预谋，将其做实验后剩余并存放在实验室内的剧毒化合物带至寝室，注入饮水机水槽。4 月 1 日晨，黄某饮用饮水机中的水后出现中毒症状，后经医院救治无效去世。

法院审理，认定林某以投毒方式故意杀人罪名成立，判处林某死刑。

案例 20：间接故意杀人罪

某日，吴某开车执行任务途中，乙突然从右边路旁树林疾步冲出抢先过马路。吴某见状向左猛打方向盘，并紧急制动，仍躲避不及，车右前轮将乙左腿轧断。事故发生后，吴某见天色已晚，地处荒僻，又没有人，便将昏迷不醒的乙拖至路旁小树林，自己开车逃去。第二天早晨，乙的尸体被人发现。经法医鉴定，乙左腿膝盖处粉碎性骨折，因抢救不及时，导致失血性休克死亡。

法院审理认为，本案中，吴某将乙撞伤这一行为属于意外事件，因为事件的发生是由于乙突然从右边路旁树林冲出抢先过马路，吴某采取了一系列预防措施，但最终没有避免危害结果的发生，这是由于不可抗拒或者不能预见的原因所导致的，吴某没有主观上的过错，不构成犯罪。但之后，吴某却为了逃避责任，选择了逃逸的方式，他在主观上明知这种行为可能会导致乙伤亡结果的发生，但他对这种结果仍持放任态度，最终导致乙的伤亡，就构成了间接故意杀人罪。

案例 21：间接故意杀人罪

被告人钱某，男，25 岁，司机。5 月 21 日，被告人与李某为其舅父拉钢材，因手续不符规定，钢材收购小组负责人王某责令其卸下钢材，被告人不肯，于是王某将汽车扣下。22 日晚被告人企图强行拉走钢材，王某上前阻止，而被告却加速行驶，将保险杠上的王某摔下，王某因抢救无效而死亡。对于王某的死亡被告钱某如何定罪呢？

本案例中，被告人钱某是间接故意，其行为构成间接故意杀人罪。我国《刑法》规定，行为人明知自己的行为会发生危害社会的结果，并且希望或者放任这种结果的发生，因而构成犯罪的，是故意犯罪。在本案中，被告人钱某明知自己的行为可能造成严重危害后果的发生，但是为了将钢材强行拉走，而置王某的生死于不顾，即对被害人是死是伤持一种放任态度。因此，被告人钱某是间接故意。

案例22：盗窃罪

刚步入北京某大学的大学生齐某看上王某的笔记本电脑，遂产生了盗为己有之心，2016年10月20日下午2时许，齐某趁同学去上课，用宿舍支蚊帐的铁杆将王某的柜子撬开后，将电脑窃走，为了掩人耳目，他还将自己的柜子撬开，将自己的照相机转移，作出同时被盗窃的假象。当日下午4时多，王某下课回到宿舍，发现自己的电脑被盗，于是当即向派出所报了案，声称自己锁在柜中的笔记本电脑丢失，同宿舍齐某也丢失数码相机一部。民警现场勘验后发现，齐某虽丢失物品，但神态轻松自然。而齐某是当天最后一个离开宿舍的。在民警再三盘问下，齐某终于交代了盗窃王某电脑的犯罪事实，后被刑事拘留。

在本案例中，齐某缺乏法律意识和道德观，贪心于别人的物品，甚至产生了据为己有的想法。在盗走电脑后，齐某将自己的柜子撬开，将自己的照相机转移，作出同时被盗窃的假象。可见，齐某在主观方面表现为直接故意，且具有非法占有的目的，并作出同时被盗窃的假象，故应被认定为盗窃罪。

案例23：许霆盗窃案

许霆到广州市天河区黄埔大道西平云路163号的广州市商业银行自动柜员机（ATM）取款。许霆持自己不具备透支功能、余额为176.97元的银行卡准备取款100元，却无意中输入取款1000元的指令，柜员机随即出钞1000元。许霆经查询，发现其银行卡中仍有170余元，意识到银行自动柜员机出现异常，能够超出账户余额取款且不能如实扣账。许霆于是分三个时间段，持银行卡在该自动柜员机指令取款170次，共计取款174 000元。随后，许霆携款逃匿。广州市商业银行发现被告人许霆账户交易异常后，多方联系许霆及其亲属，要求退还款项未果后向公安机关报案。公安机关立案后，将许霆列为犯罪嫌疑人上网追逃，并在陕西省宝鸡市将其抓获归案。案发后，许霆及其亲属曾多次与银行及公安机关联系，表示愿意退赔银行损失，但同时要求不追究许霆的刑事责任。

法院经审理认为，被告人许霆以非法占有为目的，采用秘密手段窃取银行经营资金的行为,已构成盗窃罪。许霆案发第一次取款 1000 元,是在正常取款时,因自动柜员机出现异常,无意中提取的,不应视为盗窃;其余 174 次取款时本人的银行账户被扣账的 174 元,也不应视为盗窃,则许霆盗窃金额共计 173 826 元。公诉机关指控许霆犯罪的事实清楚,证据确实、充分,指控的罪名成立。许霆盗窃金融机构,数额特别巨大,依法本应适用"无期徒刑或者死刑,并处没收财产"的刑罚。鉴于许霆是在发现银行自动柜员机出现异常后产生犯意,采用持卡窃取金融机构经营资金的手段,其行为与有预谋或者采取破坏手段盗窃金融机构的犯罪有所不同;从案发具有一定偶然性看,许霆犯罪的主观恶性尚不是很大。根据本案具体的犯罪事实、犯罪情节和对于社会的危害程度,对许霆采取可在法定刑以下判处刑罚。法院判决被告人许霆犯盗窃罪,判处有期徒刑五年,并处罚金二万元;追缴被告人许霆的犯罪所得 173 826 元,发还受害单位。

案例 24:破坏计算机信息系统罪

2007 年年初,一个被称为"熊猫烧香"的病毒成为网民的噩梦。被它感染的文件都被改成了熊猫举着三根香的模样,不仅破坏用户系统,毁坏应用软件,删除备份文件,中止反病毒软件,还盗取账号等。更可恶的是,该病毒传播速度快,危害范围广,还会化身数百个变种不断入侵个人电脑,感染门户网站,击溃企业数据系统,造成的损害无法估量。犯罪嫌疑人"武汉男孩"李俊被抓捕归案。

法院审理认定李俊破坏计算机信息系统罪名成立,依法判处李俊有期徒刑 4 年。

案例 25:拐卖妇女、儿童罪

王献光与女友林某生有一子王某。2017 年 1 月,王献光与林某不和闹分手,王献光以 6.6 万元的价格将王某卖给刘永贵。法院审理认为,王献光、刘永贵无视国法,以出卖为目的,共同向他人贩卖儿童,其行为侵犯了他人的人身权利,已构成拐卖儿童罪,依法应予惩处。王献光认为卖自己的孩子不是犯罪,对判决不服,提出上诉。

根据我国《宪法》的基本原理,平等是宪法确认、保障公民基本权利的前提和基础,由于每个人的人格相等,所以每个人都应当被法律在实质上平等地对待,进而要求法益被实质平等地保护,禁止法律上的区别对待。我国《刑法》第二百四十条规定,拐卖妇女、儿童的,处五年以上十年以下有期徒刑,并处罚金;有法定情形之一的,处十年以上有期徒刑或者无期徒刑,并处罚金或者没收财产;情节特别严重的,处死刑,并处没收财产。人民法院认为,王献光以非法获利为目的,出卖亲生子女的行为应当构成拐卖儿童罪。遂裁定驳回王献光的上诉,维持原判。

案例26：侮辱罪

被告人余某(男)经他人介绍,由父母包办,与曹某(女)订立了婚约,余某花费了1.7万元的订婚财礼。余某向曹某提出择日结婚,曹某的父母提出要余某在县城买一套住房,否则不允许女儿与余某结婚。余某本来家庭就不富裕,感到无能为力,更何况农村又有房子住。余某遂提出与曹某解除婚约。经乡村干部调解,双方达成了协议,解除婚约,曹某返还财礼1.5万元。事后,余某感到亏了2000元,决心报复,邀集亲友近七八人,以向曹某家拿回财礼为由,闯入曹某家闹事。余某当众大骂曹某母女,并将粪便泼在曹某家大厅,当曹某母亲上前制止时,余某又将粪便泼在曹某母亲身上,且继续辱骂曹某母亲,直至派出所干警赶到后才被制止。

本案中,被告人余某因对方毁弃婚约,出于报复动机,纠集亲友多人闯入曹家闹事,当众辱骂、泼粪,以达到其侮辱曹家的目的,其在主观上为故意行为,且已构成对曹某母女的侮辱行为。综上所述,余某闯入曹家闹事,侮辱曹家母女,属于牵连犯,构成侮辱罪,应依照我国《刑法》第二百四十六条的规定处罚,即以暴力或者其他方法公然侮辱他人或者捏造事实诽谤他人,情节严重的,处三年以下有期徒刑、拘役、管制或者剥夺政治权利。

案例27：诽谤罪

张某系长安县人民代表大会常务委员会副主任,杨某系长安县人民法院告诉申诉庭副庭长。杨某因工作调动安排之事对县法院院长不满,图谋报复,起草了"法院要闻",在征求张某意见时,张某提出应将其他几名副院长写上,并写上两名法院女干部和院领导有生活作风问题,以转移视线,不被人们怀疑。杨某按照张某的授意,以淫秽荒诞的文字捏造了法院几名领导与女干部有生活作风问题。杨某将材料打印后,以邮寄方式散发给长安县灵沼乡政府、细柳乡政府及县委书记等。导致被诽谤人家庭不和,造成互相猜疑,群众议论纷纷,影响很坏,严重危害了社会秩序。

我国《宪法》规定："中华人民共和国公民的人格尊严不受侵犯。禁止用任何方法对公民进行侮辱、诽谤和诬告陷害。""中华人民共和国公民对于任何国家机关和国家工作人员，有提出批评和建议的权利；对于任何国家机关和国家工作人员的违法失职行为，有向有关国家机关提出申诉、控告或者检举的权利，但是不得捏造或者歪曲事实进行诬告陷害。"根据上述规定，在处理类似本案这类案件时，首先要分清行为人是行使正当的申诉、控告、检举的权利，还是以揭露违法犯罪为名故意对他人进行侮辱、诽谤、诬告陷害。区分的标志主要看两条：一是看行为人的动机和目的；二是看所反映的问题是真实情况还是捏造事实。有些人出于嫉恶如仇、惩恶扬善的愿望，对他人的违法犯罪行为进行揭露、检举或控告，反映的问题基本属实，即使情节有些出入，言辞有些过激，仍然属于正当的检举、揭发和控告，应当予以保护和支持。反之，有些人出于挟嫌报复、发泄私愤的动机，故意捏造、歪曲事实，广为散布或进行告发，以贬低他人人格，损害他人名誉，甚至意图使他人受到刑事追究，不论以何种面目出现，都属于侮辱、诽谤、诬告陷害的行为，情节严重的即构成犯罪。我国《刑法》第二百四十六条规定，以暴力或者其他方法公然侮辱他人或者捏造事实诽谤他人，情节严重的，处三年以下有期徒刑、拘役、管制或者剥夺政治权利。本案例中，张某、杨某由于个人私利未得到满足，对领导产生怨恨，便捏造、歪曲事实，企图把这些领导"搞倒、搞臭"。由此可见，张某、杨某的行为完全不是行使正当的申诉、控告、检举的权利，而是蓄意对他人进行诽谤。张、杨二人最终也因触犯刑律而锒铛入狱，落得个搬起石头砸自己脚的下场，其教训发人深省。

案例28：报复陷害罪

从财会学校毕业的小陈被分配到某厂当会计，一年来，她逐渐发现厂长高某不遵守财经制度，随意花钱，滥发奖金，经常用公款请客送礼，大吃大喝。工作认真负责的小陈向高某严肃地提出了严格财经制度的建议，并向上级机关反映了高某的经济问题。高某为此对小陈怀恨在心，寻机报复。他利用职权在各种会议上指责小陈有个人野心，吃里爬外。在工作中也对小陈百般进行刁难。两个月前，小陈因病休息了十天，他诬蔑小陈故意怠工，撤了小陈的会计职务，派人封了小陈的办公桌。小陈上班后，他又一直不给安排工作。这一系列的打击使小陈精神上受到了极大的压力，终于走投无路，投水自尽。

我国《宪法》第四十一条规定："中华人民共和国公民对于任何国家机关和国家工作人员，有提出批评和建议的权利；对于任何国家机关和国家工作人员的违法失职行为,有向有关国家机关提出申诉、控告或检举的权利,但是不得捏造或者歪曲事实进行诬告陷害。对于公民的申诉、控告或者检举,有关国家机关必须查清事实、负责处理。任何人不得压制和打击报复。"我国《刑法》第二百五十四条明确规定:"国家机关工作人员滥用职权、假公济私,对控告人、申诉人、批评人、举报人实行报复陷害的,处二年以下有期徒刑或者拘役;情节严重的,处二年以上七年以下有期徒刑。"法院审理认为,高某因小陈向厂里提出了严格财经制度的建议并向上级机关反映了他的经济问题,就利用职权、假公济私对小陈进行种种报复,造成了小陈被迫自杀的严重后果,构成报复陷害罪,必须依法予以严惩。

案例29:不属于法定减轻情节

2016年5月26日,科研所董事长丁某遇害,警方经侦查认定凶手是死者丈夫徐某。案发后,杀人分尸的徐某出逃外地。6个月后,徐某被抓获。徐某是当地有突出贡献的科技人才,有200名科技人员、官员及民众皆为徐某求情,要求减轻处罚。

我国《宪法》规定:"公民的人身权利依法受到保护。"法院审理认为,本案中,徐某的突出贡献作为立功表现,并无法律根据,不属于法定减轻情节。其行为已构成故意杀人罪,情节恶劣,后果严重。判处徐某故意杀人罪死刑,剥夺政治权利终身。2017年5月25日,徐某被验明正身注射执行死刑。

案例30:组织考试作弊罪

2015年年底,被告人张志杰、陈钟鸣、包周鑫三人预谋在2016年度全国会计专业技术中级资格考试中组织考生作弊,并从中牟利。后张志杰、包周鑫自行或委托他人招收考生报名参加该考试并收取费用,并将考试地点统一选定在崇明区扬子中学考点。其间,张志杰、陈钟鸣通过网购等方式准备作弊工具,张志杰、包周鑫等人组织相关考生进行作弊器使用培训并将作弊器分发给考生。2016年9月10日上午,被告人陈钟鸣指使马战辉、刘节(均另行处理)等人进入2016年度全国会计专业技术中级资格考试考点,利用随身携带的作弊器材拍摄考试试卷并将视频通过网络传送至场外。陈钟鸣安排付燕萍、张睿(均另行处理)利用电脑将上述视频截图,并将考题交由其和被告人张志杰组织的人员进行答题。形成答案后,张志杰将答案通过网络传输给等候在扬子中学考场周边的被告人包周鑫,包周鑫等人再将答案通过作弊设备传送给相关考生。当日上午,上海市职业能力考试院工作人员在崇明区扬子中学考点巡考过程中,当场查获使用上述作弊设备进行作弊的考生 60 余名。

法院认为,组织考试作弊罪中的"考试"须为全国人大及其常委会制定的法律规定的国家考试,中级会计考试是由财政部、人事部根据《中华人民共和国会计法》的委任制定的行政规章中规定的国家考试,但其本质属于法律规定的国家考试。法律规定的国家考试可扩大解释为国家机关受法律委任制定的行政法规、规章中规定的国家考试,相关国家机关根据法律的委任、授权制定的行政法规或部门规章对国家考试作出规定,则该考试仍应认定为法律规定的国家考试。在该考试中组织作弊的,应依法以组织考试作弊罪追究刑事责任。被告人张志杰、陈钟鸣、包周鑫经预谋在中级会计考试中组织考试作弊,实施了大量招收考生、采购作弊器材、教授学生使用作弊器材、进入考场拍摄试卷、组织人员答题、将答案通过无线电设备传入考场内等一系列行为。考点内共 160 余名考生参考,其中就有 60 余名考生参与作弊,且多为从上海市区甚至是中西部地区赶来集中作弊,十分猖獗。三名被告人在共同犯罪中作用、地位基本相当,但综合考虑在组织考试作弊环节中稍有差别,在量刑时予以稍加区别。

最后判决几名被告人犯组织考试作弊罪,判处有期徒刑一年四个月至一年六个月,并处罚金。

案例 31:附条件不起诉

附条件不起诉人胡某某,男,作案时 17 周岁,高中学生。2015 年 7 月 20 日晚,胡某某到某副食品商店,谎称购买饮料,趁店主方某某不备,用网购的电击器杵方某某腰部索要钱款,致方某某轻微伤。后方某某将电击器夺下,胡某某逃跑,未劫得财物。归案后,胡某某的家长赔偿了被害人全部损失,获得谅解。

检察机关补充社会调查,依法作出不批准逮捕决定。案件提请批准逮捕后,针对公安机关移送的社会调查报告不能充分反映胡某某犯罪原因的问题,检察机关及时补充开展社会调查,查明:胡某某高一时父亲离世,为减轻经济负担,母亲和姐姐忙于工作,与胡某某沟通日渐减少。丧父打击、家庭氛围变化、缺乏关爱等多重因素导致胡某某逐渐沾染吸烟、饮酒等劣习,高二时因成绩严重下滑转学重读高一。案发前,胡某某与母亲就是否直升高三参加高考问题发生激烈冲突,母亲希望其重读高二以提高成绩,胡某某则希望直升高三报考个人感兴趣的表演类院校。在学习、家庭的双重压力下，胡某某产生了制造事端迫使母亲妥协的想法，继而实施抢劫。案发后，胡某某母亲表示愿意改进教育方式，加强监护。检察机关针对胡某某的心理问题，委托心理咨询师对其开展心理测评和心理疏导。在上述工作基础上，检察机关综合评估认为：胡某某此次犯罪主要是由于家庭变故、亲子矛盾、青春期叛逆，加之法治意识淡薄，冲动犯罪，认罪悔罪态度好，具备帮教条件，同时鉴于其赔偿了被害人损失，取得了被害人谅解，遂依法作出不批准逮捕决定。

办理附条件不起诉案件，应当准确把握不起诉的界限。对于涉罪未成年在校学生附条件不起诉，应当坚持最有利于未成年人健康成长原则，找准办案、帮教与保障学业的平衡点，灵活掌握办案节奏和考察帮教方式。对涉罪未成年在校学生适用附条件不起诉，应当最大限度减少对其学习、生活的影响。坚持最有利于未成年人健康成长原则，立足涉罪在校学生教育矫治和回归社会，应尽可能保障其正常学习和生活。在法律规定的办案期限内，检察机关可灵活掌握办案节奏和方式，利用假期和远程方式办案帮教，在心理疏导、隐私保护等方面提供充分保障，达到教育、管束和保护的有机统一。

案例 32：高空抛物

因生活、工作不顺心，男子为发泄情绪，将保温杯等物品抛出窗外，致小区车辆受损。2020 年 9 月，北京市海淀区人民法院以危险方法危害公共安全罪，判处被告人应某某有期徒刑一年，缓刑二年。该案系海淀法院审结的首例高空抛物引发的刑事案件。

检方指控，2020 年 2 月 26 日 22 时许，被告人应某某在海淀区家中，将保温杯、玻璃杯等多个物品抛出窗外，掉落在小区公共道路及小区花园内，将停放在公共道路上的机动车砸坏一辆。被告人应某某于 2020 年 2 月 27 日被公安机关抓获，后如实供述了上述犯罪事实。庭审中，被告人应某某对检方指控的事实及罪名未提出异议。"因为最近十分烦闷，生活中与父母闹了一些矛盾，工作压力也大，心情很差。事发当晚，突然情绪失控，觉得家中的物品很乱，看什么都不顺眼，于是将屋中的保温杯、玻璃杯、镇纸、金属饼干盒等物品，扔出窗外"。"当时没想到这个行为可能造成的严重后果。"被告人应某某在法庭上悔恨地说道。

法院经审理后认为，被告人应某某为发泄情绪，将保温杯、玻璃杯等物品从高楼抛下,掉入小区公共道路及花园内,虽然尚未造成严重后果,但其行为已构成以危险方法危害公共安全罪。鉴于被告人应某某主动投案,到案后如实供述犯罪事实,系自首;且已赔偿他人损失,法院依法对其减轻处罚,并宣告缓刑。最终,法院作出上述判决。

案例 33:诈骗、侵犯公民个人信息数罪并罚

2016 年初,被告人章某某到广东省河源市租住源城区建设大道德欣豪庭 C2 栋 1201 室,准备手机等作案工具并通过互联网非法购买公民个人信息 12 555 条。2016 年 3 月至 4 月间,被告人章某某先后雇佣被告人汪某某等三人在该租房内,通过拨打章某某事先从网上购买的学生个人信息上的家长联系电话,冒充学校教务处、教育局工作人员,以获取国家教育补贴款为由,诱骗学生家长持银行卡到 ATM 机上转账至章某某掌控的银行账户,从中获取钱财。至被查获时,共拨打诈骗电话 4392 人次,骗取 116 200 元。2016 年 4 月期间,被告人章某某还伙同他人利用同样的手段实施诈骗行为,至被查获时,共拨打诈骗电话 807 人次,骗取他人钱财近 3000 元。

非法获取公民个人信息后,实施电信网络诈骗等犯罪,构成数罪的,依法予以并罚。福建省安溪县人民检察院于 2016 年 6 月 3 日以涉嫌诈骗罪、侵犯公民个人信息罪对章某某、汪某某等人批准逮捕。此案提起公诉后,2016 年 12 月 14 日,安溪县人民法院作出一审判决,以诈骗罪、侵犯公民个人信息罪判处被告人章某某有期徒刑五年,并处罚金人民币 38 000 元;其他三名被告人以诈骗罪分别被判处一年至二年九个月不等有期徒刑,并处罚金。

随着现代通信技术和互联网技术的快速发展,公民个人信息极易泄露。公民个人信息通过信息网络传播、交易,往往被不法分子大量窃取、利用,催生电信网络诈骗等关联犯罪,严重威胁公民人身安全、财产安全和社会管理秩序。打击利用互联网出售、提供、非法获取公民个人信息等侵犯公民个人信息犯罪,切断其与电信网络诈骗等犯罪的犯罪链条,从源头上预防和减少犯罪发生,具有重要意义。本案中章某某等人通过网络向他人购买学生个人信息,拨打学生家长电话,先后冒充学校及教育局工作人员,以领取学生助学补助金为幌子,骗取钱财,不仅侵犯了学生及学生家长的个人信息和财产安全,还破坏了学校的正常教学秩序和教育系统声誉,社会危害极大。本案的查处震慑了利用互联网侵犯公民个人信息犯罪,也有力地打击了电信网络诈骗犯罪,取得了良好的法律效果和社会效果。

案例 34：妨害传染病防治罪

2020年1月17日晚，被告人王从华从湖北省武汉市东西湖区返回淮安市淮安区，曾两次进入淮安区浅深休闲酒店洗浴。1月25日上午，王从华感觉自己出现病状、病情加重，遂驾车前往淮安区淮城医院就诊，后被隔离治疗并确诊感染新型冠状病毒肺炎。2020年1月25日晚，在被告人王从华被隔离治疗后，淮安区疾控中心工作人员依据新型冠状病毒肺炎个案调查表对王从华进行调查，调查内容包括王从华的基本信息、诊治信息、感染来源信息和其回淮后的接触史等，王从华依要求告知了相关信息和12名密切接触者，但未告知其在浅深休闲酒店洗浴的信息。1月30日，淮安区疾控中心工作人员和社区民警通过电话再次询问其回淮后的接触史，并明确询问其活动轨迹，其仅承认到过御景城浴室洗浴，但仍未向防疫人员如实告知自己曾两次长时间进入浅深休闲酒店洗浴这一事实。经统计，因王从华的隐瞒活动轨迹行为导致相关部门未能及时采取管控措施，共造成38人未被及时采取医学隔离措施，最终被采取医学隔离措施人数扩大至68人。被告人王从华违反《中华人民共和国传染病防治法》（以下简称《传染病防治法》）的规定，拒绝执行卫生防疫机构依照《传染病防治法》提出的预防、控制措施，故意隐瞒自己的活动轨迹，有新型冠状病毒传播严重危险的，应以妨害传染病防治罪定罪处罚。淮安市淮安区人民法院依照《刑法》第三百三十条第一款第（四）项，第六十七条第三款，第七十二条第一款，第七十三条第二款、第三款和《中华人民共和国刑事诉讼法》第十五条之规定，作出刑事判决：被告人王从华犯妨害传染病防治罪，判处有期徒刑六个月，缓刑一年。

新型冠状病毒肺炎疫情是中华人民共和国成立以来所面临的重大突发性公共卫生事件，也是对国家综合治理体系和治理能力的一次"大考"。在本次疫情防控工作中，出于对人民群众生命安全和身体健康高度负责的考虑，国家在第一时间将新型冠状病毒肺炎划入"准甲类传染病"范畴，不仅为及时迅速有效控制疫情明确了依据，也激活了在司法实务中极少适用的"妨害传染病防治罪"。人民法院始终牢记人民利益高于一切，依法惩治传播病毒危害公共安全行为，精准识别"以危险方法危害公共安全罪""妨害传染病防治罪"等相关罪名并加以适用，为坚决打赢疫情防控阻击战提供了有力司法保障。"妨害传染病防治罪"在本轮疫情防控刑事审判实践中的准确适用，彰显了我国防控疫情刑事司法理念的发展，标志着在防控突发性公共卫生事件中刑事法治水平的进步,为相关刑事立法的进一步完善奠定了重要基础。本案是疫情防控攻坚阶段江苏法院充分发挥刑事审判职能的突出代表,对于及时有效维护地方防疫秩序、巩固防疫成果具有重要意义。

(四)民事纠纷

案例1:无民事行为能力人的责任承担

林某是某市市区一楼房第三层住户,家中种植花草十余盆。因为害怕花盆被风吹落砸伤行人,便将花盆摆在阳台砖砌栏杆内侧非常牢固的花架上。一天,林某七岁的儿子与邻居王某六岁的儿子在林家阳台上玩,王某的儿子为登高放纸飞机,不听林某儿子的劝阻,将花架上的一盆花搬到砖砌栏杆上,然后踩着花架上空出的地方向上爬。不料,一只手却将栏杆上的花盆碰掉,正好砸在楼下路过的行人文某身上,造成颅骨凹陷性骨折,共花医疗费2500元。文某的损失应由谁来赔偿?

现已生效的《中华人民共和国民法典》(以下简称《民法典》)已对无民事行为能力人的年龄作出修改。《民法典》第二十条规定,不满八周岁的未成年人为无民事行为能力人,由其法定代理人代理实施民事法律行为。《民法典》第一千一百八十八条对监护人责任作了更加明确的规定,无民事行为能力人、限制民事行为能力人造成他人损害的,由监护人承担侵权责任。监护人尽到监护职责的,可以减轻其侵权责任。

监护在法律上是指监护人对未成年人或精神病人的人身、财产和其他合法权益的监督和保护。监护人责任实行推定过错原则,即从无民事行为能力致人损害的事实中,推定其监护人是否有未尽监护职责的过错,监护人如果不能证明自己无过错,即不能证明自己尽到了监护义务,就应当对被监护人的致害行为承担民事责任。法院审理认为,本案致害原因是王某儿子的登高行为,而王某儿子只有六岁,根据《民法典》的有关规定,不满八周岁的未成年人是无民事行为能力人,不能理解自己行为的后果及其影响,不能对自己行为的后果负责。因此,王某儿子在阳台上登高碰落花盆,致人损害,其监护人王某难脱监护不周之责。林某因怕花盆坠落伤人,而采取了安全措施,林某完全可以证明无过错,对于文某的损失,不承担任何责任。

案例2:限制民事行为能力人的赠予行为

在万琪12岁生日时,其父万雄花3000元买了一串宝石项链,作为生日礼物送给女儿。万琪为了表示与好友刘凤的友谊，擅自做主，将宝石项链送给了刘凤。事隔几天，万雄夫妇得知女儿将宝石项链送给了刘凤，大为恼火，立即找到刘凤及其家长，要求返还宝石项链，刘凤的母亲以项链是送给我女儿的为由不同意返还。万雄夫妇只好向法院起诉，要求其返还项链。

法院审理认为，万琪只有12岁，根据我国《民法典》的规定，属于限制民事行为能力人。其赠送给同学刘凤的项链价值3000元，这一行为与她的年龄状况不相适应，所以她的这一赠送行为要经万琪的法定代理人追认后才有效，而万琪的法定代理人没有追认，因此无效。刘凤应当返还项链。《民法典》第一百四十五条规定："限制民事行为能力人实施的纯获利益的民事法律行为或者与其年龄、智力、精神健康状况相适应的民事法律行为有效；实施的其他民事法律行为经法定代理人同意或者追认后有效。"

案例3：未成年人的法律行为

正在念初三的赵莉莉用积攒下的压岁钱5000元给自己购买了一部手机，但其家长认为孩子还未成年，购买手机的行为没有经过家长同意，因此赵莉莉的母亲将销售商告上法庭，要求双倍返还货款10 000元并赔偿经济损失。

法院经审理认为，虽然未成年人在购买手机时，可以对手机的品牌、外观、价格等进行选择，但对这种购买行为所产生的后果，主要包括手机在使用过程中所产生的相关费用，即维修费用、更换配件的费用，特别是通话费用以及上述费用是否会给家长造成不必要的负担，则难以做出相应的预见。而且以5000元购买手机，对于一个无任何收入的未成年人而言，数额也过大，原告以5000元的价格购买手机确系属于与其年龄、智力不相适应的民事行为，且事后未得到其法定代理人的追认，故原告的法定代理人代理原告要求确认未经同意或追认的买卖合同无效，理由正当。据此，判决原、被告间的买卖合同无效；原告将其所购手机返还被告，被告返还原告货款人民币5000元。

案例4：公序良俗

2017年3月18日，某厂职工黄永彬立下书面遗嘱，将夫妻共同财产中属于自己的部分遗赠给与其同居的"第三者"张学英。4月18日，黄永彬病逝后，张学英索要财产未果。以黄永彬之妻蒋伦芳侵害其财产权为由，向人民法院提起诉讼，要求法院保护她受遗赠的权利。

人民法院未以《中华人民共和国继承法》为据，而以《中华人民共和国民法通则》(以下简称《民法通则》)的基本原则"民事活动应当尊重社会公德"为据驳回了原告的诉讼请求。2021年1月1日已生效实施的《民法典》第一百五十三条也明确规定，违背公序良俗的民事法律行为无效。

案例5：重大误解

2021年2月13日，某家具商场购得一批新式沙发，价格为每组1880元，售货员在制作价格标牌时，误将1880元写成880元，甲、乙二人来逛商场，发现同样的沙发在别的地方卖近2000元，而该商场还不到1000元，觉得价格非常便宜，便一人买了一组，由于摆放的两组沙发均已售出，售货员再去仓库提货时，发现沙发的价格根本不是880元，而是1880元，甲、乙二人的沙发每人少交了1000元。得知这一情况后，商场马上派人查找甲、乙二人，并终于在5月27日找到了这二人。家具商场要求甲、乙二人退货或补足价款，但遭到拒绝。应如何处理这一纠纷？

本案例中，商场与甲、乙二人的买卖行为属于有重大误解的民事行为。行为人因对行为的性质，对方当事人，标的物的品种、质量、规格和数量等的错误认识，使行为的后果与自己的意思相悖，并造成较大损失的，可以认定为重大误解。商场本意是要将沙发以1880元的价格卖出，由于售货员制作标牌的错误，使得每组沙发少卖了1000元，这是商场由于疏忽大意导致结果与自己本意相悖。甲、乙二人在不知情的情况下，按照标牌上的价格买下沙发，所以商场同甲、乙二人的买卖属于重大误解的民事行为。商场同甲、乙的买卖行为可以撤销。《民法典》第一百四十七条规定，基于重大误解实施的民事法律行为，行为人有权请求人民法院或者仲裁机构予以撤销。第一百五十五条规定，无效的或者被撤销的民事法律行为自始没有法律约束力。所以，只要商场或甲、乙任何一方提出撤销买卖关系的请求，人民法院都应予以支持。而根据《民法典》第一百五十七条规定，民事法律行为无效、被撤销或者确定不发生效力后，行为人因该行为取得的财产，应当予以返还；不能返还或者没有必要返还的，应当折价补偿。有过错的一方应当赔偿对方由此所受到的损失；各方都有过错的，应当各自承担相应的责任。法律另有规定的，依照其规定。所以，如果这一买卖行为撤销，甲、乙二人应将沙发返还给家具商场，家具商场返还甲、乙二人的货款，并承担甲、乙二人因此所受的损失。

案例6：恶意串通

王甲和刘乙系邻居，两家关系很好。因业务需要，王甲被单位派往设在海口的办事处工作，临走时拜托刘乙照看自己的房屋及物品。夏天来临，王甲从海口给刘乙打电话，称其在海口买了一台柜式空调，家里原来的挂壁空调不要了，请刘乙帮忙以合适的价格卖掉。刘乙的同事李丙听说此事后，表示想买下这台空调，但他不愿多出钱，李丙就对刘乙说："你给王甲打个电话，就说空调的冷冻机坏了，要想快点出手就得降低价格。"刘乙觉得自己和李丙是同事，不答应会影响今后的关系，况且他有许多事要求着李丙，于是就按李丙的意思给王甲打了电话，王甲说既然冷冻机坏了，就降低价格吧。于是，刘乙就以500元的价格把空调卖给了李丙。过了一阵，王甲从海口回来，准备把柜式空调安装上，听人说了卖掉挂壁空调的事，王甲非常生气，找到李丙，要求李丙返还空调。本案应该如何处理？

《民法典》第一百六十二条规定："代理人在代理权限内，以被代理人名义实施的民事法律行为，对被代理人发生效力"。因为代理人的代理行为是由被代理人承担法律后果的，所以代理人必须维护被代理人的利益，不得滥用代理权。《民法典》第一百六十四条规定："代理人不履行或者不完全履行职责，造成被代理人损害的，应当承担民事责任。代理人和相对人恶意串通，损害被代理人合法权益的，代理人和相对人应当承担连带责任"。王甲委托刘乙把他的挂壁空调卖掉，在王甲和刘乙之间实质上形成了委托代理关系，刘乙是代理人，王甲是被代理人。刘乙为了和李丙搞好关系，就答应李丙的要求，谎称制冷机坏了，以过低的价格把空调卖给李丙，这实际上是刘乙和李丙恶意串通损害王甲利益的行为。本案中，刘乙、李丙恶意串通，损害王甲的利益，刘乙、李丙应对王甲的损失承担连带责任，王甲要求李丙返还空调，李丙应返还空调，王甲应返还李丙的500元钱，如果王甲还有其他损失，刘乙、李丙应负责连带赔偿。代理人不履行职责而给被代理人造成损害的，应当承担民事责任。

案例7：自己代理和欺诈

2020年5月罗某购买了一台摄像机，价值12 000元。之后，罗某打算去美国发展，临行前，把家中一切东西托好友王某照管。罗某到美国后写信给王某询问是否有人想买那台旧摄像机，如果有人想买，请王某代办一切事宜，价格不得低于9000元。王某不久回信，说刘某想买，但发现摄像机机身有裂纹，须把价格降低一些。罗某回信指出：出国前记得摄像机并无裂纹。如确有裂纹，可在5000元以上出售。王某回信说，已按5000元成交，钱已按罗某的名义存入银行，待他回国后交给他。三个月后，罗某回国，一次去王某家玩，无意中发现自己的摄像机在王某家中，而且机身未有裂纹。经过再三追问，王某交代了据为己有的事实经过。罗某十分生气，要求王某补交5000元。王某拒绝。罗某应当如何维护自己的合法权益？

王某的行为经罗某授权，其行为未超出授权范围，且是以罗某的名义处理其财产。然而王某并未与第三人交易，而是自己与被代理人交易，在民法上称为"自己代理"。在自己代理中，代理人与被代理人的利益直接对立，代理人往往滥用职权，为自己谋取私利，损害被代理人的利益。这种代理行为是无效的。另外，王某故意欺骗罗某，称摄像机机身有裂纹，从而迫使罗某大幅削价，王某趁机低价购入。根据最高人民法院的司法解释，一方当事人故意告知对方虚假情况，诱使对方当事人作出错误的意思表示，为欺诈行为。王某因欺诈取得罗某财产的所有权，其行为可以撤销，罗某可以要求返还摄像机或者补齐差价。2021年1月1日已生效实施的《民法典》第一百六十八条与第一百四十八条也对王某的这种行为作出了针对性的规制。第一百六十八条规定："代理人不得以被代理人的名义与自己实施民事法律行为，但是被代理人同意或者追认的除外"。第一百四十八条规定："一方以欺诈手段，使对方在违背真实意思的情况下实施的民事法律行为，受欺诈方有权请求人民法院或者仲裁机构予以撤销"。

案例8：诉讼时效

金某、杨某二人原同在云台大岛养殖场从事水产养殖，2016年5~9月间杨某多次从金某处购买鱼饲料，在支付部分款项之后，余款10 068元一直未付，在金某的多次催要下，杨某出具了欠条一份，双方口头约定于2016年年底付清。到期后，杨某以饲料存在质量问题为由拒绝给付余款，金某在催要无果的情况下于2021年1月向法院提起诉讼。

2021年1月1日已生效实施的《民法典》已将一般诉讼时效修改为三年。《民法典》第一百八十八条规定，向人民法院请求保护民事权利的诉讼时效期间为三年。法律另有规定的，依照其规定。诉讼时效期间自权利人知道或者应当知道权利受到损害以及义务人之日起计算。法律另有规定的，依照其规定。但是，自权利受到损害之日起超过二十年的，人民法院不予保护，有特殊情况的，人民法院可以根据权利人的申请决定延长。本案中双方当事人对付款期限为2016年年底的口头约定均予认可，杨某到期不履行，金某应当知道自己的权利已受到侵害。因此，若无特殊原因，金某应最迟于2019年底起诉，而金某于2021年初才向法院提起诉讼，且未提供诉讼时效中断、中止的相应证据。此案显属超过诉讼时效，丧失了公力救济权，法院遂依法判决驳回金某的诉讼请求。

案例9：履行期限

2006年前，曾某向刘某借了2000元钱用于购置摩托车，双方立有借款字据，但未约定还款日期。碍于情面，曾某不好意思提还款之事，刘某一直未归还借款。2016年秋天，曾某向刘某提出还钱一事。刘某却说："你那笔钱早过了两年的时效了。"并拒绝归还，更不用说付利息了。

我国《民法通则》第八十八条规定："履行期限不明确的，债务人可以随时向债权人履行义务，债权人也可以随时要求债务人履行义务，但应当给对方必要的准备时间。"第一百三十五条规定："向人民法院请求保护民事权利的诉讼时效期间为二年，法律另有规定的除外。"第一百三十七条规定："诉讼时效期间从知道或应当知道权利被侵害之日起计算。但是，从权利被侵害之日起超过二十年的，人民法院不予保护。"事实上，债务关系的成立并不当然引起侵害事实的发生，只有债权人主张权利之时，才既能从主观上知道或者应当知道权利是否被侵害，又能从客观上证实债务人是否愿意履行义务，是否有侵害事实发生。因此，曾某与刘某的债务的诉讼时效期间应从曾某提出还钱时起计算，时效为两年。在两年内曾某的债权仍受法律保护。法院应当判决刘某偿还2000元借款并支付利息。

对于没有约定履行期限的合同，2021年1月1日已生效实施的《民法典》第五百一十条与第五百一十一条规定了相应的法律规则。《民法典》第五百一十条规定，合同生效后，当事人就质量、价款或者报酬、履行地点等内容没有约定或者约定不明确的，可以协议补充；不能达成补充协议的，按照合同相关条款或者交易习惯确定。第五百一十一条规定，当事人就有关合同内容约定不明确，依据前条规定仍不能确定的，适用下列规定：履行期限不明确的，债务人可以随时履行，债权人也可以随时请求履行，但是应当给对方必要的准备时间。另外，《民法典》已将一般诉讼时效修改为三年。

案例10：违约责任

某运输公司受农场委托长途运送生猪，途径某市遇酷热天气，运输公司派出的押运人员张某、杨某根据经验决定给生猪降温，他们从某农资公司购得喷雾器一架,清洗后灌入自来水便向生猪喷水降温。运达后收货人某肉食公司察觉生猪异常,经检验生猪有不同程度农药中毒。后查该喷雾器出售前曾借给农户李某使用,农药系李某使用后残留所致。应如何处理呢?

　　本案例中,肉食公司可以拒收生猪,因为生猪中毒,违反合同约定的质量条款。农资公司对生猪中毒负责,因农资公司出售的喷雾器存在严重的瑕疵,这是造成生猪中毒的原因。张某、杨某没有过错,因张、杨二人不知道,也不可能知道喷雾器内残留有农药的情况。张某、杨某的行为是代表公司的职务行为,所以应将运输公司作为被告起诉,因农场和运输公司之间订有运输合同,生猪在运输途中发生问题。运输公司可以申请法院追加农资公司为第三人,也可承担责任后向农资公司追偿。

　　案例11:违约赔偿

　　山东某健身器材厂(甲方)与滨州某健身器专营店(乙方)签订协议,双方约定乙方对甲方器材在滨州享有独家经营权,甲方不再在滨州另设新点,不向单位和个人直接销售等。签约后,乙方为开拓市场,做了大量的广告宣传,很快使甲方的品牌家喻户晓,仅预购数量就达500台。正当乙方积极宣传推销期间,甲方却先后四次以给乙方同样的出厂价格向滨州某单位直接送货销售,某单位再按出厂价销给内部职工和社会用户。因乙方是经营单位,需在出厂价格基础上加上成本费用和合理利润后才能销售,这样价格就比某单位高400~500元。某单位可直接让厂家送货并低价销售的信息在社会上广泛扩散,致使与乙方签订预购协议的单位和个人不再购买,乙方8万余元的宣传推销投入成为无效支出。甲方违约严重影响乙方的销货量和利润率,即将到手(已签订购协议的数量近500台)的20余万元利润成为泡影,乙方遂诉至法院,请求判令甲方赔偿因违约给乙方造成的费用、利润等实际损失。

　　法院经审理认为,由于甲方以出厂价直接向某单位送货,某单位又以出厂价向本单位职工和社会上部分用户销售后,在社会上造成乙方卖价高而无人买的不良影响和恶果,致使乙方加上费用成本和合理利润的健身器卖不出去,甚至已签预购协议的单位也不再到乙方购买,这样就侵害了乙方既有合同约定又有经营利润的"独家经营权"。《民法典》第五百八十四条规定:"当事人一方不履行合同义务或者履行合同义务不符合约定,造成对方损失的,损失赔偿额应相当于因违约所造成的损失,包括合同履行后可以获得的利益;但是,不得超过违约一方订立合同时预见到或者应当预见到的因违约可能造成的损失。"甲方应赔偿乙方包括宣传推广费用、利润在内的全部实际损失，利润损失的计算应以与订购单位签订的预购协议为准。

案例12：赠与和借贷

某市商场举办有奖销售。某校校长决定从该商场为学校购买一台机器，同时得奖券100张，分给每位教师各两张，言明如得奖金即归持券人。同时贺某与其他几位教师又去购物抽奖，但由教师丁某代垫款项。贺某因急事出差，只将3张奖券号码登记下来，对丁某说："这3张就算我的了。"但未还丁款。奖开，学校出资部分有一张奖券得一等奖，奖金5000元，持券人为丁某；个人出资部分，贺某登记的3个号码有1张中二等奖，奖金4000元。此时贺某尚在外地，丁某持券取回奖金9000元，贺某回后得知此情，找丁某要求给付中奖的4000元，丁某不允，言此券系自己所购所持，贺某既未付款，也未占有奖券，应归自己享有。贺某甚怒，认为一等奖券系学校出资，奖金应归学校所有，丁某仍不允，贺某诉至法院。法院会如何审理呢？

本案例中，学校出资部分中奖应归丁某所有，因学校已言明在先，所得奖金归持券人，且奖券已实际交付个人，属于赠与行为；个人部分中奖的奖金应归贺某所有，因贺某已登记奖券号码并向丁某言明此3张奖券归他；贺某宣布一等奖归学校所有无效，因奖券已交付，赠与行为不得撤销；贺某未付丁某购物抽奖的款项是属借贷关系，因丁某系替贺某垫付款项。

案例13：人格权益

2015年，上海一女大学生钱某到某公司开办的超级市场购物，保安怀疑钱某偷盗，就将钱某带到地下室强行搜身。钱某认为商场怀疑她是小偷并违法对其实施极其下流的搜身，侮辱了她的人格和名誉，给她造成了极大的精神痛苦，因此诉至虹口区人民法院。法院通过审理认为，某公司侵犯了钱某的名誉权，且情节严重，手段恶劣，钱某受害程度较深，社会影响很坏。因此判决被告某公司赔偿原告精神损失费25万元。某公司不服一审判决，上诉至上海市中级人民法院。上海市中级人民法院二审认为，一审判决于法无据。因此改判某公司赔偿钱某精神损失费1万元。

我国《宪法》第三十七条规定："中华人民共和国公民的人身自由不受侵犯。任何公民，非经人民检察院批准或者人民法院决定，并由公安机关执行，不受逮捕。禁止非法拘禁和以其他方法非法剥夺或者限制公民的人身自由，禁止非法搜查公民的身体。"第三十八条规定："中华人民共和国公民的人格尊严不受侵犯。禁止用任何方法对公民进行侮辱、诽谤和诬告陷害。"人身自由是宪法规定的公民的一项基本权利。它是公民行使其他自由和权利的基础。这一自由包括公民人身权利不受他人的支配和控制的权利；公民的人格尊严不受非法侵犯权；公民有居住行动的自由权等方面。

本案例中，一审法官按照侵犯公民人身权和名誉权来判案，这个定性是错误的，因为本案的主要问题是侵犯人格尊严权。基于侵权情节恶劣和某公司的实际给付能力，一审才判处了较重的赔偿。二审法院认为某公司的行为违反了《宪法》和《民法通则》的有关规定，侵犯了钱某的人格权。此案按侵犯《宪法》的人格权来定性，是正确的。因为《宪法》中的人格权包括的内容十分广泛，既包括姓名权、肖像权、名誉权、荣誉权，又包括公民的一般人格尊严权、隐私权等。但是由于我国《民法通则》没有人格权的规定，二审法官未能直接按《宪法》条款来判案，而是很牵强地把《民法通则》第一百零一条解释为对人格权的保护。在一般法没有作出规定的情况下，法官可否直接引用宪法条文来判案？答案应该是肯定的。特别是当私法上的救济已经穷尽的时候，我们必须考虑使用公法救济来解决问题，本案中靠民法上的救济是不够的，应考虑采用宪法规范的救济。

但是 2021 年 1 月 1 日《民法典》生效后，此类案件就应当直接引用《民法典》第九百九十条、第九百九十一条、第九百九十五条作出判决。第九百九十条规定，人格权是民事主体享有的生命权、身体权、健康权、姓名权、名称权、肖像权、名誉权、荣誉权、隐私权等权利。除前款规定的人格权外，自然人享有基于人身自由、人格尊严产生的其他人格权益。第九百九十一条规定，民事主体的人格权受法律保护，任何组织或者个人不得侵害。第九百九十五条规定，人格权受到侵害的，受害人有权依照本法和其他法律的规定请求行为人承担民事责任。

案例 14：胎儿权利

李四夫妻共有存款 5 万元，李四有一母，一子甲刚参加工作，一女乙读中学。李四突然死亡，清理遗物时发现其亲笔书写、签名的一份遗嘱，并注明年月日，其中写明在其死后将 5000 元留给女儿乙读书用。李四死时，其妻怀有身孕四个月。这笔存款应该如何继承？

本案例中，此遗嘱有效。5 万元做如下分割：5 万元为李四夫妻共有财产，其中 2.5 万元归其妻所有，2.5 万元为遗产。2.5 万元遗产中，5000 元为遗嘱继承，归其女所有；另外 2 万元为法定继承。法定继承人有其妻、母、儿甲、女乙同为第一顺序继承人。同一顺序继承人，分配时原则上均等。应为胎儿保留 1 份，待胎儿出生后最后确定此份遗产的去向：出生时为活体的归胎儿继承；是死体的由法定继承人分割；是活体而后死亡的，由他的法定继承人继承。

案例 15：无效婚姻

2016 年，张某和王某相识并恋爱，当时张某未满 20 周岁，为了与他结婚，张某伪造了一个年龄证明，到民政部门骗领了结婚证。婚后，张某忍受不了王某的一些行为，想到法院离婚。法院可以受理张某离婚请求吗？

无效婚姻是指欠缺婚姻生效的法定要件而不具有法律效力的婚姻。根据《民法典》第一千零五十一条，婚姻无效的情形包括重婚的，有禁止结婚的亲属关系的，未到法定婚龄的。本案例中，张某当时未到法定的结婚年龄，未满 20 周岁，而与王某到民政部门骗领了结婚证，他们的婚姻是无效的。若张某请求法院受理离婚时仍未满 20 周岁，则他们的婚姻属于无效婚姻，因此张某没有诉讼请求权，法院不能受理其离婚请求。若张某达到了法定婚龄，则无效婚姻情形即不存在，民政部门可责令其补办结婚证，张某可向法院请求离婚，法院可受理。

案例 16：单方办理属无效婚姻

已恋爱一年多的王林与刘英准备办理结婚登记手续，双方均符合婚姻法所规定的结婚实质要件。由于刘英有事走不开，王林便带着两人的身份证、户口本、相片等有关材料，在民政部门找到熟人办理了结婚登记手续，其中，本应由刘英签名的事项全由王林代签。登记后，双方在一起共同生活，但由于性格不合，经常争吵。2017 年 5 月，刘英以自己未亲自到民政部门办理结婚登记为由要求法院确认双方的婚姻关系无效。王林则提出刘英当时没空，刘英将有关证件交出表明其真实意思是愿意缔结婚姻关系，且双方事实上也以夫妻的身份在一起生活了，因此双方的婚姻关系有效。

主流观点认为，双方的婚姻关系无效。虽然在《民法典》第一千零五十一条关于婚姻无效的规定只有 3 种情形，没有关于"一方办理的结婚登记无效"的明确规定，但根据该法第一千零四十九条规定，要求结婚的男女双方应当亲自到婚姻登记机关申请结婚登记。符合本法规定的，予以登记，发给结婚证。完成结婚登记，即确立婚姻关系。未办理结婚登记的，应当补办登记。

另根据《最高人民法院关于适用〈中华人民共和国民法典〉婚姻家庭编的解释（一）》第六条的规定，男女双方依据《民法典》第一千零四十九条规定补办结婚登记的，婚姻关系的效力从双方均符合民法典规定的结婚的实质要件时起算。

案例 17：生育权

妻子黄某回娘家居住时，丈夫戴某前往索款购买肥料，双方为此发生纠纷，戴某致黄某膝盖受伤。事情发生后，戴某多次到黄某娘家要求和好，黄某坚持要求离婚。黄某诉至南靖县人民法院要求与戴某离婚，法院判决不准离婚。之后，双方仍继续分居生活，互不往来。黄某未经戴某同意将怀孕7个多月的胎儿引产。黄某于2017年5月12日再次以夫妻感情确已破裂为由起诉要求与戴某离婚。戴某认为黄某没有经过戴某的同意私自引产，致使戴某精神受到伤害，要求黄某赔偿精神损失5000元。

生育子女繁衍后代是自然规律。对丈夫的生育权法律无明文规定，相反，对维护妇女生育权法律确有强制性规定，如《中华人民共和国妇女权益保障法》规定："妇女有按照国家有关规定生育子女的权利，也有不生育的自由。"福建省南靖县人民法院审理后认为，妻子黄某为了离婚，而终止妊娠，是妻子的自由，丈夫戴某主张生育权要求赔偿其精神损失的意见，于法无据，不予采纳。

案例 18：善意取得

王某和李某是大学同学，经自由恋爱于2006年登记结婚。丈夫王某是计算机专业的高材生，对于电脑等数码产品比较喜欢追赶时髦，而妻子李某则觉得电子产品日新月异，没有必要喜新厌旧，而且花费也太高。2008年初，一个刚上市标价5000余元的数码相机让王某爱不释手，由于家中钱不多，王某就自做决定把旧的数码相机折价2000元卖给同事。由于旧相机的发票联上写的是妻子李某的名字，王某还模仿李某的笔迹在发票上写了"愿卖"二字，同事觉得没有问题当时就把钱付了。李某有一天发现自己家里的旧相机不见了，问及此事，才得知已被丈夫处置，这让她非常生气，一方面觉得自己没有得到应有的尊重，另一方面又认为王某的同事在处理这件事情上也有过错。"明明是夫妻共同财产，怎么能在一个人在场的情况下进行交易呢，这样的买卖应该是无效的，我要去法院申请撤销"。而丈夫则觉得此事已经是生米成熟饭了，再反悔只会让人家笑话，小两口因为此事几天来口角不断。

法律规定共同财产的平等处理权,是对于夫妻双方"内部"而言的,在生产、经营、投资、购置或者处分不动产以及重要的动产等方面都需要形成双方的合意,任何一方都无权擅自做出违背他方意志的重大财产处分行为,否则将形成对他方合法财产权利的侵害。但对于第三人来说只要在交易的当时能够确信这是双方的意思表示,在只有夫或妻单方行使共同财产处理权的情形下,其交易一样是有法律效力的。本案例中,王某同事在购买旧相机的当时,根据王某提供的票据,完全有理由相信此相机是经夫妻双方同意处置的,作为第三人,他已支付合理价钱取得了该相机的所有权,故王某与其同事的买卖合同受法律保护,王某行为属于善意取得。

案例19:自认的借款

离异后的玲某于2010年与王某建立了恋爱关系。玲某承担了双方在2010年3月至9月期间的开销。玲某前夫周某于2010年9月8日向当地派出所报警称王某与玲某恋爱是为骗取玲某的钱财,经协商后,王某自愿将与玲某恋爱期间的花销应由其承担部分转化为借款,并向玲某出具了一张27万元的借条。后王某于2011年8月8日还款日期届满时反悔。故玲某向法院起诉要求王某还款。

一审法院审理后认为,该案借条上的款项名义上是借款,实质上是二人在恋爱期间一起共同花销的部分费用,原被告之间不存在真实有效的借款关系。2012年年底,一审法院判决驳回了玲某的诉讼请求。玲某不服,向重庆市第一中级人民法院提起上诉。

重庆一中院认为,该案借条的性质系王某自愿将恋爱期间共同花销的应由其承担的部分费用转化为借款,并不违反法律、法规的强行性规定,且该款项已由王某实际消费使用掉。同时,王某是完全民事行为能力人,且在出具该借条时未曾受到胁迫,应当承担由自己行为产生的法律后果。据此,重庆一中院判决王某支付玲某27万元并支付逾期利息。

案例20:买卖不破租赁

朱某与马某于2018年7月签订一份房屋租赁合同,规定朱某将其两间平房租给马某开办杂货店,租期三年,每月租金1000元。不久,朱某因对虾养殖急需8万元资金,就以其两间平房作抵押向汪某借款6万元,双方于同年12月订立了书面协议,并进行了抵押登记。双方在抵押合同中约定,若朱某一年后不能还清6万元借款,则将此房屋作价转让汪某。结果,朱某养殖失败，根本无力偿还汪某的6万元钱。于是朱某、汪某二人经过协商将这两间平房作价6万元转让汪某充抵全部债务，双方于2020年12月办理了过户手续。当天，朱某向马某通报了情况，称自己对两间平房已无所有权，要求解除租赁合同并希望马某在半月内搬走。马某2021年1月诉至法院，要求认定朱某、汪某二人的房屋抵押和买卖无效。

《民法典》第四百零五条规定，抵押权设立前，抵押财产已经出租并转移占有的，原租赁关系不受该抵押权的影响。第七百二十五条规定，租赁物在承租人按照租赁合同占有期限内发生所有权变动的，不影响租赁合同的效力。第七百二十八条规定，出租人未通知承租人或者有其他妨害承租人行使优先购买权情形的，承租人可以请求出租人承担赔偿责任。但是，出租人与第三人订立的房屋买卖合同的效力不受影响。法院审理认为，出租人未通知承租人将房屋抵押并不影响承租人继续占有使用。即使抵押权人实现抵押权将房屋出卖，根据"买卖不破租赁"的原则，原承租人仍可按租赁合同继续租赁该房屋，朱某未通知马某并未损害他的利益，因而该抵押合同和买卖合同有效。

案例21：消费者选择权

王女士到南平市的一家超市购买生活用品，在挑选商品过程中，她感觉个别商品的价格好像比其他超市贵，为了做比较，生活一向细心的她从手拎包里掏出笔，随手抄下了几种果冻和豆奶的价格。就在王女士进一步寻找自己经常购买的几种商品价格时，一位商店的女营业员来到眼前，突然一把抢过她手中的纸和笔："我注意你很久了，你是哪家超市的?"正在全神贯注的王女士顿时被吓了一跳，原来，营业员把她当成特意来抄价格的了。这时，另一位自称是超市经理的男子走过来，说王女士的行为是在窃取商业机密。该"经理"说，购物可以，但抄价格却很可能是其他超市派来"探底细"的，因而拒绝归还王女士的纸和笔。超市有权没收王女士的纸笔吗?

《中华人民共和国消费者权益保护法》（以下简称《消费者权益保护法》）第九条规定："消费者在自主选择商品或者服务时，有权进行比较、鉴别和挑选。"可见，消费者对于经营者所提供的商品不仅有权知悉其性能优劣，同时还可以通过"货比三家"的形式选取自己最满意的物品，因此王女士为便于记忆抄录超市商品价格完全是其应享有的权利。超市既不是行政机关，也不是法律、法规授权行使一定行政权的组织，没有行政处罚权，或者说强制权。超市和王女士两者是平等的民事主体，无权没收王女士的纸笔。

案例 22：格式条款

2017年5月1日，家住南平市的刘某带着家人到该市一家酒店吃全家宴。为了减少开支，刘某去时带有白酒和饮料一箱。当刘某吃完饭去付账时，却发现该酒店多收自己100元钱。对此，该酒店服务员解释说，酒店有规定，禁止就餐者自备酒水，违者罚款100元。随后，服务员便拿出写有上述规定的牌子给刘某及其家人看。事后刘某向该酒店多次讨要罚款无果，遂将该酒店告上法庭。

法院审理认为，《消费者权益保护法》第二十六条规定，经营者在经营活动中使用格式条款的，应当以显著方式提请消费者注意商品或者服务的数量和质量、价款或者费用、履行期限和方式、安全注意事项和风险警示、售后服务、民事责任等与消费者有重大利害关系的内容，并按照消费者的要求予以说明。经营者不得以格式条款、通知、声明、店堂告示等方式，作出排除或者限制消费者权利、减轻或者免除经营者责任、加重消费者责任等对消费者不公平、不合理的规定，不得利用格式条款并借助技术手段强制交易。格式条款、通知、声明、店堂告示等含有前款所列内容的，其内容无效。被告酒店所定的罚款规定显然违法。据此，法院依法判决被告酒店返还原告刘某100元，并承担该案诉讼费。

案例 23：服务合同

2017年5月14日16时许，李女士到洗浴中心的桑拿房进行桑拿，桑拿房内的木制座椅分为上下两层，呈阶梯状。李女士刚踏上第一层座椅时，第一层座椅上的木条断裂，李女士左腿陷入木椅中致身体倾倒，将座椅旁的瓷制器具打翻，李女士倒地时其后背被破碎的瓷制器具划伤。当日，李女士被送往医院治疗。经诊断，李女士的伤情为腰背部、左大腿开放性外伤，右大腿软组织损伤，共缝合45针。李女士要求洗浴中心赔偿其精神损害赔偿金、营养费、经济损失共计27 195.07元。

本案中，李女士到洗浴中心去消费，就建立起了与洗浴中心的权利义务关系。李女士在接受服务时受到了人身伤害，可以依据《消费者权益保护法》主张自己的权利，由经营者承担没有履行好自身的义务所发生的后果。

案例 24：消费欺诈

2017年5月30日，大学生张某经过南平市胜利街一家服装店门前，看见店前挂了一块牌子，上面写着："拆迁处理，全市最低价。"张某便花了50元买了一件衬衫,后来在百货大楼看见同样一个牌子,同种质量的衬衫,只卖40元。于是,张某认为服装店有欺诈行为,张某可以向商店要求退货吗?

本案中,张某可以向商店要求退货,因为商家有欺诈行为。从价格上看,百货大楼的更便宜,服装店的并不是全市最低价。这种情况下,张某还可以要求商家给予赔偿。因为根据《消费者权益保护法》第五十五条,经营者提供商品或者服务有欺诈行为的,应当按照消费者的要求增加赔偿其受到的损失,增加赔偿的金额为消费者购买商品的价款或者接受服务的费用的三倍;增加赔偿的金额不足五百元的,为五百元。法律另有规定的,依照其规定。从另一角度看,对于消费者来讲,买了这个东西,不等价、不公平,不是自己的真实意思的表达(如果知道实情,肯定不会买),损害了消费者的合法权益;对于商家来讲,弄虚作假,欺骗顾客,不诚实,不讲信用。基于这些原因,可以要求退货。

案例25:网络送货义务

本案为原告罗某与被告启东市某商贸有限公司、北京某电子商务有限公司网络购物合同纠纷案。2019年5月,罗某通过手机在北京某电子商务有限公司的网络购物平台上购买了由启东市某商贸有限公司销售的2件碳酸汽水并支付了货款及运费,同时在订单中约定了收件人和收货地点。之后,启东市某商贸有限公司委托第三方物流公司进行运输和配送。涉案货物到达收件人所在县城后,物流公司转委托了某快递公司进行配送,后货物送到了收件人所在乡镇,但快递公司并未直接送到指定收货地点,而是电话联系收件人要求到代理点自取,罗某和收件人明确表示不同意。经查,罗某指定的收件人系罗某长辈,年老体弱,故罗某要求将货物送到指定收货地点。因收件人一直未收到案涉货物,罗某通过网络购物平台先后联系了启东市某商贸有限公司和网络购物平台客服人员,要求将案涉货物配送至指定地点,客服人员均表示因快递公司原因不能配送至指定地点,要求罗某取消订单并同意退货退款,但罗某拒绝接受。后双方协商未果,罗某遂起诉至法院。

法院经审理后认为,本案中,因罗某指定的收件人年老体弱,无力搬运大件及较重货物,罗某遂在网络交易平台中与启东市某商贸有限公司约定"送货上门"并支付较高运费。然而受委托货运人未将货物配送至指定地点,反而要求收件人上门自取。网络平台公司在罗某联系其客服人员要求解决配送问题后,没有采取措施督促启东市某商贸有限公司履行配送货物至指定地点。

二被告的行为均构成违约。根据《民法典》第五百七十七条和《消费者权益保护法》第十六条规定，当事人一方不履行合同义务或者履行合同义务不符合约定的，应当承担继续履行、采取补救措施或者赔偿损失等违约责任。遂判令二被告继续履行与罗某形成的网络购物合同义务，于判决生效后十五日内将罗某购买的产品运输配送至订单载明的收货地址。网络购物合同中，消费者可以通过填写订单等方式与经营者明确约定付款时间、金额以及收货时间、地点、收货人、运输费用承担等内容，一旦订单确认生效后，双方均应按约定全面履行各自的义务，否则将承担违约责任。经营者及网络交易平台未按合同约定将货物送至消费者指定的收货地点，要求消费者自取的行为构成违约。消费者可依法要求经营者及网络交易平台承担继续履行、采取补救措施或者赔偿损失等违约责任。

案例26：虚假宣传

本案为原告孙某某与被告某科技有限公司产品责任纠纷案。孙某某于2019年11月11日通过某网络购物平台在某科技有限公司购买智能门锁一把，并于同日支付全部货款。某科技有限公司在其网站中宣传其销售的门锁具有"门锁信息实施掌控""微信生成临时密码"等功能。孙某某在安装涉案门锁后，发现该门锁并不具备以上功能。经过沟通，某科技有限公司才告知该门锁不具备其宣传的功能。并且某科技有限公司交付的涉案门锁与孙某某网络订单购买门锁品牌并不一致。孙某某自述因为家中儿女年幼才购买智能门锁，门锁的网络远程控制功能是其购买产品的重要考量因素，故认为某科技有限公司的行为已经构成虚假宣传，遂向人民法院提起诉讼要求该公司承担赔偿责任。

法院经审查认为，《消费者权益保护法》第二十条规定，经营者不得作虚假或者引人误解的宣传。一方当事人故意告知对方虚假情况，或者故意隐瞒真实情况，诱使对方当事人作出错误意思表示的，可以认定为欺诈行为。对是否属于引人误解的虚假宣传行为，应当根据一般消费者的日常生活经验以及发生误解的事实和被宣传对象的实际情况等因素综合认定。本案中，孙某某基于生活需要期望购买一款具备远程控制的智能门锁，而某科技有限公司提供的涉案门锁并不具备原告所期待的"门锁信息实施掌控""微信生成临时密码"等功能。另通过孙某某提供的实物照片及下单截图可以看出，某科技有限公司销售给孙某某的涉案门锁与孙某某下单购买门锁品牌并不一致。故而，某科技有限公司对涉案门锁的宣传已然构成引人误解的虚假宣传。孙某某为生活消费需要购买商品，其作为消费者的合法权益应受保护。遂根据《消费者权益保护法》第五十五条的规定，判决某科技有限公司退还货款并按货款三倍支付赔偿金。

在网络购物中，消费者主要是通过网络经营者宣传的产品功能、质量、使用效果等信息进行购物选择，因此依法规范网络经营者的宣传销售行为，对充分维护网络消费者的知情权与自主选择权尤为重要。网络经营者故意隐瞒商品或服务的真实情况或故意告知消费者虚假事实，误导消费者作出错误的意思表示的，其行为属于欺诈行为，应依照《消费者权益保护法》关于欺诈行为法律责任的规定，承担惩罚性赔偿责任。

案例 27：安保义务

2021 年 1 月 11 日，某市洪城大市场内的两位个体户到银行存钱，歹徒突然闯入，从银行抢走 50 万元，这两位个体户也不幸遇害。两位死者家属认为，抢劫发生在银行，而该行案发时没有保安，案发后家属要求银行帮忙把人抬上救护车，对方也不予理睬。银行方面称："我们的职责是保护国家财产，没有义务对个人负责。"

法院审理认为，储户到银行存钱，实际上是在和银行签订一种合同。根据《民法典》第一千一百九十八条规定，宾馆、商场、银行、车站、机场、体育场馆、娱乐场所等经营场所、公共场所的经营者、管理者或者群众性活动的组织者，未尽到安全保障义务，造成他人损害的，应当承担侵权责任。这就像人们逛商场一样，商场对每一个人，包括不买一分钱东西的人，都有提供安全服务的必要。因此，银行应承担责任。

案例 28：动物致人损害

2017 年春节，村民们都兴高采烈地燃放鞭炮欢度春节。村民刘甲、孟乙觉得总是老一套玩法，没什么意思。这时，他们发现村民高丙家的大黄牛拴在一片空地里（系高丙家的空宅基地）正在打盹，他们便把一挂 500 响的鞭炮系在牛的尾巴上，然后点燃鞭炮，牛受到惊吓，挣脱绳索，横冲直撞。妇女黄丁去邻居家串门，躲闪不及，被牛撞倒，致右胳膊骨折。经医院治疗痊愈，但花去医疗费、护理费等共 2000 多元。黄丁要求高丙赔偿，高丙辩说：虽是我的牛撞伤，但我把牛拴在树上，如果不是刘甲、孟乙二人挑逗，根本不会伤人。刘甲、孟乙二人则说：牛是高丙的，我们仅是系上鞭炮玩玩，又没让牛撞人。最后黄丁诉至法院。

法院审理认为，黄丁所受损害应由刘甲、孟乙二人负责。《民法典》第一千二百四十五条规定，饲养的动物造成他人损害的，动物饲养人或者管理人应当承担侵权责任；但是，能够证明损害是因被侵权人故意或者重大过失造成的，可以不承担或者减轻责任。《民法典》第一千二百五十条规定，因第三人的过错致使动物造成他人损害的，被侵权人可以向动物饲养人或者管理人请求赔偿，也可以向第三人请求赔偿。动物饲养人或者管理人赔偿后，有权向第三人追偿。本案中，牛虽是高丙的，但高丙把牛拴在自家的空宅基地，不是公共场所，所以，高丙对牛伤人的后果没有过错，所以高丙不应承担责任。受害人黄丁去邻居家串门，正常行走，也没有过错。刘甲、孟乙为寻求刺激，把鞭炮系在牛尾巴上点燃，致使牛受惊而撞伤人，所以，刘甲、孟乙对黄丁的受伤是有过错的，因而本案应由刘甲、孟乙对黄丁的损害承担赔偿责任。

案例 29：产品责任

姚某从个体户杨某的小杂货店购买了 4 瓶啤酒。回到家中，刚放下啤酒，其中的 1 瓶突然爆炸，姚的眼睛被炸伤，其脸、胳膊、腿多处被划伤。姚某住院治疗花去了 3000 多元，于是要求杨某赔偿其全部医疗费及误工费、营养费。杨某认为啤酒爆炸伤人不应由他负责，而应由啤酒生产者市啤酒厂负责。后来经有关部门鉴定，得出如下结论：啤酒爆炸是由于瓶内啤酒的压力严重超过规定标准所致，责任完全在市啤酒厂。于是，姚某向人民法院起诉，要求个体户杨某和市啤酒厂赔偿他因啤酒爆炸所遭受的一切损失。而杨某认为，啤酒爆炸完全是由于市啤酒厂的原因造成的，自己不应承担赔偿责任。

法院审理认为，造成啤酒爆炸的原因是由于瓶内啤酒压力严重超过规定的标准，个体户杨某应承担赔偿责任。依据《民法典》第一千二百零三条，《中华人民共和国产品质量法》（以下简称《产品质量法》）第二十六条、第四十条的规定，杨某应承担赔偿责任。不过属于产品生产者的责任，销售者赔偿后，有权向产品的生产者追偿，即市啤酒厂应当承担产品质量责任。《民法典》第一千二百零三条规定，因产品存在缺陷造成他人损害的，被侵权人可以向产品的生产者请求赔偿，也可以向产品的销售者请求赔偿。产品缺陷由生产者造成的，销售者赔偿后，有权向生产者追偿。因销售者的过错使产品存在缺陷的，生产者赔偿后，有权向销售者追偿。《产品质量法》第二十六条规定，生产者应当对其生产的产品质量负责。产品质量应当符合下列要求：（一）不存在危及人身、财产安全的不合理的危险，有保障人体健康和人身、财产安全的国家标准、行业标准的，应当符合该标准。第四十条规定，售出的产品有下列情形之一的，销售者应当负责修理、更换、退货；给购买产品的消费者造成损失的，销售者应当赔偿损失：不具备产品应当具备的使用性能而事先未作说明的……

案例 30：建筑物和物件损害责任

葛某晚上骑上自行车回家，途经某工厂门前的公路时，突然发现前面路上的井盖陷落，但因距离太近来不及躲避而摔倒，造成鼻骨骨折、两颗门牙脱落的损害后果，花去医疗费5600元。经过调查，该井盖是市政公司于一个月前更换的。更换时该井盖有不明显裂痕，但因井盖已用完，施工人员认为一般不会影响使用，就没有对该井盖进行更换。出事当日上午，工厂的一超载汽车进厂门时将该井盖压塌，但工厂既未告知市政公司，也未设置示警标志。

法院审理认为，工厂的汽车将井盖压坏，没有及时通知市政管理部门，造成葛某的损害；市政部门没有尽到自己的注意义务，搁置物损坏没有及时更换。所以本案中葛某所受到的损害应当由工厂和市政公司共同承担民事责任。

案例 31：著作权

甲、乙两人共同创作一部长篇小说。初稿完成后，两人对初稿都不满意，打算抽时间再作修改。乙几次与甲商量尽早修改，甲一直抽不出时间。过了一段时间，甲再未问过此事。于是，乙请丙帮忙共同修改完稿，期间丁帮忙收集过资料。稿件在未经重大修改基础上进行了润色和文字性修改，后予以发表，署名乙、丙。出书后受到社会各界好评。某剧作家A根据某制片人王某的要求将其改编成电影剧本，但未征得小说作者同意。王某拿到剧本后请著名导演张某将其拍成电影，放映后引起轰动，其中片头曲和主题歌分别由李某和吴某创作。陈某随即将作品译成藏文，在国内出版。但事先也未征得原著作者的同意。小说原著也被多家图书馆收藏。某大学中文系从该校图书馆中复制了15本作为教学之用。甲认为其也参加了创作，而且小说也确实和初稿绝大部分相同，因此向人民法院提起诉讼，要求享有著作权。

法院审理认为，在本案中，小说的初稿由甲、乙共同完成，乙、丙并未作重大修改,不能说是再次创作,甲当然享有著作权;某剧作家 A 未经著作权人许可而改编其作品,视为侵权行为;制片人王某未征求原著作者同意将其摄制成影片,不享有著作权;该音乐作品可以单独使用,因此,李某享有片头曲署名权,吴某享有主题歌署名权,李某和吴某对其音乐作品还享有其他著作权,如使用权、获得报酬权等;陈某随即将作品译成藏文,在国内出版,陈某没有侵犯原著作者的著作权;某大学中文系从该校图书馆中复制了 15 本作为教学之用,不构成侵权。

案例 32:著作权之发表权

著名画家张某创作了许多作品,其中一幅《荷塘月色》最为有名,被李某高价购得。某出版社欲出版一本画册,于是征得李某同意,将《荷塘月色》选入其中,并给了他 1000 元报酬。张某得知后,认为李某不经他同意,即将其作品发表,是一种侵权行为。

法院审理认为,张某是该作品的作者,依法享有该作品的著作权,也就是说张某有权决定该作品是否公开发表。而李某只对其购买的作品享有财产权,也就是对该作品的占有、使用、收益和处分的权利。他未经著作权人张某的许可,擅自发表其作品,侵犯了张某的发表权,应承担民事责任。

案例 33:消费者权益公益诉讼

本案为公益诉讼人重庆市人民检察院第一分院与被告何某、丁某甲、丁某乙、王某消费者权益保护民事公益诉讼纠纷案。

2016 年 3 月至 2018 年 1 月,何某联系韩国商家购买"玛利亚"等品牌玻尿酸和"纽诺适"等品牌肉毒杆菌,通过走私方式运入国内,并快递邮寄至重庆。在此期间,何某、丁某甲、丁某乙和王某明知这些医疗美容药品未经我国批准,且未按要求进行冷链运输、储存,但为谋取利益,仍通过微信朋友圈等方式对外公开销售。2019 年 6 月,重庆市潼南区人民法院认定上述四人构成销售假药罪,并对其判处有期徒刑。重庆市人民检察院第一分院在履职中发现本案线索,认为何某等人的行为严重损害众多消费者的生命健康权,应承担侵权责任,特提起公益诉讼请求判令何某等人依法向社会公众赔礼道歉;并将已销售的假药召回,在全国公开发行的媒体上刊登声明警示消费者停止使用涉案产品。

经重庆市第一中级人民法院主持调解,重庆市人民检察院第一分院与何某等四人自愿达成调解协议,由何某等四人在全国公开发行的媒体上发布声明向社会公众赔礼道歉,并刊登启事收回销售的所有药品及警示消费者停止使用涉案产品。该调解协议签订后依法向社会公众公告,在公告期间未收到异议,该院遂于2019年11月15日出具民事调解书确认该协议效力。现何某等人已按照调解协议履行了赔礼道歉及发布产品警示等义务。

本案系涉医疗美容药品的侵犯消费者权益公益诉讼案件,不法分子为牟取暴利,通过走私方式购入产品后通过网络渠道销售,以规避市场监管。涉案医疗美容产品未经检验检疫,其运输、储存也不符合冷冻储存条件,进入国内后流向各省市,涉及人数众多,社会危害性大。四名被告因构成犯罪除承担刑事责任外,还应对损害众多消费者合法权益的行为承担民事责任。销售者非法销售药品侵害众多消费者合法权益,构成犯罪的,应依法承担刑事责任。因销售者的行为对社会公共利益造成损害,符合法律规定的机关、社会组织还可以提起消费者权益保护公益诉讼,要求经营者承担相应的民事责任。根据相关法律、司法解释规定,检察机关发现食品药品安全领域存在侵害众多不特定消费者合法权益的行为,可以依法提起公益诉讼,维护社会公共利益。

案例34:烈士名誉不得侵害

2018年5月12日下午,江苏省淮安市消防支队水上大队城南中队副班长谢勇在实施灭火救援行动中不幸牺牲。5月13日,公安部批准谢勇同志为烈士并颁发献身国防金质纪念章;5月14日,中共江苏省公安厅委员会追认谢勇同志为中国共产党党员,追记一等功;淮安市人民政府追授谢勇同志"灭火救援勇士"荣誉称号。2018年5月14日,曾云因就职受挫、生活不顺等原因,饮酒后看到其他网友发表悼念谢勇烈士的消息,为发泄自己的不满,在微信群公开发表一系列侮辱性言论,歪曲谢勇烈士英勇牺牲的事实。该微信群共有成员131人,多人阅看了曾云的言论,有多人转发。曾云歪曲事实、侮辱英烈的行为,侵害了烈士的名誉,造成了较为恶劣的社会影响。

2018年5月21日,淮安市人民检察院就曾云侵害谢勇烈士名誉案向淮安市中级人民法院提起民事公益诉讼。淮安市中级人民法院经审理,认定曾云的行为侵害了谢勇烈士名誉并损害了社会公共利益,当庭作出判决,判令曾云在判决生效之日起七日内在本地市级报纸上公开赔礼道歉。

《中华人民共和国英雄烈士保护法》第二十五条规定:"英雄烈士没有近亲属或者近亲属不提起诉讼的,检察机关依法对侵害英雄烈士的姓名、肖像、名誉、荣誉，损害社会公共利益的行为向人民法院提起诉讼。"英雄烈士的形象是民族精神的体现，是引领社会风尚的标杆。英雄烈士的姓名、肖像、名誉和荣誉等不仅属于英雄烈士本人及其近亲属，更是社会正义的重要组成内容，承载着社会主义核心价值观，具有社会公益性质。侵害英雄烈士名誉就是对公共利益的损害。对于侵害英雄烈士名誉的行为，英雄烈士没有近亲属或者近亲属不提起诉讼时，检察机关应依法提起公益诉讼，捍卫社会公共利益。

四、单元小测

(一) 单选题

1. 法律区别于道德规范、宗教规范、风俗习惯等其他社会规范的原因首要在于( )。

   A. 法律是统治阶级意志的体现

   B. 法律是由国家创制和实施的行为规范

   C. 法律由社会物质生活条件决定

   D. 法律是历史发展规律和自然规律的反映

2. 法律由一定社会的物质生活条件所决定，其中决定法律本质、内容和发展方向的根本因素是( )。

   A. 人口的素质和密度　　　　B. 生产关系

   C. 物质资料的生产方式　　　D. 地理环境

3. 法律发展史上最早出现的法律为( )。

   A. 原始社会法律　　　　　　B. 封建制法律

   C. 奴隶制法律　　　　　　　D. 资本主义法律

4. 以下不属于奴隶制法律的基本特征的是( )。

   A. 具有明显的原始习惯残留痕迹　B. 否认奴隶的法律人格

   C. 存在严格的等级划分　　　D. 法律面前人人平等

5. 以下不属于封建制法律的基本特征的是( )。

   A. 确立农民对封建地主的人身依附关系

   B. 实行封建等级制度

C. 维护专制皇权

D. 确认自由民之间的等级划分

6. (　　)是一个从创制、实施到实现的过程。

　　A. 法律的制度　　　　　　　　B. 法律的执行

　　C. 法律的运行　　　　　　　　D. 法律的适用

7. 根据我国宪法、立法法等法律的规定，全国人民代表大会及其常务委员会行使国家立法权。(　　)有权根据宪法和法律制定行政法规。

　　A. 全国人大及其常委会　　　　B. 国务院

　　C. 中央及地方各级的立法机关　D. 中央军委

8. 法律运行的起始性和关键性环节为(　　)。

　　A. 法律执行　　B. 法律适用　　C. 法律制定　　D. 法律遵守

9. 国务院各部门可以根据宪法、法律和行政法规，在本部门的权限范围内，制定(　　)。

　　A. 行政法规　　　　　　　　　B. 部门规章

　　C. 地方性法规　　　　　　　　D. 地方政府规章

10. 省、自治区、直辖市的人民代表大会及其常委会根据本行政区域的具体情况和实际需要，在不与宪法、法律和行政法规相抵触的前提下，可以制定(　　)。

　　A. 行政法规　　　　　　　　　B. 部门规章

　　C. 地方性法规　　　　　　　　D. 地方政府规章

11. 设区的市的人民代表大会及其常委会根据本市的具体情况和实际需要，在不与宪法、法律、行政法规和本省、自治区的地方性法规相抵触的前提下，可以制定(　　)，报省、自治区的人民代表大会常委会批准后施行。

　　A. 行政法规　　　　　　　　　B. 部门规章

　　C. 地方性法规　　　　　　　　D. 地方政府规章

12. (　　)是指国家司法机关及其公职人员依照法定职权和程序适用法律处理案件的专门活动。

　　A. 法律制定　　B. 法律执行　　C. 法律适用　　D. 法律遵守

13. (　　)是指国家机关、社会组织和公民个人依照法律规定行使权力和权利以及履行职责和义务的活动。

A. 法律执行　　B. 法律适用　　C. 法律遵守　　D. 法律制定

14. 在我国，司法机关是指(　　)。

A. 公安局　　　　　　　　B. 人民政府
C. 监狱　　　　　　　　　D. 人民法院和人民检察院

15. 我国(　　)是国家的根本法，是治国安邦的总章程，是党和人民意志的集中体现。

A. 宪法　　B. 法律　　C. 行政法规　　D. 地方性法规

16. 确认了党领导人民长期奋斗取得的辉煌成果，规定了人民民主专政国家政权的性质和根本制度，明确了国家未来建设发展的根本任务和总的目标的法律是(　　)。

A. 民法　　B. 社会法　　C. 诉讼法　　D. 宪法

17. 2018年3月11日通过的《中华人民共和国宪法修正案》关于宪法第3条第3款中人民代表大会产生的国家机关增加的内容是(　　)。

A. 行政机关　　B. 监察机关　　C. 审判机关　　D. 检察机关

18. 2018年3月11日通过的《中华人民共和国宪法修正案》新增的国家机构是(　　)。

A. 中华人民共和国主席　　　B. 民族自治地方的自治机关
C. 监察委员会　　　　　　　D. 中央军事委员会

19. (　　)是我国的国体。

A. 人民民主专政　　　　　　B. 人民代表大会制度
C. 生产资料的社会主义公有制　D. 多党合作

20. 为了保证人民当家作主，我国宪法规定了(　　)这项根本政治制度。

A. 人民代表大会制度
B. 中国共产党领导的多党合作与政治协商制度
C. 基层群众自治制度
D. 民族区域自治制度

21. 下列不属于我国宪法确立的基本政治制度的是(　　)。

A. 中国共产党领导的多党合作和政治协商制度
B. 民族区域制度
C. 基层群众自治制度
D. 一国两制

22. 我国现行宪法是( )年制定的。
    A. 1949　　　　B. 1954　　　　C. 1978　　　　D. 1982
23. 我国现行宪法迄今为止最后一次修正案是在( )年，是十三届全国人大一次会议审议通过的。
    A. 1993　　　　B. 1999　　　　C. 2004　　　　D. 2018
24. 国家根据现行法律规范所调整的社会关系的不同，将其分为不同的法律部门。每一法律部门均由一系列调整相同类型社会关系的众多法律、法规所构成。下列选项中属于独立法律部门的是( )。
    A. 知识产权法　　B. 商法　　　　C. 公司法　　　　D. 民法商法
25. ( )是调整平等主体的自然人、法人和非法人组织之间的人身关系和财产关系的法律规范。
    A. 民法　　　　B. 刑法　　　　C. 宪法　　　　D. 行政法
26. 下列原则中不属于民法的基本原则的是( )。
    A. 公序良俗原则　　　　　　　　B. 民事主体地位平等原则
    C. 罪刑法定原则　　　　　　　　D. 公平原则
27. 我国的实体法律部门由六个法律部门组成。《中华人民共和国婚姻法》《中华人民共和国继承法》属于其中的( )法律部门。
    A. 民法商法　　B. 经济法　　　C. 社会法　　　　D. 行政法
28. ( )是规定了犯罪与刑罚的法律规范。
    A. 劳动法　　　B. 社会法　　　C. 刑法　　　　　D. 宪法
29. 下列原则中不属于刑法的基本原则的是( )。
    A. 法律面前人人平等　　　　　　B. 公序良俗原则
    C. 罪刑法定原则　　　　　　　　D. 罪刑相适应原则
30. 法治思维与人治思维的分水岭在于( )。
    A. 有没有法律或者法律的多寡与好坏
    B. 最高的权威究竟是法律还是个人
    C. 是否强调集思广益
    D. 是否注重领导人的个人魅力、德行和才智
31. ( )是指当同一项社会关系同时受到多种社会规范的调整而多种社会规范又相互矛盾时，要优先考虑法律规范的适用。
    A. 法律的排他性　　　　　　　　B. 法律的优先适用性

C. 法律的公正性　　　　D. 法律的不可违抗性

32. 权利保障主要是指对公民权利的法律保障，具体包括公民权利的宪法保障、立法保障、行政保护和司法保障，（　　）是人权保障的前提和基础。

　　A. 宪法保障　　B. 立法保障　　C. 行政保护　　D. 司法保护

33. （　　）是公民权利保障的最后防线。既是解决个人之间权利纠纷的有效渠道，也是纠正和遏制行政机关侵犯公民权利的有力机制。

　　A. 行政保护　　B. 司法保障　　C. 宪法保障　　D. 立法保障

34. "正义不应缺席，也不应迟到，迟到的正义是有瑕疵的正义"。这话说的是程序的（　　）。

　　A. 合法性　　B. 参与性　　C. 公开性　　D. 时限性

35. 下列选项中不属于法治思维的基本内容的是（　　）。

　　A. 法律至上　　B. 权力制约　　C. 人权保障　　D. 司法公正

36. 权利保障主要是指对公民权利的法律保障。下列选项中不属于公民权利的法律保障的是（　　）。

　　A. 宪法保障　　B. 立法保障　　C. 行政保护　　D. 正当防卫

37. 权利保障主要是指对公民权利的法律保障，其中（　　）是权利保障的关键环节。

　　A. 宪法保障　　B. 立法保障　　C. 行政保护　　D. 司法保障

38. 权利保障主要是指对公民权利的法律保障，其中（　　）是公民权利保障的最后防线。

　　A. 宪法保障　　B. 立法保障　　C. 行政保护　　D. 司法保障

39. 培养法治思维的前提是（　　）。

　　A. 养成守法习惯

　　B. 学习和掌握基本的法律知识

　　C. 掌握和运用法律方法

　　D. 参与立法讨论和依法行使监督权

40. （　　）是社会主义法治观念的核心要求和建设社会主义法治国家的前提条件。

　　A. 尊重和维护法律权威

　　B. 学习和掌握基本的法律知识

C. 养成守法习惯

D. 参与立法讨论和依法行使监督权

(二) 多选题

1. 以下各项中，关于法律的含义说法正确的是(　　)。

A. 法律是最高统治者意志的体现

B. 法律是统治阶级意志的体现

C. 法律由一定的社会物质生活条件所决定

D. 法律是全体社会成员的共同意志

2. 在法律的历史发展进程中，先后出现了(　　)这几种历史类型的法律。

A. 奴隶制法律　　　　　　　　B. 封建制法律

C. 资本主义法律　　　　　　　D. 社会主义法律

3. 法律运行的过程主要包括(　　)。

A. 法律制定　　B. 法律执行　　C. 法律适用　　D. 法律遵守

4. 在我国，司法机关是指(　　)。

A. 公安机关　　B. 检察机关　　C. 审判机关　　D. 政府机关

5. 我国行政执法的主体包括(　　)。

A. 中国共产党

B. 中央和地方各级政府

C. 各级政府中享有执法权的下属行政机构

D. 公安局、检察院和法院

6. 以下选项中属于我国宪法的基本原则的有(　　)。

A. 党的领导原则　　　　　　　B. 人民主权原则

C. 尊重和保障人权原则　　　　D. 社会主义法治原则

7. 我国宪法确立的基本政治制度包括(　　)。

A. 中国共产党领导的多党合作和政治协商制度

B. 民族区域自治制度

C. 基层群众自治制度

D. 劳动群众集体所有制

8. 下列选项中属于我国的实体法律部门的有(　　)。

A. 宪法相关法　　B. 民法商法　　C. 诉讼法　　D. 经济法

9. 以下国家机关中，由人民代表大会产生，对它负责、受它监督的有（　　）。

　　A. 行政机关　　B. 监察机关　　C. 审判机关　　D. 检察机关

10. 下列原则中属于民法的基本原则的有（　　）。

　　A. 公序良俗原则

　　B. 民事主体地位平等原则

　　C. 罪刑法定原则

　　D. 有利于节约资源和保护生态环境原则

11. 刑法的基本原则是指刑法特有的在刑法的立法、解释和适用过程中所必需的具有全局性、根本性的准则，我国刑法明文规定的基本原则有（　　）。

　　A. 罪刑法定原则　　　　　　B. 疑罪从无原则

　　C. 罪刑相适应原则　　　　　D. 法律面前人人平等原则

12. 建设中国特色社会主义法治体系的内容包括（　　）。

　　A. 完备的法律规范体系　　　B. 高效的法治实施体系

　　C. 严密的法治监督体系　　　D. 完善的党内法规体系

13. 全面依法治国的基本格局包括（　　）。

　　A. 公正司法　　B. 科学立法　　C. 严格执法　　D. 全民守法

14. 法治和德治是治国理政不可或缺的两种方法。关于德治和法治，下列说法正确的有（　　）。

　　A. 法治是治国理政的基本方式

　　B. 德治是治国理政的基本方法

　　C. 德治主要依靠培育和弘扬道德等途径来推进和实施

　　D. 法治主要依靠制定和实施法律规范的形式来推进和实施

15. 法律至上是指在国家或社会的所有规范中，法律是地位最高、效力最广、强制力最大的规范。法律至上具体表现为（　　）。

　　A. 普遍适用性　　B. 适当适用性　　C. 优先适用性　　D. 不可违抗性

16. 下列属于法治思维的基本内容的有（　　）。

　　A. 党的领导　　B. 法律至上　　C. 公平正义　　D. 权力制约

17. 权力制约是指国家机关的权力必须受到法律的规制和约束。权力制约可以分为（　　）这几项要求。

A. 有权必有责　　B. 权利由法定　　C. 违法受追究　　D. 用权受监督

18. 一般来讲,公平正义主要包括(　　)。

　A. 机会公平　　B. 权利公平　　C. 规则公平　　D. 救济公平

19. 权利保障主要是指公民权利的法律保障,具体包括公民权利的(　　)。

　A. 宪法保障　　B. 立法保障　　C. 行政保护　　D. 司法保障

20. 法律是否具有权威,取决于(　　)这几个基本要素。

　A. 法律本身的科学程度

　B. 法律在国家和社会治理体系中的地位和作用

　C. 法律在实践中的实施程度

　D. 法律被社会成员尊崇或信仰的程度

21. 尊重和维护法律权威的重要意义主要体现在(　　)。

　A. 维护个人合法权益的根本保障

　B. 实现人民意志、维护人民利益、保障人民权利的基本途径

　C. 对于推进国家治理体系和治理能力现代化、实现国家的长治久安极为重要

　D. 社会主义法治观念的核心要求和建设社会主义法治国家的前提条件

22. 尊重和维护法律权威的基本要求包括(　　)。

　A. 遵守法律　　B. 维护法律　　C. 信仰法律　　D. 服从法律

23. 在日常生活中,大学生可以通过各种途径学习法律知识、(　　)等,在学习和生活中逐步提高思维能力,培养法治思维方式。

　A. 守住法律底线　　　　　　B. 掌握法律方法

　C. 参与法律实践　　　　　　D. 养成守法习惯

24. 政治权利,是公民参与国家政治活动的权利和自由的统称。我国公民的政治权利包括(　　)。

　A. 监督权　　B. 民主管理权　　C. 表达权　　D. 选举权利

25. 人身自由是人们一切行动和生活的前提条件,包括(　　)。

　A. 人的身体自由不受拘束

　B. 人身自由不受非法限制和剥夺

　C. 人的行动自由

　D. 言论、出版、集会、结社、游行和示威的自由

26. 公民的人身权利包括(　　)。

A. 生命健康权　　　　　　B. 人身自由权和人格尊严权
C. 言论自由权　　　　　　D. 住宅安全权和通信自由权

27. 公民的社会经济权利包括（　　）。
A. 劳动权　　B. 社会保障权　　C. 休息权　　D. 物质帮助权

28. 公民未能依法履行义务，根据情节轻重，应当承担相应的法律责任。具体的法律责任主要包括（　　）。
A. 民事责任　　B. 行政责任　　C. 社会责任　　D. 刑事责任

29. 以下属于公民应履行的基本法律义务的有（　　）。
A. 维护祖国统一和民族团结　　　B. 遵守宪法和法律
C. 维护祖国安全、荣誉和利益　　D. 依法服兵役

(三) 判断题

1. 法律所体现的统治阶级意志具有整体性，不是统治阶级内部个别人的意志，所以统治阶级的成员也必须遵守法律。（　　）

2. 法律体现的是统治阶级中的最高统治者的意志。（　　）

3. 人类社会经历了多种社会形态。每一种社会形态都会形成具有其自身特色的道德体系和法律制度。因此，道德的历史类型的数量和法律的历史类型的数量是一样的。（　　）

4. 道德和法律都具有四种历史类型。（　　）

5. 法律制定是法律运行的起始性和关键性环节。（　　）

6. 执法是法律运行的起始性和关键性环节。（　　）

7. 在我国，司法机关是指国家检察机关和审判机关等。人民检察院代表国家行使法律监督权，人民法院代表国家行使审判权。此外，公安局、司法局也属于司法机关。（　　）

8. 我国宪法确立的国体和根本政治制度包括中国共产党领导的多党合作和政治协商制度、民族区域自治制度、基层群众自治制度。（　　）

9. 中国特色社会主义法律体系，是以宪法为统帅，以法律为主干，以行政法规、地方性法规为重要组成部分，由多个法律部门组成的有机统一整体。（　　）

10. 实体法律部门包括宪法相关法、民法商法、行政法、诉讼与非诉讼程序法、经济法、社会法、刑法。（　　）

11. 坚持走中国特色社会主义法治道路，必须学习借鉴世界上优秀的法治文明成果。法治的精髓和要旨对于国家治理和社会治理具有普遍意义。（　　）

12. 法治思维以法律手段与法律方法为依托分析问题、处理问题、解决纠纷，是一种可靠的逻辑思维。（　　）

13. 法治思维奉个人的意志为最高权威，当法律的权威与个人的权威发生矛盾时，强调服从个人而非服从法律的权威。（　　）

14. 行政保护是公民权利保障的最后防线。（　　）

15. 公平正义主要包括权利公平、机会公平、规则公平和救济公平。（　　）

16. 法治思维的内涵丰富、外延宽广，主要表现为价值取向和规则意识两个方面。一般来说，法治思维包括法律至上、权力制约、公平正义、权利保障、正当程序等内容。（　　）

17. 帮扶弱者、见义勇为只是一种道德诉求，不是一种法律规范，不为我国法律所规定和保护。（　　）

18. 强调社会的物质生活条件对权利的制约和决定作用，这是马克思主义权利观与其他权利观的根本区别。（　　）

19. 我国公民的社会经济权利主要包括选举权利、表达权利、民主管理权和监督权。（　　）

20. 在法治国家中，不存在只享受权利的主体，也不存在只承担义务的主体。（　　）

参考文献

蔡斌，朱文强，2018. 英烈不容诋毁，法律不容挑衅[N]. 解放军报，05-25.

蔡元培，2012. 中国人的修养[M]. 北京：中国长安出版社.

程广云，2015. 当代中国精神[M]. 合肥：安徽人民出版社.

党小学，2018. 共享单车信用管理应多些法治思维[N]. 检察日报，02-28.

高兆明，2015. 道德文化：从传统到现代[M]. 北京：人民出版社.

古纳尔贝克，2015. 费希特和康德论自由、权利和法律[M]. 黄涛，译. 北京：商务印书馆.

关继东，贺子宸，2015. 职业院校学生必读[M]. 北京：中国林业出版社.

洪福兴，郭先根，2017. 思想道德修养与法律基础学习指导：走进林院[M]. 北京：中国林业出版社.

侯鹏飞，2015. 让爱岗敬业成为一种习惯[M]. 北京：中华工商联合出版社.

胡玉鸿，2018. 新知新觉：用法治提升公平正义获得感[N]. 人民日报，05-22.

林伟，2015. 最高法院的六个"决不"凸显法律权威[N]. 人民日报，03-13.

刘平，2013. 法治与法治思维[M]. 上海：上海人民出版社.

刘少奇，1939. 论共产党员的修养[M]. 北京：人民出版社.

罗国杰，2012. 中国传统道德·普及本[M]. 北京：中国人民大学出版社.

毛泽东，1951. 毛泽东选集[M]. 北京：人民出版社.

人民出版社，2014. 关于培育和践行社会主义核心价值观的意见[M]. 北京：人民出版社.

善水，2018. "劝阻吸烟猝死案"改判，司法理应为正义撑腰[N]. 中国青年报, 01-25.

佘双好, 2015. 中国梦之中国精神[M]. 武汉：武汉大学出版社.

习近平, 2013. 习近平在同各界优秀青年代表座谈时的讲话[N]. 人民日报, 05-04.

习近平, 2013. 在第十二届全国人民代表大会第一次会议上的讲话[N]. 人民日报, 03-17.

习近平, 2014. 青年要自觉践行社会主义核心价值观——在北京大学师生座谈会上的讲话[N]. 人民日报, 05-04.

习近平, 2014. 在庆祝全国人民代表大会成立60周年大会上的讲话[N]. 人民日报, 09-06.

习近平, 2015. 加快建设社会主义法治国家[N]. 求是, 01-01.

中央党校采访实录编辑室, 2017. 习近平的七年知青岁月[M]. 北京：中共中央党校出版社.

习近平, 2017. 习近平谈治国理政 第二卷[M]. 北京：外文出版社.

习近平, 2018. 更加注重发挥宪法重要作用 把实施宪法提高到新的水平[N]. 人民日报, 02-25.

习近平, 2018. 习近平谈治国理政 第一卷[M]. 北京：外文出版社.

徐宪江, 平云旺, 2015. 法律权利全知道[M]. 北京：中国法制出版社.

杨立新, 2014. 民法案例分析教程[M]. 第三版. 北京：中国人民大学出版社.

张城, 范玉刚, 2017. 坚定理想信念, 培育有为青年[N]. 中国教育报, 09-28.

张红军, 2015. 一本书读懂法律常识[M]. 北京：中华工商联合出版社.

中共中央宣传部, 2001. 毛泽东邓小平江泽民论社会主义道德建设[M]. 北京：学习出版社.